Routines et transitions
en services éducatifs

Troisième édition revue et augmentée

Nicole Malenfant

Routines et transitions en services éducatifs

CPE, garderie, SGMS, prématernelle et maternelle

Troisième édition revue et augmentée

Presses de
l'Université Laval

Les Presses de l'Université Laval reçoivent chaque année du Conseil des Arts du Canada et de la Société de développement des entreprises culturelles du Québec une aide financière pour l'ensemble de leur programme de publication.

Nous reconnaissons l'aide financière du gouvernement du Canada par l'entremise du Fonds du livre du Canada pour nos activités d'édition.

Révision linguistique : Carole Pâquet

Illustrations : Dominique Léger

Photos : Nicole Malenfant

Mise en pages : In Situ

Maquette de couverture : Laurie Patry

ISBN : 978-2-7637-1866-8
PDF : 9782763718675

© Presses de l'Université Laval. Tous droits réservés.
Dépôt légal 3e trimestre 2014

www.pulaval.com

Toute reproduction ou diffusion en tout ou en partie de ce livre par quelque moyen que ce soit est interdite sans l'autorisation écrite des Presses de l'Université Laval.

*Aux personnes qui sont à la source
de ce projet et qui sauront sans doute
se reconnaître : les éducatrices,
que j'ai vu honorer l'enfance
de manière si professionnelle.*

*À la douce mémoire de mon filleul Alexandre,
qui a passé une partie de sa trop brève existence
dans les divers types de services éducatifs.*

Table des matières

LISTE DES COMPTINES, DES CHANSONS
ET DES MUSIQUES XIX

REMERCIEMENTS XXIII

PRÉFACE XXV

AVANT-PROPOS XXIX

Chapitre 1
LES FONDEMENTS THÉORIQUES 1
   1.1 La conception de l'enfance 3
   1.2 L'éducation à la petite l'enfance : un domaine
       en évolution 5
   1.3 L'approche démocratique comme cadre de référence 6
   1.4 La valeur éducative des activités de routine
       et de transition 13
       A. Ce qu'est une activité de routine 17
       B. Ce qu'est une activité de transition 18
   1.5 L'approche démocratique dans les activités de routine
       et de transition 20
       A. Les valeurs 20
       B. Les cinq principes de base 21
       C. Les trois domaines d'application 22

Chapitre 2
LES STRATÉGIES PÉDAGOGIQUES FAVORISANT LA QUALITÉ DES ACTIVITÉS DE ROUTINE ET DE TRANSITION 25

2.1	Observer, planifier et organiser	27
2.2	Prévenir avant tout	34
2.3	Établir un horaire quotidien prévisible et flexible	35
2.4	Garantir la sécurité des enfants	41
2.5	Gérer le temps	43
2.6	Instaurer des rituels	44
2.7	Équilibrer les changements	45
2.8	Bien aménager les lieux	46
2.9	Contrôler le bruit	51
2.10	Réduire les attentes, les rassemblements et les déplacements	54
2.11	Faire participer les enfants	55
2.12	Offrir des choix	57
2.13	Monter une banque d'astuces et de jeux à animer	59
2.14	Assurer une constance et une cohérence	60
2.15	Prévoir la fin des activités	60
2.16	Considérer l'enfant et le contexte	61
2.17	Analyser les difficultés	64
2.18	Formuler clairement les consignes	68
2.19	Utiliser sa voix à bon escient	70
2.20	Passer à l'action	71
2.21	Réduire les interventions à distance	71
2.22	Avoir une attitude ludique	72
2.23	Éviter d'exiger la perfection à tout prix	73
2.24	Attirer et réorienter l'attention	74
2.25	Faire du renforcement positif	75
2.26	Être bienveillante	77
2.27	Encourager l'autonomie de la pensée et l'autodiscipline	79
2.28	Faire preuve de patience et de persévérance	80
2.29	Montrer de la souplesse	81
2.30	Assurer son bien-être en tant qu'éducatrice	82
2.31	Sensibiliser les parents	84

Chapitre 3
L'HYGIÈNE 85

- 3.1 Le lavage des mains 87
  - A. L'équipement et le matériel 88
  - B. Les moments où se laver les mains 90
  - C. Les gestes et les étapes du lavage des mains 92
  - D. Donner l'exemple aux enfants 94
  - E. L'éducation à l'hygiène des mains 96
  - F. Petits jeux 98
  - G. Comptines et chansons 100
- 3.2 Le brossage des dents 103
  - A. La sensibilisation de l'éducatrice à la santé buccodentaire des enfants 103
  - B. À partir de quel âge faire le brossage des dents et à quel moment de la journée ? 105
  - C. Le matériel et l'équipement 106
  - D. Les techniques de brossage des dents 109
  - E. Astuces et petits jeux 111
  - F. Comptines et chansons 113
- 3.3 La routine des toilettes 114
  - A. L'utilisation des installations sanitaires 114
  - B. Le changement de couche 117
  - C. L'apprentissage de la propreté 119
  - D. L'hygiène et les autres tâches 120
  - E. Les bons mots aux bons moments 121
- 3.4 Le mouchage 121
  - A. Les moments propices pour se moucher 123
  - B. Le matériel et l'équipement 124
  - C. Les techniques du mouchage 125
  - D. Petit jeu pour s'exercer à se moucher 127
  - E. Comptines et chansons 127

Chapitre 4
LES COLLATIONS ET LES REPAS 129

- 4.1 Une alimentation saine 131
- 4.2 Les comportements des enfants concernant l'alimentation 134
- 4.3 L'organisation des tâches et du temps 137
- 4.4 L'organisation physique et matérielle 144
- 4.5 La présence bienveillante de l'éducatrice 152
- 4.6 L'âge « critique » de 2 ans 154
- 4.7 Le peu d'appétit de l'enfant et le refus de manger 157
    - A. Comportements associés au tempérament de l'enfant 158
    - B. Comportements associés à l'âge de l'enfant 159
    - C. L'art de bien observer les enfants 159
    - D. Quelques stratégies utiles 162
    - E. Les préférences alimentaires 168
    - F. Les situations temporaires 169
- 4.8 Les habitudes alimentaires de la famille 169
- 4.9 L'excès alimentaire 170
- 4.10 La boîte à lunch en SGMS 173
- 4.11 Les bonnes manières à table 175
- 4.12 Les allergies et les intolérances alimentaires 178
- 4.13 Les risques d'étouffement ou d'infection respiratoire 181
- 4.14 L'éducation à l'alimentation 184
    - A. Faire participer l'enfant à son alimentation 184
    - B. La conscience alimentaire 186
    - C. Les activités éducatives 187
- 4.15 Jeux et astuces avant, pendant ou après les collations ou les repas 193
    1) Objectif : créer le calme avant de manger, canaliser l'attention des enfants 193
    2) Objectif : marquer le début de la collation ou du repas 194
    3) Objectif : amener les enfants à identifier et à reconnaître des aliments 195
    4) Objectif : apporter une touche ludique 195
- 4.16 Comptines et chansons 196

Chapitre 5
LA SIESTE OU LA RELAXATION 201

- 5.1 Le besoin de se régénérer 203
- 5.2 Le sommeil des enfants 206
  - A. La sieste des enfants qui dorment 209
  - B. La sieste des enfants qui ne dorment pas 209
- 5.3 Les demandes des parents 213
- 5.4 L'organisation spatiale 221
- 5.5 Le matériel et l'équipement 222
- 5.6 La préparation et le déroulement 224
- 5.7 Jeux pour faciliter et agrémenter le début de la sieste 231
  1) Objectif : raconter une histoire 232
  2) Objectif : proposer des jeux ou des moyens de détente 232
  3) Objectif : murmurer des mélodies 232
  4) Objectif : utiliser un élément de décor 233
  5) Objectif : exploiter l'imagination 233
- 5.8 Le lever 233

Chapitre 6
L'HABILLAGE ET LE DÉSHABILLAGE 237

- 6.1 L'équipement et l'aménagement du vestiaire 240
- 6.2 La durée de l'habillage 245
- 6.3 À l'arrivée et au départ et lors des entrées et des sorties .. 246
- 6.4 Des vêtements adaptés 248
- 6.5 Des interventions sur mesure 251
- 6.6 Astuces, jeux et chansons 260
  1) Objectif : aider les enfants à se retrouver dans les divers gestes à faire et les étapes à suivre 260
  2) Objectif : entretenir de bons liens avec les enfants 261
  3) Objectif : développer le langage des enfants 261
  4) Objectif : développer les habiletés sociales 261
  5) Objectif : souligner les réussites des enfants 261
  6) Objectif : occuper les enfants qui ont terminé de s'habiller 262
  7) Objectif : chanter 262

Chapitre 7
LE RANGEMENT ET LE NETTOYAGE.. 265

   7.1 Un système de rangement pratique... 269
          A. L'environnement et l'équipement 269
          B. La participation des enfants.................................... 275
          C. Le rangement à l'extérieur 276
          D. L'étiquetage 276
   7.2 Le nettoyage... 277
   7.3 Les attitudes de l'éducatrice.. 280
          A. Planifier la disposition du matériel de jeu 280
          B. Avoir des attentes réalistes...................................... 281
          C. Favoriser divers apprentissages 283
          D. Prévenir les enfants 285
          E. Gérer le temps 285
          F. Faire du renforcement positif................................. 286
          G. Faire vivre les conséquences naturelles 287
          H. Être soi-même active 287
          I. Favoriser le rangement progressif........................... 288
   7.4 Astuces et jeux pour s'amuser à ranger 289
          1) Objectif: attribuer des tâches aux enfants 289
          2) Objectif: faire effectuer le rangement avec
              une touche d'imaginaire 290
          3) Objectif: décrire les objets qui se font ranger......... 293
          4) Objectif: donner des choix..................................... 294
          5) Objectif: proposer des défis 294
          6) Objectif: égayer le rangement avec de la musique.... 295
          7) Objectif: montrer aux enfants des photos d'eux
              en train de ranger 295
   7.5 Chansons 296

Chapitre 8
LES RASSEMBLEMENTS.. 299

   8.1 Le déroulement général du rassemblement 301
   8.2 Faciliter le rassemblement.. 303
   8.3 Où se rassembler?... 304
   8.4 Comptines et chansons... 307

Chapitre 9
LES DÉPLACEMENTS 311

   9.1   Éviter les attentes.. 313
   9.2   Réduire les déplacements massifs 314
   9.3   Veiller à la sécurité des enfants............................... 315
   9.4   Petits jeux... 318
         1) Objectif : se déplacer de manière fantaisiste 318
         2) Objectif : faciliter le choix de sa place dans la file 318
         3) Objectif : ralentir le déplacement, rester ensemble
            pendant le déplacement................................ 319
   9.5   Comptines et chansons.. 319

Chapitre 10
L'ACCUEIL ET LE DÉPART 323

   10.1   Établir un accueil chaleureux et personnalisé 326
   10.2   Saluer et sourire.. 331
   10.3   Assurer la stabilité du personnel............................. 332
   10.4   Accroître la sécurité 333
   10.5   Prendre les présences 333
   10.6   Faciliter l'accueil du jeune enfant et le départ du parent
          en début de journée... 334
   10.7   Noter les informations reçues et bien les transmettre 341
   10.8   Faciliter le départ de l'enfant avec son parent en fin
          de journée 341
   10.9   Que faire avec les parents retardataires ? 346

Chapitre 11
LES ATTENTES INÉVITABLES.. 347

   11.1   Contrer les attentes évitables.................................. 349
   11.2   Organiser les attentes inévitables 352
   11.3   Agrémenter les attentes... 356
         A. Jeux verbaux.. 357
         B. Jeux d'observation visuelle............................. 359
         C. Jeux d'attention auditive................................ 361
         D. Jeux visuo-manuels....................................... 363

    E. Jeux symboliques 364
    F. Jeux audiovisuels 365
    G. Jeux de dextérité manuelle 366
    H. Jeux de motricité globale 367
    I. Jeux de respiration 369
    J. Jeux olfactifs 370
    K. Jeux tactiles 371
    L. Jeux vocaux 371
    M. Jeux graphiques 372
    N. Automassages 373
    O. Jeux pour attirer l'attention 373
11.4 Comptines et chansons 376
    A. Pour demander le calme 376
    B. Pour faire patienter les enfants 377

Chapitre 12
POUR MIEUX UTILISER LES COMPTINES
ET LES CHANSONS 383

12.1 La valeur pédagogique des comptines et des chansons
    dans la vie de groupe 385
    A. Les bienfaits des comptines et des chansons
       sur les plans physique et psychomoteur 386
    B. Les bienfaits des comptines et des chansons
       sur le plan cognitif 387
    C. Les bienfaits des comptines et des chansons
       sur le plan langagier 388
    D. Les bienfaits des comptines et des chansons
       sur les plans socioaffectif et moral 388
12.2 Démythifier l'art vocal 389
12.3 Des comptines de désignation 393

Chapitre 13
LE DÉVELOPPEMENT DU LANGAGE VERBAL DANS
LES ACTIVITÉS DE ROUTINE ET DE TRANSITION 399

    13.1 Moyens et attitudes pour stimuler le développement
du langage verbal 401
    13.2 Jeux langagiers 405
        A. Objets à repérer (3 ans et plus) 405
        B. Marionnette en action (2 ans et plus) 405
        C. La chasse aux lettres (4 ans et plus) 405
        D. Imitation sonore (2 ans et plus) 406
        E. Une histoire en sons (3 ans et plus) 406
        F. Les parties jumelles du corps (3 ans et plus) 406
        G. Devinette chuchotée (3 ans et plus) 407
        H. Le téléphone arabe (4 ans et plus) 407
        I. Le téléphone magique (2 ans et plus) 407
        J. Les mille et une couleurs de la voix (3 ans et plus) ... 407
        K. Qui suis-je? (2 ans et plus) 407
        L. Dis-moi ce que je mime (3 ans et plus) 408
        M. Histoire enchaînée (3 ans et plus) 408
        N. Jeu de surprise (2 ans et plus) 408
        O. Retour sur des comptines et des chansons connues
(2 ans et plus) 408
        P. Les rimes (4 ans et plus) 409
        Q. Gymnastique pour la mémoire (5 ans et plus) 409
        R. Une séance de rires (4 ans et plus) 409
        S. À l'envers (6 ans et plus) 409
        T. Des exercices de diction (6 ans et plus) 409
        U. Une nouvelle langue (7 ans et plus) 410
    13.3 Le français parlé des adultes 410

BIBLIOGRAPHIE 415

LISTE DES COMPTINES ET DES CHANSONS DU CD 423

Liste des comptines, des chansons et des musiques

N.B. Les comptines, les chansons et les musiques du CD sont indiquées en caractères gras.

Activité de routine ou de transition	Titre	Type	Page
Lavage des mains	On va se laver les mains	Chanson	101
Lavage des mains	Savez-vous laver vos mains ?	Chanson	101
Lavage des mains	Au clair de la lune, je me lave les mains	Chanson	101
Lavage des mains	**Le blues du lavage des mains**	**Chanson**	102
Brossage des dents	Savez-vous brosser vos dents ?	Chanson	113
Brossage des dents	**Brosse bien tes dents**	**Chanson**	113
Mouchage	Le lapin Dunécoquin	Chanson	127
Mouchage	Va moucher ton petit nez	Chanson	127
Mouchage	**Les microbes à mes trousses**	**Comptine**	128
Collation ou repas	Bon appétit	Chanson	197
Collation ou repas	Chanson du p'tit creux	Chanson	197
Collation	Attention, c'est la collation	Comptine	197
Collation ou repas	Qu'est-ce qu'on mange ?	Chanson	198
Collation ou repas	Bona bona	Comptine	198
Repas	Dînez !	Comptine	198

Activité de routine ou de transition	Titre	Type	Page
Collation	Bonhomme, bonhomme	Chanson	199
Collation ou repas	Parce qu'on a faim	Chanson	199
Collation ou repas	**Les glouglous de mon ventre**	**Chanson**	**200**
Repas	**Bon appétit à toi**	**Chanson**	**200**
Début de la sieste	**Dentelle de lune**	**Musique**	**235**
Lever de la sieste	Es-tu prêt à te lever ?	Chanson	235
Lever de la sieste	**Un petit son doux**	**Chanson**	**235**
Habillage	Le bonhomme, le joli bonhomme	Chanson	262
Habillage	J'ai de beaux vêtements	Chanson	262
Habillage	Tout plein de vêtements	Chanson	263
Habillage	Mets-le donc !	Chanson	263
Habillage	J'ai tout ce qu'il faut	Chanson	263
Rangement ou nettoyage	Y'a pas qu'moi qui range bien	Chanson	296
Rangement ou nettoyage	Le temps de ramasser	Chanson	296
Rangement	On a bien joué	Chanson	296
Rangement	Il faut ranger	Chanson	297
Rangement	Copains, copines, nous rangeons	Chanson	297
Rangement ou nettoyage	**C'est le temps de ranger**	**Chanson**	**297**
Rassemblement	Je t'emmène	Comptine	307
Rassemblement	L'hélicoptère	Comptine	307
Rassemblement	Dans mon autobus	Comptine	307
Rassemblement	Les petites souris	Comptine	308
Rassemblement	Ma belle ronde	Comptine	308
Rassemblement	Avant l'histoire	Comptine	308
Rassemblement	Un beau conte	Comptine	309
Rassemblement	**La chanson du rassemblement**	**Chanson**	**309**

Liste des comptines, des chansons et des musiques

Activité de routine ou de transition	Titre	Type	Page
Déplacement	Quand trois poules s'en vont au champ	Chanson	319
Déplacement	La marche des fourmis	Chanson	320
Déplacement	Je me prépare à aller dehors	Chanson	320
Déplacement	Mademoiselle la coccinelle	Comptine	321
Déplacement	Souliers sans bruit	Comptine	321
Déplacement	Le train dans le pré	Chanson	321
Déplacement	Les roues de l'autobus	Chanson	321
Déplacement	Pour monter l'escalier	Chanson	322
Déplacement	**Tchou tchou le petit train**	**Chanson**	**322**
Attente	La fête du silence	Comptine	376
Attente	Zip zap zoup	Comptine	376
Attente	Le silence viendra	Comptine	376
Attente	Chapeau pointu	Comptine	376
Attente	Les cloches	Comptine	377
Attente	À la ronde des muets	Comptine	377
Attente	Monsieur Silence	Chanson	377
Attente	Je ferme les yeux	Comptine	377
Attente	Bravo	Comptine	378
Attente	Méli-mélo	Comptine	378
Attente	**Les petits poissons**	**Chanson**	**379**
Attente	**Rap pour tout le corps**	**Comptine**	**379**
Attente	**Les couleurs du bonheur**	**Chanson**	**380**
Attente	**La bambina**	**Chanson**	**381**
Désignation	Uni unel	Comptine	394
Désignation	Am stram gram	Comptine	394
Désignation	Les cigognes	Comptine	394
Désignation	Une oie	Comptine	394
Désignation	Miniminimanimo	Comptine	395

Activité de routine ou de transition	Titre	Type	Page
Désignation	Oh! tchi tchi tchi	Comptine	395
Désignation	Le chat	Comptine	395
Désignation	Tchip tchip	Comptine	395
Désignation	À toi	Comptine	395
Désignation	Mirlababi	Comptine	396
Désignation	C'est elle	Comptine	396
Désignation	Citron!	Comptine	396
Désignation	Joli colibri	Comptine	396
Désignation	Zig, zag, zoug	Comptine	397
Désignation	Petit nez cocotier	Comptine	397

Remerciements

Je rêvais depuis longtemps d'écrire un livre traitant de l'éducation à l'enfance et de composer des chansons pour l'accompagner. La réalisation de ce rêve, je la dois à la détermination que mes parents m'ont léguée et dont je leur suis très reconnaissante. Ma gratitude va ensuite aux étudiantes que j'ai eu le privilège de côtoyer en tant qu'enseignante et superviseure de stages en Techniques d'éducation à l'enfance tant au secteur des adultes qu'à celui de l'enseignement régulier du cégep Édouard-Montpetit. Plusieurs de ces étudiantes m'ont insufflé de nombreuses idées et inspiré de riches réflexions pour soutenir la rédaction du présent ouvrage de la première édition à la troisième édition. Je remercie également les lecteurs de la première édition qui ont manifesté un vif intérêt pour l'ouvrage et qui m'ont ainsi encouragée à poursuivre mes recherches.

Comment ne pas remercier les représentants de l'avenir de l'humanité que sont les enfants ? Je ne saurais me passer de leur spontanéité, de leur naturel et de leur authenticité et, sans eux, je n'aurais pu écrire cet ouvrage.

Diverses personnes avaient apporté leur contribution à la première édition de cet ouvrage et méritent encore d'être remerciées : Diane Berger, Christiane Dion, Lisette Gariépy, Chantal Poulin, Danielle Sheridan et Marie Labbé. J'exprime également ma gratitude à Dominique Léger pour les belles illustrations qu'elle a réalisées. Ma reconnaissance va aussi à ma très chère sœur Lucille, qui a lu le manuscrit initial tout en m'accordant son soutien fraternel.

Je suis redevable à M. Raynald Trottier, chargé de projet aux Presses de l'Université Laval, qui m'a prodigué de l'aide, de l'encouragement et de précieux conseils durant toutes les étapes de réalisation de la première édition de l'ouvrage. Sa grande disponibilité et son amabilité ont grandement facilité mon travail.

J'ai été honorée par la généreuse collaboration de monsieur Germain Duclos qui a accepté de rédiger la préface de mon livre.

J'adresse mes sincères remerciements aux personnes suivantes qui m'ont chaleureusement accueillie dans leur milieu de travail ainsi qu'aux services éducatifs qui m'ont permis de prendre des photos : le SGMS Les Faucons, le CPE Pierre-Boucher, le CPE Pour vos tout-p'tits de Longueuil, le CPE L'apprenti-Sage, le CPE Mon Petit Édouard, le CPE La Ruche, le CPE Pomme-Soleil, la garderie Porculus et Louise Bourque, responsable en milieu familial au CPE Mamie-Pom.

J'ai apprécié les talents musicaux de Michel Bonin et de Monique Rousseau qui m'ont aidée dans la réalisation du CD. Je les remercie très sincèrement.

Préface

Parfois durant notre vie, nous vivons l'agréable surprise d'apprendre à connaître quelqu'un qui possède des valeurs, une philosophie de vie et des croyances semblables aux nôtres. Il me semble avoir découvert une auteure, Mme Nicole Malenfant, à travers ce très beau livre qu'elle a écrit. En le lisant, j'ai eu le plaisir de reconnaître de nombreuses valeurs que je défends depuis plusieurs années et j'adhère à la philosophie éducative que le présent ouvrage transmet.

Les services de garde pour la petite enfance et encore plus ceux en milieu scolaire sont des institutions récentes dans notre société. Depuis quelques années, à la suite de mesures gouvernementales, on assiste à un développement accéléré des milieux de garde à tel point que les personnes qui en sont responsables sont souvent essoufflées. En effet, on doit procéder à un recrutement rapide d'éducatrices et d'éducateurs et aménager de nouveaux locaux tout en organisant un régime de vie et des activités profitables pour les enfants.

Ce livre tombe à point, car tout changement entraîne de l'insécurité. Il apporte donc des solutions concrètes et sécurisantes dans la gestion des activités quotidiennes en services de garde. Dans les services éducatifs, on valorise beaucoup trop les activités structurées qui visent des objectifs d'apprentissage officiels. Or, toute éducatrice d'expérience sait bien que les activités de routine et de transition permettent souvent plus de spontanéité dans les relations entre les enfants et avec les éducatrices. La socialisation et le sentiment d'appartenance à un groupe sont encouragés durant ces périodes moins structurées. Nous savons que les transitions comme tout changement amènent parfois de l'insécurité chez les enfants. Aussi, compte tenu du fait que ces périodes sont souvent moins structurées que les activités officielles, les enfants sont parfois plus agités et indisciplinés. Le présent ouvrage propose plusieurs conseils pratiques et pertinents pour sécuriser les enfants et leur procurer un sentiment de bien-être. Les routines sont souvent vécues comme des activités rébarbatives par les enfants. Mme Malenfant propose de façon ingénieuse une variété de jeux qui rendent les routines et les transitions plus attrayantes tout en favorisant la socialisation. Le jeu est essentiel au développement de l'enfant. Il constitue la route royale des apprentissages. Il faut se dire que le jeu est loin d'être futile. Tout enfant est très sérieux durant les activités ludiques. Au cours des jeux moteurs, sensoriels, des jeux symboliques, des jeux de construction et des jeux de règles, les enfants intègrent de nombreuses habiletés motrices, perceptives, intellectuelles et sociales. La plupart du temps, les enfants réalisent des apprentissages de façon spontanée, sans s'en rendre compte.

J'ai eu le plaisir de constater beaucoup de créativité dans ce livre, notamment dans la variété des jeux suggérés ainsi que dans l'utilisation pédagogique des comptines et des chansons. Il m'est apparu évident que cette créativité s'appuie sur une profonde connaissance des besoins développementaux des enfants. Les chapitres sont très bien structurés et le contenu est accessible à tout personnel éducatif.

Les milieux de garde offrent des occasions très riches de socialisation bien plus qu'à l'intérieur des classes où se vit une pédagogie traditionnelle. Il est admis que les enfants ont surtout des buts sociaux et scolaires. Les besoins de socialisation sont pour la plupart plus importants que les apprentissages didactiques. Je crois fermement à la pertinence de l'approche démocratique telle qu'elle est proposée ici. Grâce à cette philosophie éducative, il est beaucoup plus facile pour les enfants d'acquérir une conscience sociale, de développer l'autocontrôle de leur comportement, de pratiquer la résolution de conflits sociaux et d'apprendre la coopération tout en vivant un sentiment d'appartenance à un groupe. Les services de garde favorisent grandement l'adaptation sociale de l'enfant et son intégration future dans la société grâce aux nombreuses activités de socialisation qu'ils font vivre.

Par sa rigueur et son contenu pratique, le livre de Mme Malenfant sera certainement un outil précieux de perfectionnement des éducatrices et des éducateurs en cours d'emploi et une grande source d'inspiration pour tous les services éducatifs. Je le recommande comme ouvrage de base pour la formation collégiale en Techniques d'éducation à l'enfance. Ce livre reflète un juste équilibre entre l'art et la science, entre la rigueur et la créativité. Il traduit surtout un profond respect et l'amour des enfants.

Germain Duclos
Psycho-éducateur et orthopédagogue
Auteur

Avant-propos

Depuis mon entrée dans le monde de l'éducation, au début des années 1980, j'ai maintes fois eu l'occasion d'observer des enfants à l'œuvre dans leur apprentissage de la vie. Au fil des ans, j'ai pu acquérir de l'expérience en travaillant auprès d'enfants d'âges variés tout en continuant à accroître mes connaissances sur le développement de l'enfant par des lectures et des cours qui ont sans cesse confirmé ma passion pour l'éducation à l'enfance. Le présent ouvrage est le fruit des nombreuses visites effectuées dans différents services éducatifs soit à titre d'animatrice, de consultante, de formatrice ou de superviseure de stage. Les informations et les activités qu'il contient s'appuient sur une vaste expérience professionnelle ainsi que sur une réflexion approfondie par des fondements théoriques.

Il m'a souvent été donné de constater l'influence considérable que peuvent avoir les éducatrices dans le développement de l'enfant. Pensons aux nombreux gestes qu'elles accomplissent jour après jour, heure après heure, pour l'aider à accéder graduellement à une autonomie comme l'habileté à manger, à s'habiller, à parler, à socialiser, ou pour l'amener à apprendre les règles du savoir-vivre en groupe, à prendre soin de lui par l'application de mesures d'hygiène appropriées ou à se familiariser avec les bases d'une saine alimentation. Je suis convaincue que la valeur éducative de ces apprentissages fondamentaux, loin d'être le fruit du hasard, repose largement sur les qualités professionnelles du personnel éducateur et suppose également une étroite collaboration avec les parents et les gestionnaires des services éducatifs. En effet, compte tenu de la quantité impressionnante des activités de base qui jalonnent le quotidien dans les services éducatifs, il apparaît nécessaire de leur accorder toute l'importance qui leur revient. C'est pourquoi un ouvrage de référence sur ces activités appelées ici des routines et des transitions peut se révéler utile comme outil pédagogique. Le présent ouvrage vise également à contribuer à la formation des personnes qui étudient en techniques d'éducation à l'enfance ou en enseignement préscolaire et primaire, et à aider au ressourcement du personnel chargé directement ou indirectement de l'éducation des jeunes enfants, qu'il s'agisse des éducatrices en centre de la petite enfance (CPE) installation ou en garderie, des responsables de services de garde en milieu familial, des enseignantes en prématernelle et maternelle, des conseillères pédagogiques, des gestionnaires ou simplement des parents. Sans constituer des moyens magiques ou des recettes infaillibles, les propositions et les pistes de réflexion suggérées pourront néanmoins servir à consolider les façons de faire existantes, à rompre la monotonie inhérente aux activités de base en plus de soutenir l'application des principes qui sous-tendent les programmes éducatifs en CPE, en éducation préscolaire et en service de garde en milieu scolaire (SGMS).

Précisons que la période d'âge concernée dans le livre couvre de 2 à 8 ans et sera désignée ici par l'appellation **petite enfance**. On utilisera le terme **tout-petits** pour faire référence aux enfants de 2 et 3 ans, **enfants d'âge préscolaire** pour désigner les 4 et 5 ans, et **enfants d'âge scolaire** pour les 6 à 8 ans. Les enfants de moins de deux ans, les poupons et les trotttineurs, ont déjà fait l'objet d'un livre intitulé *Le bébé en services éducatifs*[1]. C'est pourquoi nous traiterons ici des routines et des transitions qui concernent uniquement les enfants âgés de plus de deux ans. Pour les mêmes raisons, nous n'aborderons pas non plus la période de 9 à 12 ans. Pour obtenir des renseignements sur les activités de base spécifiques aux enfants de ce groupe d'âge, nous vous recommandons de

---

1. Jocelyne MARTIN, Céline POULIN et Isabelle FALARDEAU, *Le bébé en services éducatifs*, PUQ, 2008.

lire le livre ***Les services de garde en milieu scolaire***[2]. Cependant, plusieurs des éléments contenus dans le présent ouvrage touchent indirectement ces groupes d'âge et pourraient intéresser les éducatrices concernées.

Entièrement révisée, cette troisième édition de ***Routines et transitions en services éducatifs*** comprend 13 chapitres. Les deux premiers regroupent des aspects plus théoriques afin, d'une part, de mieux situer l'essentiel de l'approche démocratique en matière d'activités de routine et de transition et d'autre part, de fournir des conseils pratiques concernant l'organisation et le déroulement des activités de routine et de transition. Cette présente édition tient compte de la plus récente version du programme éducatif du ministère de la Famille intitulée *Accueillir la petite enfance* (2007).

Dans les neuf chapitres suivants, on s'intéresse successivement à chacune des activités de routine, soit le lavage des mains, le brossage des dents, la routine des toilettes, le mouchage, les collations et les repas, la sieste ou la relaxation, l'habillage et le déshabillage. Puis, on aborde successivement les activités de transition, c'est-à-dire le rangement et le nettoyage, le rassemblement, le déplacement, l'accueil et le départ ainsi que les attentes inévitables. Dans les deux derniers chapitres, on s'attarde au rôle que peuvent jouer les comptines et les chansons en situation de routine ou de transition, et pour terminer, on suggère des idées pour stimuler le langage de l'enfant lors de ces précieux moments de vie. Il est aussi question de l'importance d'un bon langage parlé par l'éducatrice.

Le contenu de la troisième édition a été revu afin de tenir compte davantage de la réalité des services éducatifs qui ne cesse d'évoluer. Elle offre des exemples en plus grand nombre et davantage de figures, de tableaux et d'encadrés. On y trouve également un nombre accru de conseils en matière d'observation et d'ergonomie en plus de suggestions pour les groupes évoluant en multiâge. La banque de jeux d'animation ayant trait à chacune des routines et des transitions à la fin de chaque

---

2. Steve MUSSON (adaptation de Diane Berger et de Jocelyne Martin), *Les services en milieu scolaire*, PUL, 1999.

chapitre a été bonifiée grâce à une mise à jour des propositions et à l'ajout de nouvelles idées.

Le lecteur trouvera tout au long de l'ouvrage plusieurs comptines et chansons pouvant accompagner les activités. Quatorze d'entre elles, toutes des créations originales, font partie du **CD** inclus dans le livre. On pourra les utiliser parallèlement au déroulement des activités ou de façon indépendante, pour le simple plaisir de chanter ou d'écouter de la musique.

Note: Étant donné la réalité actuelle selon laquelle le personnel s'occupant des enfants est constitué en majorité de femmes, le genre féminin a été retenu dans le livre pour représenter également le personnel éducateur des deux sexes sans aucune discrimination, et ce, dans le seul but d'alléger le texte. Par conséquent, on a choisi le terme **éducatrice** pour désigner toute personne qui occupe une fonction éducative auprès des enfants. On a retenu l'appellation **services éducatifs** pour englober tous les lieux d'éducation accueillant des enfants de 2 à 8 ans. Quant au sigle **SGMS**, il représente les services de garde en milieu scolaire alors que **CPE** désigne les centres de la petite enfance. Pour parler des **parents**, on fera référence à toute personne ayant la responsabilité première de l'enfant, soit la mère, le père, le tuteur ou les grands-parents.

L'auteure

Chapitre 1

Les fondements théoriques

CONTENU DU CHAPITRE

1.1	La conception de l'enfance	3
1.2	L'éducation à la petite l'enfance : un domaine en évolution	5
1.3	L'approche démocratique comme cadre de référence......	6
1.4	La valeur éducative des activités de routine et de transition	13
	A. Ce qu'est une activité de routine........................	17
	B. Ce qu'est une activité de transition	18
1.5	L'approche démocratique dans les activités de routine et de transition	20
	A. Les valeurs..	20
	B. Les cinq principes de base	21
	C. Les trois domaines d'application........................	22

Il est inconcevable d'écrire un livre sur les activités de routine et de transition en services éducatifs sans préalablement aborder l'enfance et les enfants. Nous avons choisi de le faire en des termes simples et concis sans trop nous attarder aux grandes théories du développement de l'enfant qui, par ailleurs, sont bien exposées dans plusieurs ouvrages de psychologie. Dans ce premier chapitre, nous traiterons de l'enfance et des enfants sous divers angles: la conception du développement de l'enfant, la définition de l'éducation à l'enfance, l'approche démocratique en tant que cadre de référence de même que le rôle éducatif des activités de routine et de transition.

1.1 LA CONCEPTION DE L'ENFANCE

Au fil des siècles et selon l'évolution des sociétés, les idées sur les enfants et sur l'enfance ont bien changé. Tantôt, les enfants ont été perçus comme des êtres incomplets dépourvus d'intelligence alors qu'en d'autres temps, on les a considérés comme une main-d'œuvre à bon marché. Pour d'autres raisons, les enfants ont aussi fait office de «petits rois», d'êtres mystérieux ou ont représenté la promesse d'un meilleur avenir. Ce n'est que depuis peu que les connaissances en sciences humaines nous permettent de démontrer la nature particulière de l'enfance et ses répercussions indéniables sur toute la vie.

En ce début du XXIe siècle, la plupart des gens conçoivent l'enfance comme une période distincte du développement humain et déterminante non seulement pour grandir, mais pour apprendre et se préparer aux étapes ultérieures de la vie. «L'enfance est considérée comme une période critique du développement humain parce qu'elle représente une période d'acquisitions et de changements capitaux. L'enfance est la période fondatrice de la vie humaine.» (Cloutier, Gosselin et Tapp, 2005) L'établissement d'une convention mondiale relative aux droits des enfants[1], l'existence de lois sur la protection de la jeunesse, l'implantation de services de soutien aux familles, la mise en œuvre de programmes

---

1. La Convention relative aux droits des enfants a été ratifiée en 1989 par l'ensemble des nations du monde.

éducatifs en services de garde témoignent plus que jamais de la valeur intrinsèque de l'enfance. Même si l'idée d'une éducation centrée sur l'enfant lui-même reste à renforcer, il y a lieu de croire qu'on a aujourd'hui de bonnes bases pour continuer à défendre une vision de l'éducation pour un monde meilleur.

L'enfant n'est ni un petit adulte ni un être totalement démuni. C'est un individu à part entière doté d'un potentiel qui lui est propre, que l'on doit faire éclore le plus possible. « La nature veut que les enfants soient des enfants avant d'être des hommes », conçoit déjà Jean-Jacques Rousseau au XVIIIe siècle. Tout enfant a besoin de se sentir en sécurité, d'être cajolé, stimulé, encouragé, guidé, bref d'être véritablement aimé. Peu importe son origine, l'enfant devrait avoir le droit de rire, de chanter, de pleurer, de se sentir vulnérable, de s'émerveiller, de s'attacher à des personnes dignes de confiance, de s'exprimer, d'apprendre, de s'affirmer, de s'estimer, d'aimer la vie et surtout de compter sur des personnes soucieuses de défendre son besoin vital d'être libre et de grandir en paix.

L'idéal d'un enfant est de vivre son enfance en toute confiance, entouré d'adultes responsables, conscients et bienveillants. Tout enfant aspire à la dignité et au respect de sa propre histoire et de ses traits de tempérament, qui font de lui un être unique. Tant la connaissance que nous avons des besoins réels de l'enfant que la conception de notre rôle éducatif dans son développement influencent notre façon de l'accompagner sur le chemin de son enfance. Il y a tout lieu de croire que le professionnalisme des éducatrices est déterminant pour assurer une éducation bienveillante des jeunes enfants.

L'enfance se définit autrement que par les standards de développement ou les statistiques. Elle se veut un processus dynamique et continu, qui comprend une transformation inévitable de la personne, auquel les parents et les éducatrices doivent participer de la façon la plus positive possible (Legendre, 2005). Par conséquent, être éducatrice en petite enfance requiert des dispositions personnelles et des compétences particulières qui se situent bien au-delà du simple gardiennage.

1.2 L'ÉDUCATION À LA PETITE L'ENFANCE : UN DOMAINE EN ÉVOLUTION

On parle de plus en plus d'éducation dans les journaux, les médias sociaux, les sites Internet et les émissions de télé. Même si le terme éducation se limite souvent à l'école, on reconnaît maintenant le bien-fondé des acquisitions qui s'effectuent hors du cadre scolaire notamment dans la famille et dans les services de garde avant l'entrée à l'école.

La psychologie de l'enfant est une science relativement récente qu'un certain nombre de personnalités ont permis de faire progresser. Piaget avec sa théorie de l'apprentissage influencera de manière notable le domaine de la pédagogie et les méthodes éducatives. On trouve également des psychiatres, des psychologues et des chercheurs de renom, qu'il s'agisse de Bettelheim, Freud, Erikson, Vygotski, Dolto, Dodson ou Gordon. Chacun à sa manière a démontré le caractère propre de l'enfance et son influence considérable dans les étapes ultérieures de la vie.

Avec les changements sociaux et familiaux des dernières années, l'éducation durant les premières années de la vie ne se limite plus à la cellule familiale. Désormais, elle relève également des centres à la petite enfance et des garderies. « La fréquentation de la garderie n'est plus un phénomène marginal, et elle ne sert plus seulement les parents ; les enfants aussi y trouvent leur compte. » (Cloutier, Gosselin et Tapp, 2005) L'implantation de la maternelle à temps plein et l'instauration de la politique familiale, en 1997, ont apporté des changements considérables dans l'éducation à l'enfance, au Québec. Avec les lois et les règlements existants, on s'assure de plus en plus de la qualité des services éducatifs avec la mise en œuvre de plusieurs conditions : la présence grandissante d'éducatrices formées, compétentes et dévouées, l'apport d'attention suffisante à chaque enfant, la promotion de la santé et de la sécurité, l'incitation à l'exploration motrice et langagière (Berger, 2011). Dans un bon service éducatif, tout est axé sur le développement optimal de l'enfant.

La question n'est plus de savoir si l'éducation à l'enfance a sa place dans le domaine de l'éducation, en général, mais bien de s'assurer qu'elle évolue de manière à offrir les meilleures conditions qui soient pour le mieux-être des enfants. L'éducation à la petite enfance est un domaine en pleine croissance en voie de devenir une spécialité distincte de plus en plus reconnue et même une profession des plus nobles.

1.3 L'APPROCHE DÉMOCRATIQUE COMME CADRE DE RÉFÉRENCE

Avec l'avènement de la recherche en psychologie et l'essor du courant humaniste, au XXe siècle, on a assisté à la création de l'École nouvelle, en Europe. Dès lors, a émergé une conception de l'enfant centrée sur le développement global et sur l'apprentissage par l'action. « Cette conception de l'éducation se fonde sur la conviction profonde qu'un enfant placé dans un milieu stimulant possède en lui-même les ressources nécessaires à son développement et que la connaissance ne peut lui être imposée. » (Pelletier, 2011) Cette nouvelle vision de l'école s'oppose à la pédagogie traditionnelle et autocratique où prédominent les apprentissages scolaires, la transmission de connaissances normatives et l'autorité du maître. Bien qu'un modèle d'éducation plus ouvert fut déjà promu au XVIIIe siècle par Jean-Jacques Rousseau, celui que l'on considère comme le pionnier de l'École nouvelle, ce n'est que quelque 150 ans plus tard que des pédagogues tels Freinet, Montessori et Decroly lui permettront de s'épanouir dans le système éducatif occidental. Les effets de cette approche, combinés à ceux des méthodes actives de Dewey aux États-Unis, se feront sentir au Québec d'abord de façon marginale à partir des années 1960, pour ensuite s'intensifier dans les années 1970.

L'essor d'une éducation centrée sur l'enfant et sur l'apprentissage actif a été favorisé par bon nombre de programmes éducatifs qui prévalent aujourd'hui. Parmi ceux-ci, citons les modèles de Montessori, de Reggio Emilia, d'Emmi Pickler, le modèle Developmentally Appropriate Practice (DAP) de la National Association of Education Young Children (NAEYC), le modèle Bank Street Model (Development Interaction Model) et le programme High Scope. Plusieurs des composantes que l'on y retrouve ont influencé la mise en œuvre du Programme éducatif des services de garde qui a été instauré, au Québec, en 1997 puis mis à jour en 2007 sous le titre *Accueillir la petite enfance – Le programme éducatif des services de garde du Québec*. Nous nous inspirerons dans le présent ouvrage de l'essence même de ce programme en mettant l'accent sur le respect de la nature de l'enfant considéré comme un apprenant actif. Ce cadre de référence que nous appellerons « l'approche démocratique » s'avère un excellent moyen de répondre aux besoins réels de l'enfant dans la réalité actuelle des services éducatifs. L'encadré 1.1 présente les principaux concepts de cette approche alors que l'encadré 1.2 réunit les orientations pédagogiques qui en découlent.

> Soutenir le développement optimal des ressources de l'enfant, lui permettre d'apprendre par l'action et le préparer à la vie constituent l'essentiel de l'approche démocratique.

L'éducatrice a une énorme responsabilité envers les enfants : sécurité, écoute, réconfort, aide à la résolution de problèmes, disponibilité, etc.

Encadré 1.1   Les concepts clés de l'approche démocratique

- La spécificité du développement de la personne durant l'enfance.
- Le respect des besoins et des particularités de chaque enfant dans une perspective de développement global et continu.
- La valeur inestimable du jeu et du plaisir dans les apprentissages de l'enfant.
- La reconnaissance de l'unicité de l'enfant dans un contexte de groupe.
- L'importance de mettre l'enfant en situation et en action dans la vie quotidienne.
- La nécessité d'une coéducation où les services éducatifs travaillent conjointement avec les familles et la communauté.

L'approche démocratique favorise les interactions entre enfants d'âges différents.

L'unicité de chaque enfant est priorisée dans l'approche démocratique et ce, dans tous les moments de vie.

Dans le modèle démocratique, on conçoit l'apprentissage comme un processus global et progressif où un aspect du développement en stimule un autre. Aucune composante n'est plus importante qu'une autre. C'est ainsi qu'un enfant arrivera à développer un intérêt pour un nouvel aliment qui, d'emblée, le rebute, grâce à une histoire amusante qui lui apprend d'où provient l'aliment et qu'il a l'occasion de découvrir avec ses sens. L'enfant écoute et pose des questions. Bref, ses facultés langagières, son imagination, ses perceptions sensorielles, sa pensée, sa curiosité de même que son besoin de s'alimenter agissent en synergie pour l'amener à vivre une expérience positive. Sans oublier l'importance de la communication avec les parents et l'encouragement de leur participation comme facteurs de réussite dans la mise en place de l'approche démocratique.

Chaque enfant est un être distinct qu'il faut connaître de manière individualisée et approfondie sans se fier aux seules indications livrées par son âge, son origine et son sexe. Considéré comme une personne à part entière, l'enfant est respecté dans ses différences individuelles et culturelles tout en étant amené à s'adapter à la vie de groupe. L'enfant n'est pas considéré comme un grand ou un adulte en miniature, mais comme une personne en devenir.

Le jeu est la meilleure façon qu'a l'enfant de comprendre le monde dans lequel il vit. Le jeu est une disposition naturelle à agir et à découvrir, sans autre but que le plaisir qu'il procure. En s'amusant, l'enfant, malgré lui, fournit des efforts dont découleront des apprentissages qui l'amèneront non seulement à s'approprier la réalité des grands, mais à se dépasser. « Si bon nombre de jouets n'ont rien d'indispensable,

Les valeurs prônées dans l'approche démocratique doivent se retrouver dans tous les moments de vie en services éducatifs.

le jeu, en revanche, est vital, facteur d'apprentissage, mode de socialisation et de construction de la personnalité. » (Unicef France)

Dans l'approche démocratique, on encourage l'enfant à faire des choix, on le soutient dans le développement de son estime personnelle, on l'aide à exprimer ses besoins et à y répondre selon ses possibilités. On accepte également qu'il apprenne par essais et erreurs et qu'il ait besoin de répétitions pour renforcer ses acquis. Toutefois, une telle démarche ne peut se faire sans la connaissance du développement de l'enfant. Et puisque l'enfant change constamment, et que le monde dans lequel il vit se transforme sans cesse, l'observation systématique de la part de l'éducatrice est plus que nécessaire pour bien l'accompagner dans son évolution.

Malgré la place importante qu'on accorde à l'enfant lui-même dans un contexte de services de garde démocratique, les parents et les éducatrices jouent un rôle primordial dans l'actualisation de son potentiel. Ils lui servent de guide, de soutien et de médiateur dont il a grandement besoin pour s'épanouir. Alors que l'on peut considérer le parent comme l'expert de son enfant, on s'entend pour accorder à l'éducatrice le titre de spécialiste du développement de l'enfant dans un contexte de vie de groupe.

Les orientations pédagogiques de l'approche démocratique se déclinent en plusieurs points, dont l'encadré 1.2 fait état.

Encadré 1.2   Les orientations pédagogiques de l'approche démocratique en services éducatifs

1. Croire au potentiel de chaque enfant et reconnaître son unicité.
2. Mettre en valeur les habiletés et les champs d'intérêt de chaque enfant.
3. Instaurer et entretenir des relations bienveillantes avec chacun des enfants.
4. Former une solidarité entre les adultes qui s'occupent de l'enfant, principalement avec les parents.
5. Offrir un encadrement qui assure l'équilibre entre la liberté dont l'enfant a besoin et l'encadrement nécessaire pour qu'il se sente en sécurité tant sur le plan physique que psychologique.
6. Permettre à l'enfant de faire des choix et de prendre des initiatives selon son niveau et son rythme de développement.
7. Aider l'enfant à construire lui-même ses connaissances et à développer sa propre compréhension du monde.
8. Favoriser des apprentissages sollicitant équitablement toutes les dimensions de sa personne tant sur les plans socio-affectif, psychomoteur, créatif et artistique, intellectuel que langagier.
9. Guider l'enfant de manière constructive dans le processus de résolution de problèmes et de conflits.
10. Comprendre, soutenir et encourager le jeu de l'enfant tout au long de la journée.
11. Offrir à l'enfant des occasions variées de socialiser.
12. Avoir du plaisir sincère à se trouver en présence des enfants.
13. Saisir toutes les occasions possibles d'apprendre des enfants.
14. Être un modèle inspirant pour les enfants.

1.4 LA VALEUR ÉDUCATIVE DES ACTIVITÉS DE ROUTINE ET DE TRANSITION

La vie en services de garde éducatifs est remplie d'activités qui permettent à l'enfant de se développer. Plusieurs d'entre elles servent en plus à organiser le déroulement de la journée en revenant plus d'une fois par jour, et jour après jour. Ce sont les activités de routine et de transition auxquelles on consacre beaucoup de temps et d'énergie que l'on soit enfant ou éducatrice.

Avant même de faire son entrée à l'école, l'enfant est capable de reproduire bon nombre des gestes qui l'amèneront au fil des ans à devenir un être autonome. De fait, il aura appris à marcher, à parler, à manger et à boire seul, à se vêtir et se dévêtir, à aller aux toilettes, à se relaxer, à contrôler ses émotions, à prendre soin de lui par des soins d'hygiène appropriés. Aussi, il pourra se débrouiller dans plusieurs situations, entrer en relation avec les autres, formuler des demandes claires, faire des choix et exprimer ses besoins, résoudre des problèmes et respecter les règles de la vie en groupe. Non seulement ces expériences lui permettront de se développer sainement tout au long de son enfance, mais elles le prépareront aux étapes ultérieures de sa vie. Ainsi en est-il de la primauté des activités de routine et de transition qui sont porteuses de nombreux apprentissages fondamentaux chez le jeune enfant.

« Trop souvent, les routines sont banalisées et même considérées comme un mal nécessaire. » (Bouchard, 2010) Pourtant, les moments de routine et de transition sont des occasions privilégiées pour stimuler les différentes facettes du développement de l'enfant que ce soient les habiletés intellectuelles, la socialisation, l'estime de soi ou la psychomotricité, comme en témoignent les exemples du tableau 1.1 dans le contexte d'une activité de rangement.

Tableau 1.1   Habiletés observables chez un enfant de 3 ans lors d'une activité de rangement

Développement affectif	Développement physique et moteur	Développement cognitif	Développement langagier	Développement social et moral
• Éprouver de la satisfaction à accomplir la tâche demandée • Exprimer ses préférences et ses sentiments • Faire des choix • Persévérer devant une difficulté • Tirer plaisir à relever de nouveaux défis	• Reconnaître les objets (perceptions sensorielles) • Saisir un jouet (motricité fine) • Coordonner l'œil et la main (coordination oculo-manuelle) • Transporter un objet avec agilité (motricité globale) • Utiliser une main de façon prédominante (latéralité) • S'orienter dans l'espace (organisation spatiale) • Exécuter des gestes dans un ordre précis (organisation temporelle) • Autres	• Comprendre une séquence d'actions • Apprendre les procédures en vigueur • Classifier (petits objets dans la boîte, et plus gros dans l'armoire) • Connaître l'emplacement des objets (étagère, boîte, en haut, à côté) • Se remémorer l'astuce qui permet de ranger rapidement • Se concentrer • Raisonner et déduire • Faire du dénombrement (il y a 3 blocs et 1 camion) • Associer les objets à ranger à leur emplacement respectif (le casse-tête sur la tablette, la poupée dans son lit) • Trouver une solution au manque d'espace sur l'étagère • Se représenter les objets qui sont désignés par un pictogramme sur le bac à rangement • Autres	• Nommer les objets à ranger et leur fonction • Décrire ses actions et celles de ses semblables • Fredonner la chanson entonnée par l'éducatrice • Décoder les pictogrammes dans un système de rangement • Faire des jeux de rôles • Autres	• Participer à la vie de groupe • Assumer une responsabilité • Faire preuve d'autonomie • Prendre des initiatives • Porter attention aux autres (partager l'espace, aider un compagnon qui a de la difficulté) • Utiliser des règles élémentaires de courtoisie (excuse-moi, merci) • Autres

Quoique très répétitives, les activités de routine et de transition n'ont rien d'anodin, car il y a tant à faire et à apprendre durant ces moments. Plus les enfants sont jeunes, plus les tâches routinières sont fréquentes et requièrent beaucoup de temps en plus de nécessiter une grande attention de la part de l'adulte. À de multiples égards, ces activités comportent une valeur éducative tout aussi importante que celle que l'on accorde généralement aux activités plus formelles comme la stimulation du langage, les jeux d'ordinateur, les exercices psychomoteurs ou l'initiation à l'alphabet.

> Cinquante pour cent des habiletés nécessaires à l'adulte pour être autonome sont acquises durant les premières années de sa vie : se nourrir, marcher, parler, se vêtir et se dévêtir, apprendre à s'endormir seul, aller aux toilettes, se laver les mains. Et dire que c'est essentiellement au moyen des activités de routine que ces acquisitions se mettent en place, et même avant l'entrée à l'école.

C'est aussi grâce aux activités de routine et de transition que l'enfant acquiert des savoir-faire élémentaires comme la coopération, le compromis, la politesse, le respect des règles dont il aura besoin tout au long de sa vie.

Tout en portant attention à la sécurité physique, affective et à la santé des enfants, l'éducatrice veille à créer un climat chaleureux lors des activités de routine et de transition. Elle en profite pour faire voir aux enfants le souci qu'elle porte à leur bien-être corporel tout en les amenant à prendre conscience de l'importance de répondre à leurs besoins fondamentaux : se nourrir pour prendre soin de son corps, se reposer pour refaire le plein d'énergie, mettre un chapeau sur sa tête pour se protéger des effets néfastes du soleil. Les soins de base ne peuvent plus être perçus comme une fonction mécanique nécessitant peu de connaissances et d'habiletés. Ils sont le fondement du déroulement d'une journée et requièrent des compétences professionnelles particulières qui se situent bien au-delà d'une simple surveillance.

> Les activités de routine et de transition s'inscrivent dans une mission éducative globale au même titre que les autres types d'activités. L'éducatrice a le devoir de faire connaître aux parents et à la société, en général, leur contribution exceptionnelle dans la construction de l'être humain.

On estime entre 40 % et 50 % la portion de l'horaire quotidien dédiée aux activités de routine et de transition en CPE et en garderie. Ce pourcentage augmente à près de 80 % en présence d'enfants de 0 à 2 ans en raison du temps consacré aux changements de couches et aux siestes, pour un total approximatif de 1 200 heures par année. Entre 0 et 5 ans, chaque enfant fréquentant un service de garde à temps plein aura donc passé environ 6 000 heures en routine et en transition. Par ailleurs, un relevé effectué dans quelques services de garde en milieu scolaire démontre qu'un enfant de 5 à 8 ans qui fréquente le service à temps plein passe plus de 30 % de son temps en activités de routine et de transition. Ces chiffres révèlent, à eux seuls, la part importante qu'occupent les activités de routine et de transition dans la vie d'un enfant.

> Il est essentiel de miser sur la qualité des activités de routine et de transition qui, à elles seules, monopolisent une moyenne de 40 % de l'horaire quotidien en services éducatifs. Ces moments de vie devraient être considérés comme des activités à part entière.

Pour l'éducatrice qui applique l'approche démocratique, les activités de routine et de transition représentent une occasion privilégiée d'établir un contact personnalisé avec les enfants. Que ce soit à l'arrivée ou au départ de l'enfant, avant et après la sieste ou à la période du dîner et des collations, l'éducatrice doit s'intéresser à chacun d'eux par l'échange de paroles, par des regards et une écoute attentionnée. Pour l'enfant, ces activités sont tout indiquées pour s'exercer au langage, ce qui l'aide à entrer en relation avec ses pairs et avec l'adulte. Aussi, c'est lors de ces moments que l'enfant peut parfois s'opposer aux demandes de l'adulte en raison de la fatigue accumulée ou de la difficulté à vivre un changement d'activité. En plus de lui fournir une occasion d'apprendre à exprimer ses émotions d'une manière appropriée, ces activités permettent à l'enfant de relever le défi d'une plus grande autonomie corporelle.

> Omniprésentes en services éducatifs, les indispensables activités de routine et de transition représentent un défi des plus intéressants à relever pour l'éducatrice démocratique. Il s'agit là d'occasions privilégiées de témoigner de son professionnalisme. En observant une éducatrice à l'œuvre lors des moments de routine et de transition, on peut y reconnaître plusieurs de ses pratiques professionnelles : sens de l'observation, style d'intervention, organisation pédagogique, relation affective avec les enfants, encadrement du groupe, contrôle de son stress, partage de son attention.

A. Ce qu'est une activité de routine

On peut définir une activité de routine en services éducatifs comme une **activité prévisible qui revient régulièrement dans une journée de façon à assurer les besoins de base des enfants.** Une activité de routine a généralement lieu à heure fixe mais a une durée flexible et constitue la pierre angulaire ou le cadre servant à ponctuer le déroulement de la journée. Une bonne partie des activités de routine servent à **satisfaire l'ensemble des besoins fondamentaux de l'enfant** comme se nourrir, boire, éliminer, se reposer, avoir une bonne hygiène, être vêtu de manière confortable. Plus les enfants sont jeunes, plus les tâches routinières sont fréquentes et demandent du temps, en plus de nécessiter une attention accrue de la part de l'adulte. Les activités de routine se distinguent des autres types d'activités par leur aspect ritualisé, par exemple, la prévisibilité du déroulement et la répétition de mêmes gestes, la familiarité avec les lieux et les personnes. Parmi les activités de routine qui ont cours en présence des jeunes enfants, mentionnons :

- l'hygiène : lavage des mains, brossage des dents, routine des toilettes ou apprentissage à la propreté, et mouchage ;
- les collations et les repas ;
- la sieste ou la relaxation ;
- l'habillage et le déshabillage.

En plus de répondre aux besoins physiologiques de l'enfant, les activités de routine contribuent à son bien-être affectif ; elles lui apportent des repères temporels en lui permettant d'anticiper ce qui suit. Elles favorisent ainsi le sentiment de sécurité indispensable à la construction du désir d'autonomie. Les activités de routine doivent se dérouler dans la bonne humeur et procurer du plaisir tant à l'enfant qu'à l'éducatrice.

> Les moments de soins associés aux activités de routine constituent une porte d'entrée déterminante dans la relation éducatrice-enfant (Projet Odyssée, p. 4).

B. Ce qu'est une activité de transition

L'activité de transition est définie comme une **activité simple et de courte durée, qui sert de lien entre deux autres activités de la journée**. Il s'agit d'intermèdes régulateurs qui ponctuent la journée. Les transitions amènent soit un changement d'activités, de lieu, de compagnons de jeu ou d'éducatrice. On y trouve, entre autres :

- le rangement et le nettoyage ;
- les rassemblements ;
- les déplacements ;
- les accueils et les départs ;
- les attentes inévitables.

Une bonne transition sert de lien entre les diverses activités ; elle respecte le plus possible le rythme des enfants en plus d'être facile à mettre en place. Peu nombreuses, le plus possible, les activités de transition requièrent peu ou pas de matériel spécifique et sont organisées de manière à encourager la participation et l'autonomie des enfants selon leur stade de développement. Idéalement, une bonne transition se déroule avec peu d'enfants à la fois au même endroit. Elle se déroule dans la bonne humeur et garde les enfants occupés. Les activités déversoirs, quant à elles, sont des activités qui permettent à un ou à quelques enfants de s'occuper en attendant que les autres aient terminé de ranger, de manger et de s'habiller. Elles offrent l'avantage de respecter le rythme de chaque enfant.

Les activités de transition exigent une attention particulière de la part des éducatrices, car elles servent aussi à maintenir l'harmonie très importante dans l'enchaînement des activités. En planifiant les temps de flottement ou les « entre-deux » et en leur donnant une allure de jeu, l'éducatrice limite le désordre et l'excitation dans le groupe d'enfants.

Un moment de répit après la classe permet à l'enfant de faire une démarcation entre l'école et le service de garde en milieu scolaire.

Toutefois, elle accepte que les choses ne soient pas toutes sous contrôle et qu'il y ait un minimum de bruits et d'agitation.

Les enfants réagissent souvent au changement qu'occasionnent les activités de transition. Ils s'opposent, poursuivent leur jeu, tardent à passer à l'activité suivante. L'éducatrice a tout intérêt à se questionner devant de tels comportements de la part des enfants. Y a-t-il trop de changements ? Le temps alloué pour passer d'une activité à l'autre est-il suffisant ? Comment diminuer les temps d'attente à ne rien faire ? Que changer à la façon de faire habituelle ? Autant de questions qui pourront amener l'éducatrice sur des pistes de réflexion susceptibles d'assurer une meilleure harmonie dans les activités de transition.

1.5 L'APPROCHE DÉMOCRATIQUE DANS LES ACTIVITÉS DE ROUTINE ET DE TRANSITION

Pour mieux comprendre les activités de routine et de transition dans le contexte de l'approche démocratique, nous proposons de reprendre ici les principales orientations pédagogiques du programme éducatif *Accueillir la petite enfance* du ministère de la Famille. On trouve les valeurs éducatives, les cinq principes de base, les trois domaines d'application soit l'intervention démocratique, la structuration des lieux et la structuration des activités. Nous proposons des questions et des pistes d'intervention afin de permettre à l'éducatrice d'évaluer la qualité des activités de routine et de transition à la lumière de ces orientations.

A. Les valeurs

Respect de soi, respect des autres et de l'environnement, résolution pacifique des conflits, égalité entre les sexes et entre les personnes, acceptation des différences et solidarité.

Comment est-ce que j'applique ces valeurs dans les divers moments de routine et de transition ?

B.   Les cinq principes de base

1) Chaque enfant est unique : respect de ses champs d'intérêt, droit à la différence, considération du niveau de développement de l'enfant, respect de son rythme de développement, empathie, équité d'attention positive envers tous les enfants, objectivité dans les propos et les écrits concernant l'enfant, temps de qualité accordé à chaque enfant dans les divers moments de routine.

2) Le développement de l'enfant est un processus global et intégré : prise en considération du développement global avec les dimensions affective, physique et motrice, cognitive, langagière, sociale et morale ; compréhension des facteurs qui influencent le développement de l'enfant.

3) L'enfant est le premier agent de son développement : autonomie, sens des responsabilités, initiative, estime de soi, résolution de problèmes selon son niveau, possibilité de faire des choix.

4) L'enfant apprend par le jeu : plaisir partagé avec l'adulte, curiosité, sens de l'émerveillement, créativité, respect de la période particulière qu'est l'enfance avec le jeu ou l'attitude ludique comme levier d'apprentissage, compréhension du développement de l'enfant et de sa façon de découvrir.

5) La collaboration entre parents et RSG (responsables de services de garde en milieu familial) ou éducateurs contribue au développement harmonieux de l'enfant : respect des besoins de l'enfant, respect des parents, confidentialité, communication avec les parents au sujet de ce que leur enfant apprend dans les activités de routine et de transition, etc.

Comment est-ce que j'applique ces principes dans les activités de routine et de transition ?

C. Les trois domaines d'application

1) L'intervention démocratique

Consignes, paroles, gestes, ton de voix, communication non verbale, attitudes, fonctionnement, organisation, animation, observation, planification, organisation, remise en question, ajustement, etc.

Favoriser l'autonomie de l'enfant. *Est-ce que je soutiens trop ou pas assez le développement de l'autonomie ? Est-ce que je le fais de la bonne façon et au bon moment ?* Miser sur les champs d'intérêt et les forces de l'enfant. *Comment est-ce que je le fais dans les routines et les transitions ?* Respecter le rythme de développement de l'enfant. Faire participer l'enfant aux prises de décision selon son âge. *Comment est-ce que je prends cela en considération dans les routines et les transitions ?* Donner l'occasion à l'enfant de socialiser. *De quelle manière j'encourage l'entraide et les relations entre pairs dans les activités de routine et de transition ?*

J'observe ce qui se passe et j'en tiens compte dans la suite des choses. *Est-ce que j'observe ce que font les enfants durant les activités de routine et de transition ? Qu'est-ce que je comprends de leurs comportements ? Quels sont les apprentissages que j'observe ? Quelles sont leurs capacités actuelles et potentielles ? Comment j'en tiens compte dans mes interventions ? Qu'est-ce que j'observe de moi : ton et volume de voix, débit, attitudes, formulation des consignes, écoute des enfants ?* Je planifie les activités de routine et de transition. *Comment est-ce que je planifie les activités de routine et de transition ? Comment est-ce que je procède pour améliorer la qualité des activités de routine et de transition ?*

2) La structuration des lieux

Mobilier et équipement adaptés à la taille et à l'autonomie de l'enfant, aménagement et équipement permettant la prévention de maux de dos chez l'éducatrice, matériel approprié à l'enfant, organisation spatiale permettant aux enfants de bien se repérer, système de rangement favorisant l'autonomie des enfants, bonne qualité de l'air, ambiance sonore agréable (pas de musique de fond de longue durée), espace vital entre les enfants à la sieste et lors des repas, etc. *Qu'est-ce que je pourrais améliorer de cet aspect?*

3 - La structuration des activités

Horaire prévisible et flexible, enchaînement des activités, utilisation de rituels, alternance des regroupements (seul/en petit groupe), diversité des domaines d'activités ou des expériences clés, durée appropriée, équilibre (action/récupération). *Quels sont les rituels que je pourrais mettre en place avec les enfants? Quelles sont les intentions pédagogiques que je vise pour les activités de routine et de transition (psychomotricité, langage, éveil sensoriel, classification, dénombrement, découverte de l'environnement, estime de soi, créativité, etc.)? Quels apprentissages peuvent faire les enfants grâce aux activités de routine et de transition? Comment est-ce que je m'y prends pour réduire les attentes le plus possible?*

La figure 1.1 montre une synthèse des divers éléments présentés ci-dessus.

Dans le prochain chapitre, nous reprendrons l'ensemble de ces aspects pour les décrire en matière de stratégies pédagogiques.

Figure 1.1 Les diverses orientations du programme éducatif appliquées aux activités de routine et de transition

L'INTERVENTION DÉMOCRATIQUE
Se montrer bienveillant, observer, décoder, prévenir, organiser, communiquer, écouter, stimuler, soutenir, planifier, animer, analyser, se remettre en question et s'améliorer, etc.

LA STRUCTURATION DES LIEUX
Matériel et équipement sécuritaire et ergonomique
Aménagement spatial ordonné et soigné
Qualité de l'air
Qualité de l'ambiance sonore
Système de rangement efficace
Espace personnel pour chaque enfant et chaque éducatrice

LA STRUCTURATION DES ACTIVITÉS
Prévisibilité et souplesse de l'horaire (pas de pression exercée ni de course contre la montre)
Enchaînement harmonieux des activités
Utilisation de rituels

CRITÈRES POUR RECONNAÎTRE LES PRATIQUES DE QUALITÉ

→ Appliquer les valeurs éducatives du programme éducatif et un code d'éthique approprié

Répondre aux besoins des enfants
- Besoins physiologiques : dormir, se reposer, se nourrir, éliminer, être confortable, être en sécurité, respirer de l'air sain, avoir accès à la lumière naturelle, etc.
- Besoins affectifs : se sentir aimé, valorisé, accueilli dans ses particularités, écouté, reconnu dans ses intérêts et émotions, se sentir compétent, se sentir encadré et guidé de manière cohérente, besoin de s'amuser, apprécier ses réussites personnelles, créer des liens d'attachement significatifs, être détendu, etc.
- Besoins de se développer et de se réaliser : explorer, faire des choix, créer, apprendre par essais et erreurs, entrer en contact avec les autres, communiquer, apprendre à partir de ses capacités actuelles et potentielles sur les plans psychomoteur, cognitif, socioaffectif, s'initier à l'art de bien prendre soin de soi selon ses capacités (reconnaître les signaux de faim et de satiété, repérer des signes de réactions allergiques connues, etc.)

Respecter l'unicité de l'enfant
- Maturation neurologique
- Rythme et mode d'apprentissage
- Particularités familiales et culturelles
- Besoins spécifiques ayant diverses causes : maladie, retard de développement, immigration, langue maternelle autre que celle parlée au service de garde, adaptation et intégration, situation anxiogène

Respecter la famille de l'enfant
- Établir une relation de confiance avec les parents
- Mettre en valeur les forces de l'enfant
- Valoriser et renforcer les compétences parentales
- Établir un partenariat avec la famille
- Assurer une discrétion et une confidentialité
- Faire valoir aux parents l'importance des activités de routine et de transition et les apprentissages essentiels qui en découlent pour leur enfant

Chapitre 2

Les stratégies pédagogiques favorisant la qualité des activités de routine et de transition

CONTENU DU CHAPITRE

2.1	Observer, planifier et organiser	27
2.2	Prévenir avant tout	34
2.3	Établir un horaire quotidien prévisible et flexible	35
2.4	Garantir la sécurité des enfants	41
2.5	Gérer le temps	43
2.6	Instaurer des rituels	44
2.7	Équilibrer les changements	45
2.8	Bien aménager les lieux	46
2.9	Contrôler le bruit	51
2.10	Réduire les attentes, les rassemblements et les déplacements	54
2.11	Faire participer les enfants	55
2.12	Offrir des choix	57
2.13	Monter une banque d'astuces et de jeux à animer	59
2.14	Assurer une constance et une cohérence	60
2.15	Prévoir la fin des activités	60
2.16	Considérer l'enfant et le contexte	61
2.17	Analyser les difficultés	64
2.18	Formuler clairement les consignes	68
2.19	Utiliser sa voix à bon escient	70
2.20	Passer à l'action	71
2.21	Réduire les interventions à distance	71
2.22	Avoir une attitude ludique	72
2.23	Éviter d'exiger la perfection à tout prix	73
2.24	Attirer et réorienter l'attention	74
2.25	Faire du renforcement positif	75
2.26	Être bienveillante	77
2.27	Encourager l'autonomie de la pensée et l'autodiscipline	79
2.28	Faire preuve de patience et de persévérance	80
2.29	Montrer de la souplesse	81
2.30	Assurer son bien-être en tant qu'éducatrice	82
2.31	Sensibiliser les parents	84

L'un des rôles principaux de l'éducatrice est de veiller au bon déroulement des activités de routine et de transition. La qualité de ces précieux moments de vie ne s'improvise pas : elle nécessite connaissance, savoir-faire et réflexion. Par conséquent, l'éducatrice est appelée à recourir à des stratégies pédagogiques en lien avec les fondements théoriques exposés au chapitre précédent. C'est l'application de chacune de ces stratégies qu'aborde le présent chapitre.

2.1 OBSERVER, PLANIFIER ET ORGANISER

L'observation constitue une composante essentielle du travail de l'éducatrice. Cela lui permet de porter un regard éclairé sur le fonctionnement mis en place *versus* les besoins des enfants. Observer fait partie intégrante du professionnalisme de l'éducatrice. Si elle souhaite faire des routines et des transitions des moments de vie profitables et agréables pour tous, l'éducatrice se doit d'observer ces moments avec attention pour ensuite les planifier et les organiser au même titre que les autres activités.

Pour bon nombre d'éducatrices, l'observation se fait de manière spontanée et naturelle qui sert à mieux connaître l'enfant sur le plan de son développement ou pour comprendre un comportement problématique (Lespérance, 2014). Les outils comme les grilles et les tableaux permettent de rapporter des faits avec objectivité et réduisent les interprétations. Les observations recueillies par écrit donnent à l'éducatrice l'occasion d'orienter ses interventions dans le but de mieux accompagner l'enfant dans son cheminement.

Observer se situe bien au-delà de la vigilance. Il s'agit d'un acte de bienveillance envers les enfants (Fontaine, 2009), car l'observation a pour but de chercher à connaître les capacités, goûts et besoins des enfants. Cette perspective permet à l'éducatrice d'être attentive à chacun des enfants, sensible à leurs différences et créative dans la mise en place d'interventions. Les besoins des enfants deviennent alors le centre de ses préoccupations (Lespérance, 2014).

> La mise en commun des observations de l'éducatrice avec celles de ses collègues ou de sa stagiaire lui offre une occasion de considérer d'autres points de vue que le sien devant une situation qui pose problème. Outre l'utilisation d'un outil d'observation et de planification, elle dispose ainsi de la chance inestimable d'approfondir sa réflexion.

Une prise en charge basée sur des observations permet à l'éducatrice d'aller au-delà de son intuition et d'assurer ainsi une présence de qualité auprès des enfants, un environnement et un horaire adaptés à leur disposition physique et mentale tout en considérant leurs habiletés au présent et celles en devenir. Même en l'absence de situations problématiques, planifier comporte l'avantage d'offrir aux enfants des journées à la fois stimulantes et équilibrées. « Souvent, des moments de transition bien planifiées rendent harmonieuse une journée qui, autrement, serait difficile » (Weikart, 2007). Cela exige de relever régulièrement des observations significatives qui servent à prendre le pouls du groupe. Pour bien mener son observation, l'éducatrice peut partir de questions. L'encadré 2.1 suggère des questions que pourraient se poser une éducatrice lors d'une collation ou d'un repas.

Encadré 2.1   Exemples de questions à se poser lors d'une collation ou d'un repas

- Qu'entend-on pendant le repas ? Requêtes ? Pleurs ? Silences ?
- Quel est l'état émotionnel des enfants pendant le repas ? Anxiété, sourires, rires, paroles ?
- Les enfants ont-ils à attendre avant de manger ?
- Que font les enfants qui attendent pour manger ?
- Que fait l'éducatrice pour diminuer les inconvénients liés à l'attente ?
- Que font les enfants lorsqu'ils ont la nourriture devant eux ?
- Qui s'agite et comment ? À quel moment ? Comportement déclenché par quoi ?

- Quelles seraient les causes de ces perturbations ?
- Quelles interactions ont les enfants entre eux et avec l'éducatrice ?
- Que fait l'éducatrice pendant que les enfants mangent ?
- Quels sont les effets de ses actions et de ses paroles sur les enfants ?
- Autres

Les données recueillies serviront à planifier, à structurer et à organiser les interventions adaptées au groupe. En dépit d'une meilleure connaissance de la dynamique du groupe, qu'en est-il de la considération des besoins de chaque enfant lors d'un tel moment de vie ? Pour suivre l'évolution de chaque enfant en pareilles occasions, l'éducatrice a tout intérêt à recueillir par écrit des observations sur chacun des enfants. Pour ce faire, il est recommandé d'étaler sa démarche sur une période donnée, comme le suggère la figure 2.1.

Période du 2 au 19 octobre – PS : préparation à la sieste – R : rangement

Prénom de l'enfant	Lundi	Mardi	Mercredi	Jeudi
Arnaud	16-PS	3-R		
Fabienne			4-PS	9-R
Bobby	2-R			9-PS
Doriane	9-R		3-PS	
Lisa-Marie		10-PS	11-R	
Charles-André		13-R		18-PS
William	16-PS	17-R		
Lou			2-PS	18-R

Figure 2.1 Exemple de répartition d'une observation des enfants lors de la sieste et du rangement

Après la collecte d'observations, utiliser un outil de planification permet de relever les nombreux défis que posent les activités de routine et de transition. Il est conseillé de faire l'expérience de l'outil choisi pendant une période de temps suffisamment longue afin d'arriver à cerner ses avantages et ses limites et pour pouvoir y apporter les modifications qui s'imposeraient. La mise à jour régulière de l'outil de planification et de la manière de l'utiliser offre l'avantage de s'adapter plus rapidement à une réalité qui change inévitablement au fil du temps. Le tableau 2.1 propose un exemple d'outil de planification conçu à la suite d'une collecte de données dont le but est d'assurer un bon fonctionnement du repas du midi en SGMS (service de garde en milieu scolaire) avec des enfants de maternelle.

Bien que planifier les activités de routine et de transition, exige du temps et de l'énergie, une telle démarche en vaut la peine à plus ou moins long terme. Les bénéfices escomptés sont non négligeables : diminution d'interventions disciplinaires, prévention de situations difficiles, occasion d'une réflexion qui serait difficile à faire dans le feu de l'action, mise en place de moyens accrocheurs pour susciter la collaboration des enfants.

> Selon le « gros bon sens », on devrait consacrer à la planification des activités de routine et de transition un temps équivalent à la place que celles-ci occupent dans l'horaire.

Précisons que dans toute planification subsiste une part d'imprévisibilité qu'il est bon de considérer dans la réalité. En effet, le défi de l'éducatrice consiste à faire preuve de discernement entre ce qui a été planifié et les réactions des enfants au présent en tenant compte du contexte. La figure 2.2 propose un modèle de planification et d'analyse dans le cadre d'activités de rangement et de déplacement. La figure 2.3, quant à elle, suggère un exemple de plan d'intervention que pourrait utiliser l'éducatrice dans le contexte d'une situation problématique complexe qui implique différents intervenants.

Tableau 2.1 Exemple d'un outil de planification du repas du midi en SGMS avec des enfants de maternelle

	Interventions indirectes (aménagement, matériel, affiche, horaire)	Interventions directes (consigne, attitude)	Effets observés et améliorations souhaitées
AVANT LE REPAS	À l'aide d'un tableau conçu à cet effet, faire choisir par les enfants les responsabilités de la semaine : disposer les tables en îlots, installer les micro-ondes près des tables, préparer le CD et l'appareil pour mettre une musique calme à la fin du repas. Apposer au mur des affiches réalisées par les enfants faisant la promotion de comportements attendus : se laver les mains avant le repas, jeter ses déchets au bon endroit, etc.	Établir avec les enfants les règles à respecter pour un bon fonctionnement du repas. Rappeler aux enfants les principales règles en vigueur ou leur demander de le faire.	
PENDANT LE REPAS	Désigner un responsable par table pour veiller à la propreté. Disposer au centre de la table un contenant pour y déposer les déchets et un autre pour y mettre les matériaux recyclables.	S'adresser aux enfants avec une voix posée et en leur souriant. Demeurer à proximité des enfants le plus possible pour éviter les interventions à distance. S'intéresser à chacun des enfants. S'assurer qu'ils mangent un minimum de leur repas. Diminuer les va-et-vient dans le local. Utiliser un indicateur de bruit (couleurs, gestes, affiche) pour aider les enfants à se soucier de la qualité de l'ambiance sonore en collaboration avec l'éducatrice. Faire jouer une musique calme au début ou à la fin du repas si le contexte s'y prête.	
APRÈS LE REPAS	Aller porter les déchets de table à la poubelle et les matières recyclables dans le bac à recyclage. Faire choisir des jeux parallèles tranquilles aux enfants qui ont terminé de manger. Éviter l'usage de la télévision et des DVD.	Animer un jeu amusant pour ralentir le déplacement vers le vestiaire, par exemple, les enfants sortent du local en utilisant un code secret en complicité avec l'éducatrice.	

ACTIVITÉS ET MOYENS	Rangement		Déplacement	
	Application	Effets observés	Application	Effets observés
Distribution de responsabilités				
Présentation des consignes à l'aide d'une marionnette				
Mise en place d'un déroulement ayant lieu au fur et à mesure que les enfants sont prêts				
Utilisation d'une chanson ou d'une comptine				
Encouragement et mise en valeur des bons comportements				
Recours à des indications visuelles (pictogrammes, gestuelle)				

Figure 2.2 Modèle de planification et d'analyse d'activités de transition

PLAN D'INTERVENTION

Objet de centration (situation ou comportement en jeu) : _____

Éducatrices ou autres personnes impliquées dans le processus : _____

Contexte : jour, date, heure, activité en cours, lieu, personnes présentes	Situation problématique décrite avec objectivité (faits, paroles, informations rapportées)	Antécédents Causes possibles	Actions de l'éducatrice Attitudes, paroles, ton de voix, façon de faire, etc.	Effets observés chez l'enfant ou le groupe décrits avec objectivité	Commentaires Intentions pédagogiques et moyens envisagés

Figure 2.3 Exemple de plan d'intervention dans le contexte d'une situation problématique complexe

La planification des activités de routine et de transition est primordiale dans toute démarche éducative de qualité.

2.2　PRÉVENIR AVANT TOUT

On peut expliquer de bien des manières les problèmes qui surviennent dans le déroulement des activités de routine et de transition. Pour améliorer le fonctionnement en place, on doit d'abord examiner la situation de près. Le nombre élevé d'enfants dans un espace donné est l'une des principales sources de tension dont il faut tenir compte si l'on veut prévenir les problèmes d'agitation et de conflits. « Plus le groupe est important, moins il y a d'apprentissages malgré le nombre d'éducatrices réglementaire. » (Hendrick, 1991)

La mise en œuvre d'une observation éclairée aide grandement à identifier les facteurs en cause dans une problématique donnée pour en arriver à cibler des pistes de solution. Il faut savoir que la réduction du changement de personnel, la mise en place de groupes stables d'enfants et le contrôle du bruit augmentent les chances de maintenir un bon climat pendant les activités de routine et de transition. Ce sont des conditions propices à la prévention de situations difficiles.

Au lieu de réprimander sans cesse un enfant agité, l'éducatrice peut lui demander d'aller dans le « coin magique », le temps de retrouver son calme. Par la suite, elle lui demande de lui montrer comment se comporter de manière convenable et elle le soutient par des encouragements. Elle prévient ainsi une recrudescence de mesures disciplinaires tout en aidant l'enfant à adopter des comportements qu'on attend de lui. L'éducatrice aménage le coin magique de manière à ce qu'il serve d'endroit permettant à un enfant de retrouver son sourire ou sa douceur. Elle gère le plus efficacement possible son usage quant à la fréquence et à la durée de son utilisation. Précisons que le coin magique n'est pas un lieu de retrait d'un enfant dans le cas de comportements plus problématiques.

2.3 ÉTABLIR UN HORAIRE QUOTIDIEN PRÉVISIBLE ET FLEXIBLE

Stabilité et constance doivent faire partie des moments de routine et de transition. Lorsque le déroulement des activités de la journée est prévisible, l'enfant arrive à mieux se situer dans le temps. Un horaire stable et appliqué de façon constante présente un double avantage : d'abord, celui d'assurer le déroulement des activités telles que prévues, puis celui d'offrir une prévisibilité essentielle pour sécuriser les enfants, principalement ceux en bas âge.

Vers l'âge de trois ans, une meilleure compréhension du temps amène l'enfant à différencier les activités de routine et de transition des autres moments de la journée. L'enfant sera plus motivé à s'habiller dans un délai raisonnable pour aller jouer dehors s'il connaît la séquence des tâches à faire. L'anticipation de ce qui s'en vient lui procure le sentiment de maîtriser les événements. Sans être immuable, un horaire typique sert à baliser les activités quotidiennes et permet en outre de faire connaître aux parents les grandes lignes d'une journée en services éducatifs. Les deux horaires types qui suivent sont présentés à titre indicatif. On doit se rappeler que la souplesse demeure indispensable au bon déroulement des activités.

Exemple d'un horaire type en CPE (volet installation) et en garderie avec un groupe d'enfants âgés de deux et trois ans où est appliquée une approche démocratique		Routine	Transition
7 h	Arrivée graduelle des éducatrices Ouverture du service éducatif		✓
	Arrivée progressive des enfants et des parents		✓
	Déshabillage des enfants au vestiaire	✓	
	Rassemblement dans un local en groupe multiâge		✓
	Communication personnalisée avec les parents : état de santé de l'enfant, annonce d'une activité spéciale, conversation, etc.		
	Déjeuner facultatif des enfants selon l'entente établie entre le service éducatif et les parents.	✓	
	Jeux libres tranquilles qui ne nécessitent qu'un minimum de supervision pour permettre l'accueil des enfants et des parents. Matériel de jeu mis à la disposition des enfants		✓
	Rangement avec la collaboration des enfants		✓
8 h 45	Déplacement des enfants vers leur local avec leur éducatrice habituelle	✓	
	Rassemblement et distribution des tâches de la journée, tableau de la météo, s'il y a lieu. **Attention : cette activité ne doit être ni longue ni rigide et doit tenir compte avant tout de l'intérêt des enfants.**		✓
9 h	Routine des toilettes Lavage des mains	✓	
	Collation et causerie.	✓	
10 h	Application de la crème solaire en saison chaude et habillage	✓	
	Jeux à l'extérieur ou à l'intérieur selon la température, activités en ateliers ou en petits groupes		
11 h 30	Rangement avec la collaboration des enfants		✓
	Rentrée, déshabillage	✓	
	Routine des toilettes Lavage des mains	✓	
	Préparation pour le repas du midi		✓
12 h	Repas de midi dans une ambiance détendue et conviviale avec la présence à table d'une éducatrice	✓	
12 h 45	Nettoyage de la table et du plancher		✓

	Activité		
	Brossage des dents	✓	
	Routine des toilettes	✓	
	Lavage des mains et du visage	✓	
	Installation du matériel nécessaire pour la sieste avec la participation des enfants		✓
	Déshabillage partiel autonome (chaussettes, souliers et autres selon la saison)	✓	
	Jeux calmes solitaires ou à 2 au choix de l'enfant		
	Rituel du début de la sieste : histoire, chanson, automassage		
13 h 15	Temps de la sieste dans une atmosphère agréable et relaxante. Surveillance constante de la part d'une ou de deux éducatrices selon le nombre d'enfants. Notation d'informations et d'observations dans le cahier de bord de l'enfant et l'agenda de l'éducatrice	✓	
14 h 15	Jeux calmes pour les enfants qui ne dorment pas		
14 h 45	Lever graduel des enfants en respectant leur rythme propre		✓
	Rhabillage autonome	✓	
	Routine des toilettes	✓	
	Rangement des matelas et des couvertures avec la participation des enfants		✓
	Jeux libres au choix		
15 h 15	Lavage des mains	✓	
	Collation libre et causerie	✓	
	Application de la crème solaire en saison chaude, habillage	✓	
16 h	Activités en ateliers ou en petits groupes (à l'intérieur ou à l'extérieur)		
	Rassemblement graduel en groupe multiâge		✓
	Arrivée graduelle des parents. Départ progressif des enfants et des éducatrices. Accueil personnalisé et chaleureux des parents		✓
18 h 05	Fermeture du service éducatif (la présence d'au moins deux éducatrices est requise)		
En soirée	La responsable de service de garde en milieu familial peut planifier les derniers détails de sa journée du lendemain : préparation de la collation, du matériel de jeu, d'activités. Elle fait l'entretien des salles de toilettes et des pots d'entraînement.		

	Exemple d'une journée en SGMS avec un groupe d'enfants âgés de six et sept ans où est appliquée une approche démocratique	Routine	Transition
	Matin Ouverture du service de garde vers 7 h par une ou deux éducatrices		✓
	Arrivée progressive des enfants. Rassemblement en groupe multiâge dans un local		✓
	Rangement du sac à dos et des vêtements au vestiaire		✓
	Rangement de la boîte à lunch au réfrigérateur (telle tablette pour les plats à chauffer, telle autre pour les plats froids)		✓ ✓
	Prise des présences Jeux libres, achèvement d'une réalisation commencée la veille, etc.		✓
	Arrivée progressive des autres enfants et des éducatrices		✓
	Répartition des enfants dans des locaux supplémentaires selon le nombre et l'âge		✓
	Rangement en collaboration avec les enfants		✓
	Habillage au vestiaire	✓	
	Toilettes au besoin	✓	
	Sortie à l'extérieur		
	Les enseignantes prennent la relève cinq à dix minutes avant le début des classes		
	Une éducatrice reste au SGMS pour accueillir les retardataires et ranger les locaux		
	Midi Accueil chaleureux des enfants Prise de présence graduelle		✓
	Lavage des mains : très important.	✓	
	Dîner en groupe restreint dans différents locaux Ambiance conviviale où l'éducatrice peut échanger calmement avec les enfants	✓	
	Nettoyage et rangement en collaboration avec les enfants		✓

	Brossage des dents idéalement	✓	
	Habillage au vestiaire et déplacement	✓	✓
	Jeux à l'extérieur		
	Relais par les enseignantes de l'école		
	Fin d'après-midi Accueil progressif et chaleureux des enfants Prise graduelle des présences		✓
	Lavage des mains	✓	
	Collation prise dans une ambiance agréable	✓	
	Habillage au vestiaire Toilettes au besoin	✓	
	Jeux à l'extérieur		
	Retour à l'intérieur Déshabillage au vestiaire		✓
	Courte période de devoirs pour les enfants qui y sont inscrits		
	Activités dirigées, projets, ateliers, etc.		
	Jeux libres		
	Regroupement des enfants en multiâge		✓
	Départ progressif des enfants, accueil chaleureux des parents Échange convivial		✓
	Fermeture du SGMS vers 18 h		

On doit limiter le plus possible l'utilisation de la télévision en services éducatifs quand on sait que la plupart des enfants passent déjà plus d'une vingtaine d'heures par semaine devant le petit écran à la maison, sans compter le temps considérable où ils se trouvent à l'ordinateur et qu'ils s'adonnent à des jeux électroniques.

Préparer d'avance le matériel nécessaire, réduire les périodes d'attente, éviter les activités qui rassemblent un grand nombre d'enfants à la fois et permettre aux enfants de commencer et de terminer les activités à leur rythme en les autorisant, par exemple, à prendre leur collation de l'après-midi au fur et à mesure après le passage aux toilettes, sont autant de moyens qui font en sorte que les activités de routine et de transition se vivent plus en douceur et dans le calme. Pour aider les enfants à prévoir les activités de la journée, mettre à leur vue un tableau de la séquence des activités d'une journée type réalisé à partir d'images, de dessins ou de photos des enfants en train de vivre ces activités.

Des photos qui représentent les divers moments de la journée aident les enfants à mieux suivre le déroulement de la journée.

Un calendrier affiché au mur peut également indiquer les visites de la stagiaire, les sorties et les événements spéciaux qui auront lieu durant le mois ou la semaine en cours. En étant bien informés, les enfants tout comme leurs parents se sentent davantage concernés et en confiance.

2.4   GARANTIR LA SÉCURITÉ DES ENFANTS

On ne doit jamais rien tenir pour acquis en matière de sécurité lorsqu'on travaille auprès des enfants. Une surveillance étroite s'impose avec des enfants de moins de trois ans car à cet âge, ils n'ont pas conscience du danger ou ils en ont peu conscience. Malheureusement, la plupart des incidents et des accidents qui surviennent en services éducatifs auraient pu être évités. Il suffit d'un simple moment de distraction pour qu'un objet soit mal utilisé et cause une blessure à un enfant

Un des rôles de l'éducatrice consiste à veiller à la sécurité physique des enfants.

ou à une éducatrice, ou qu'un oubli lors du service du repas déclenche une allergie alimentaire connue chez un enfant.

> Le niveau de qualité en matière de surveillance a un lien direct avec la fréquence des accidents. Plus grande sera la vigilance, moins nombreux seront les accidents. Même s'il est vrai que les enfants doivent être éveillés à la prudence dès leur plus jeune âge, l'éducatrice demeure la première responsable de leur sécurité, et ce, en tout temps.

L'éducatrice doit porter une attention accrue avec un groupe multiâge. Elle supervise les enfants de telle manière que les petits objets utilisés par les plus âgés ne se retrouvent dans les mains ou la bouche des plus jeunes. Si un objet est assez petit pour être inséré dans le cylindre d'un rouleau de papier de toilette, il représente un danger d'étouffement (Société canadienne de pédiatrie, [En ligne] [http://www.cps.ca/fr/documents/position/prevention-etouffement-suffocation-enfants], 2012). Les cordons de plus de 20 cm (8 po) ou les cordons pendants ou lâches attachés à un objet fixe ou les cordes des jouets à tirer ainsi que les ballons en latex sont à éliminer de l'environnement de l'enfant.

L'éducatrice qui travaille dans des locaux partagés avec d'autres personnes doit redoubler d'efforts pour garantir un lieu et des pratiques sécuritaires. Elle ne doit jamais compter totalement sur les autres pour veiller à la sécurité optimale des enfants. Pour transmettre les informations importantes à l'éducatrice qui prend la relève du groupe d'enfants, un cahier de notes est requis. Il sera utilisé de manière rigoureuse soit pour y écrire des faits et des renseignements qui concernent les enfants ou pour prendre connaissance des dernières informations. La sécurité des enfants dépend en partie du suivi qui est assuré d'une éducatrice à l'autre.

L'éducatrice vigilante fait régulièrement le dénombrement des enfants principalement lors des déplacements, des sorties, des changements d'éducatrice et lors des regroupements des enfants en début et en fin de journée. Elle fait une vérification rigoureuse des départs des enfants qu'elle laisse partir seulement avec les personnes autorisées et s'assure de manière rigoureuse qu'il n'y ait plus d'enfants laissés dans les locaux ou les salles où ils dorment avant de procéder à la fermeture du service éducatif. On a tous été consternés lorsque les médias ont rapporté des situations où un enfant avait été oublié dans un service éducatif alors que celui-ci était fermé.

Durant toute la sieste, l'éducatrice doit rester dans le local où dorment les enfants et demeurer alerte à leurs gestes, à leurs sons ou à leurs silences. La période de la sieste est un temps où l'éducatrice travaille. Ce n'est ni le temps de bavarder avec ses collègues dans le corridor ou de s'absenter pour aller vaquer à d'autres occupations. On a relaté des situations où un enfant à la sieste était en train de s'étouffer avec un petit objet gardé dans l'une de ses poches de pantalon. Heureusement que l'éducatrice était présente et alerte à cet instant pour exercer la manœuvre de désobstruction des voies respiratoires de l'enfant.

En tout temps, une vision périphérique sur l'ensemble du groupe d'enfants est requise. Pour bien voir des endroits du local plus difficilement visibles, l'éducatrice utilise les miroirs ronds convexes ou courbes installés aux endroits stratégiques.

Pour éviter le risque d'éraflures ou d'égratignures aux enfants, les ongles longs, les bagues et les bracelets sont à proscrire. Il importe de laisser le visage dégagé de cheveux ou d'accessoires pour permettre une vision optimale sur les enfants. Notons que l'évaluation de l'aménagement, la vérification fréquente du matériel, l'organisation des activités, le contrôle du bruit s'avèrent tout aussi importants que la surveillance pour assurer la meilleure protection possible des enfants.

2.5 GÉRER LE TEMPS

L'une des responsabilités de l'éducatrice consiste à gérer le temps de telle manière que les enfants et les adultes ne se sentent pas bousculés le plus souvent possible, sauf dans de rares situations qu'il faut vivre de la meilleure façon qui soit.

L'éducatrice doit tenir compte du temps qui s'écoule lors des activités de routine et de transition pour profiter au maximum de ces moments privilégiés avec les enfants. Une montre sécuritaire, lavable et robuste à un poignet devient un outil de travail indispensable pour respecter l'horaire établi et ne pas nuire au travail des autres membres de l'équipe. L'éducatrice qui assume le temps de pauses des éducatrices responsables des groupes d'enfants s'attend à ce que celles-ci respectent la durée de leur pause afin de poursuivre son travail dans les autres groupes.

En gérant bien son temps, l'éducatrice est susceptible d'être plus détendue et disponible aux enfants. Elle pourra aller vers ceux qui sont plus effacés et établir une complicité avec d'autres qui ont des besoins particuliers. Une bonne gestion du temps signifie aussi prendre le temps de parler aux enfants, de leur sourire et de s'intéresser à eux, de les observer et de les accompagner dans le développement de leur autonomie. Cette recommandation suppose l'élimination de contraintes, comme celle exigeant que les enfants prennent leur collation en moins de vingt minutes. Il est préférable de commencer l'activité un peu avant l'heure officielle afin de laisser la chance aux enfants d'avoir du plaisir à manger et à échanger avec les pairs et leur éducatrice.

> Retirer satisfaction des précieux moments de vie que sont les activités de routine et de transition se situe bien au-delà de la course contre la montre.

Prévoir un temps réaliste pour vivre les routines et les transitions demeure une condition essentielle pour faire de ces activités des moments agréables et enrichissants pour tous.

2.6 INSTAURER DES RITUELS

Les rituels nous accompagnent dans la vie de tous les jours même si nous n'en sommes pas toujours conscients. Saluer les collègues de travail, souhaiter un joyeux anniversaire à une amie, se brosser les dents avant d'aller au lit, en sont quelques exemples. Employés à bon escient, les rituels en services éducatifs aident à faire comprendre des règles aux enfants, à imposer des limites en douceur, à mettre de l'ordre et à créer une continuité dans le déroulement d'une journée. Les rituels sécurisent les enfants et les orientent en plus de faciliter leur apprentissage et de favoriser leur autonomie (Kunze et Salamander, 2009).

Les rituels accompagnent l'enfant dans diverses activités de routine et de transition, par exemple au moment du coucher et du lever, lors de la sieste, lors des collations et des repas, de même qu'au moment du rangement ou de leur arrivée et départ. Une chanson pour annoncer la fin des jeux et le début imminent du rangement, une façon de faire bien établie pour servir le repas en nommant les aliments qui se trouvent dans les mets préparés, la lecture d'une histoire avant le début de la sieste, des salutations officielles faites aux enfants et aux parents à leur arrivée et à leur départ donnent un cadre tant au niveau du temps que du déroulement de l'activité.

> Un rituel est censé apporter une structure et non de nouvelles contraintes qui viendraient surcharger celles qui existent déjà. L'éducatrice veille à ne pas instaurer trop de rituels au risque d'augmenter le stress des enfants et le sien.

Les activités de routine et de transition décrites dans les divers chapitres du livre proposent des rituels, dont l'éducatrice pourra s'inspirer pour instaurer ceux qu'elle juge opportuns. Les rituels n'ont de sens que si on les applique avec une régularité et une vision de leur rôle tout en y apportant les changements qui s'imposent pour être adaptés au mieux aux besoins des enfants et au contexte.

2.7 ÉQUILIBRER LES CHANGEMENTS

Mieux vaut éviter d'installer des changements trop fréquents ou trop rapides dans les habitudes de vie des enfants, particulièrement chez les tout-petits reconnus pour tenir à leur routine. On gagne à effectuer les changements souhaités de manière graduelle, car les enfants risquent de ressentir de l'insécurité devant une transformation trop radicale. Quant aux plus vieux, ils se montrent plus ouverts à la nouveauté et aiment le plus souvent participer au processus de changement. En donnant aux enfants des responsabilités qui leur sont appropriées et en leur demandant leur avis, ils ont plus de chance de s'adapter rapidement au changement souhaité.

Pour changer une nouvelle façon de faire, il est préférable de procéder par étape après avoir établi les priorités. Il est plus sage de s'attaquer à un seul changement à la fois. Il faut savoir qu'on n'improvise pas de transformation majeure dans le feu de l'action. Une réflexion préalable s'impose avant d'instaurer tout changement important dans une activité de routine ou de transition. Dans tous les cas, on informe les enfants des modifications prévues de manière à faciliter leur adaptation : « C'est la dernière fois qu'on mange dans la grande salle. À partir de demain, on dînera dans notre local, car il y a moins de bruits. » « Bientôt, vous vous laverez les mains au lavabo. Avec du savon, on se débarrasse mieux des microbes. Ce sera fini d'utiliser les débarbouillettes pour les mains. Vous les utiliserez seulement pour laver votre visage. »

2.8   BIEN AMÉNAGER LES LIEUX

L'environnement physique d'un local ou d'une aire de jeu extérieure en dit long sur la qualité de vie d'un lieu. Chaleureux, stimulant, confortable, fonctionnel, voilà les qualificatifs que l'on devrait pouvoir utiliser pour décrire un service éducatif qui favorise l'approche démocratique. La proximité des installations sanitaires, l'aménagement par coins d'activités, la facilité d'accès aux casiers des enfants, un décor élaboré avec les enfants (décorations saisonnières, œuvres des enfants sur les murs en évitant de surcharger les lieux), l'emplacement stratégique du vestiaire influent grandement sur le déroulement des activités. L'éclairage naturel doit être suffisant et possible à tamiser à volonté, la température ambiante ni trop chaude ni trop froide, et les murs peints avec des couleurs pastel en raison de leur effet apaisant.

Idéalement, les fenêtres de chaque local devraient être ouvertes tous les jours à certains moments de la journée et en toutes saisons pour assurer une bonne ventilation. Le personnel devrait faire vérifier la qualité de l'air de l'établissement lorsque les enfants et les travailleurs éprouvent régulièrement des symptômes tels que maux de tête, étourdissements, irritation des yeux et de la gorge (Pimento et Kernested, 2004).

Plus que tout, il faut penser à un environnement spatial qui limite les interventions disciplinaires. Par exemple, placer un banc à proximité d'une salle de toilette située à l'extérieur d'un local permettra aux nombreux enfants de s'asseoir pour attendre leur tour et évitera ainsi la fatigue.

Dans chaque local du service éducatif, il est important de désigner les espaces avec des repères visuels qui permettent d'associer des activités à des lieux : un coin de psychomotricité avec des objets à tirer et à pousser comme des chariots, un coin de détente avec des coussins confortables et des livres attrayants, un coin de rangement avec des crochets et des tablettes identifiées par des pictogrammes. Le tout doit être séparé clairement par des divisions – cloisons ou étagères – qui permettent à l'éducatrice d'assurer une surveillance sécurisante pour les enfants. Une ligne de couleur fixée au sol ou un ruban à masquer peuvent être utiles pour délimiter les coins. Plus un local comporte des divisions claires et fonctionnelles – aire de repos, aires de jeu, aire de rassemblement, tables et chaises pour les collations et repas –, plus l'harmonie et le calme sont susceptibles d'y régner. Les cloisons utilisées pour diviser un local en aires distinctes ne doivent cependant pas empêcher l'éducatrice d'avoir une bonne vue d'ensemble du groupe d'enfants.

Une délimitation claire des coins de jeux dans une grande salle empêche l'éparpillement des enfants et du matériel. Une simple séparation entre le coin maison et le coin construction peut faire toute la différence dans le climat de jeu. Pour contourner les cloisons basses, l'éducatrice ne doit pas les enjamber afin d'éviter de trébucher. L'éducatrice doit faire preuve de souplesse en permettant aux enfants de transporter du matériel d'un endroit à l'autre du local pour réaliser certaines activités ; par exemple, les déguisements du coin des jeux de rôles qui se retrouveraient dans le coin cuisine pour simuler une sortie au restaurant. Si la polyvalence des objets de jeux est souhaitable sur le plan pédagogique, elle n'exclut en rien l'importance de ranger les jouets de manière systématique en temps opportun.

Des étagères basses, stables et d'une hauteur maximale d'un mètre, des pochettes ou des tableaux pour prendre et remettre aisément des objets, des modules de rangement sur roulettes pour les SGMS, des armoires à tablettes amovibles permettent aux enfants de prendre le matériel dont ils ont besoin, ce qui les aide à développer leur autonomie. Au contraire, un espace vaste et ouvert sans matériel accessible aux enfants risque d'entraîner de l'ennui et de la dépendance alors qu'un lieu encombré d'objets de jeu entrave la circulation et prédispose les enfants à la confusion et à l'agitation, en plus de représenter un risque de chute. Bien que les lieux puissent paraître en désordre lors des périodes de jeu, ce qui est normal, un rangement ultérieur permettra de remettre un minimum d'ordre dans le local. En retournant le matériel à sa place habituelle, les enfants le retrouveront plus aisément.

Un bon aménagement spatial ne se fait pas sans la responsabilisation des enfants ; ceux-ci doivent prendre soin de leur environnement et en être fiers. Pour ce faire, l'éducatrice amène les enfants à s'y reconnaître. Autant que possible, établir avec eux les règles de fonctionnement et d'emplacement et les afficher à la vue de tous. Une petite note sur le placard précisera aux autres utilisatrices du local quels objets doivent être rangés à cet endroit alors que des photos des jouets sur les étagères indiqueront leur emplacement. Le plan détaillé de la sieste apposé près de l'armoire des matelas sera très utile à la remplaçante et aux enfants qui ne fréquentent la garderie qu'occasionnellement.

Pour créer des espaces de jeux où les enfants se sentent bien, il est nécessaire de mettre à leur disposition du matériel et de l'équipement adaptés à leur besoin tant sur le plan physique que psychomoteur, cognitif, langagier, socioaffectif et moral.

Des étagères basses avec des contenants faciles à repérer aident l'enfant à développer son autonomie.

> L'organisation physique d'un local constitue une partie importante du rôle de l'éducatrice. Il est très important de placer les besoins réels de l'enfant au cœur même de l'organisation et de l'aménagement des lieux. Le respect des enfants passe inévitablement par l'observation attentive de leurs réactions verbales et non verbales, et par l'application des moyens qui en tiennent compte.

Nous n'insisterons jamais trop sur l'importance de mettre à la portée des enfants un coin douillet séparé des aires bruyantes que l'éducatrice rendra accessible durant, à tout le moins, une partie de la journée. Il importe que cet espace soit offert autant à l'intérieur qu'à l'extérieur et qu'il soit différent de celui utilisé pour la sieste ou la relaxation. Vu comme un espace de décompression, ce lieu est utile pour prévenir

Les enfants apprécient de pouvoir se retirer temporairement du groupe dans un coin tranquille.

l'accumulation de tensions inhérentes à la vie de groupe. Un meuble rembourré comme un petit divan ou un fauteuil sac, des coussins où les enfants peuvent flâner, s'étendre seul ou encore jouer tranquillement sans l'intrusion des pairs, une carpette avec une surface douce, des objets en peluche ou une cloison transparente deviennent un atout pour cette aire de détente qui doit évidemment demeurer propre et sécuritaire.

Ordre mais sans impression de perfection, sécurité, propreté, utilité, contrôle du bruit, attrait et confort caractérisent un bon espace de vie en services éducatifs.

2.9 CONTRÔLER LE BRUIT

Le problème du bruit constitue un sujet de préoccupation en services éducatifs maintenant qu'on arrive à mesurer son impact (Malenfant, 2013). Il est important de mettre en place un aménagement limitant le bruit. Un environnement physique inapproprié peut contribuer à l'augmentation de décibels de même que les interactions entre les personnes, enfants comme adultes. On sait qu'un niveau sonore élevé engendre des difficultés de concentration et de l'irritabilité qui dégénèrent souvent en troubles de l'attention et du comportement.

Les propriétés acoustiques des matériaux et l'architecture des lieux demeurent les mesures les plus efficaces pour contrer le niveau de bruit en services éducatifs. Parmi les moyens à prendre pour absorber le son, il y a l'utilisation de matériaux poreux tels du liège lavable fixé sur les armoires en métal, des carpettes, des balles de tennis ou des embouts en plastique sous les pieds des chaises et des tables, des banderoles décoratives de tissu ou des tuiles acoustiques fixées au plafond, un petit tapis amovible à surface uniforme sous les blocs de construction et là où les enfants font rouler des petites autos. L'élimination ou la limitation de jouets sonores, le choix de petits véhicules avec roues en caoutchouc représentent d'autres façons de réduire le bruit. L'insonorisation des portes intérieures et l'obligation de les fermer réduisent la propagation du bruit.

Les adultes, généralement plus posés que les enfants, peuvent être portés à trop restreindre les mouvements et les expression vocales des enfants. Cette façon de faire n'est pas idéale alors que les jeunes enfants se situent à une période cruciale de leur développement. On peut leur demander de pousser leur chaise lentement, de chuchoter ou de s'excuser lorsqu'ils sont à l'origine de bruits dérangeants, mais le but n'est pas d'éliminer leur spontanéité vocale. Bien qu'elles soient valables,

Des balles de tennis placées sous les pieds des chaises réduisent considérablement le bruit.

ces mesures contraignantes ne sont que des solutions temporaires au problème général de bruit[1].

Dans un souci de diminuer le bruit, l'éducatrice se rapproche d'un enfant à qui elle veut parler au lieu de l'interpeller à distance, et elle habitue les enfants à faire de même. Sans toutefois brimer leur expression, elle invite les enfants à poser leur voix lors des échanges verbaux en étant elle-même un modèle pour eux. Il y a aussi le nombre d'enfants dans un même lieu qu'il faut réduire le plus possible en plus de la fréquence et de la durée des activités bruyantes en groupe. À celles-ci, on fait suivre une période de récupération auditive. Quant à la musique de fond qui se fait entendre pendant plus de 10 minutes, elle ne fait qu'augmenter le niveau de bruit ambiant et rend la conversation difficile. Cela est à éviter à tout prix. La musique doit faire l'objet d'une activité :

---

1. La revue *Sans pépins* publiée par l'ASSTSAS présente plusieurs moyens de réduire les bruits dans les services éducatifs. Consulter aussi leur document *Réduire le bruit dans les services de garde – Solutions acoustiques*, vol. 8, n° 2, juin 2006, [En ligne] [www.asstsas.qc.ca].

danser, chanter, écouter attentivement, rythmer, mimer. Si un enfant souhaite écouter de la musique ou une histoire plus longtemps, il le fera avec des écouteurs pour réduire le bruit ambiant. On prend soin alors de réduire le volume de l'appareil pour éviter une fatigue auditive chez le jeune auditeur.

> Pour diminuer le bruit en services éducatifs, il faut s'attaquer aux causes premières du problème : nombre élevé d'enfants au même endroit, espace ouvert sans cloisons, absence de matériaux poreux, diffusion prolongée de musique de fond, voix élevées et interventions à distance à profusion.

Parmi les moyens susceptibles de contribuer à sensibiliser les enfants et les éducatrices au problème de bruit, il y a l'animation de causeries et la présentation de livres sur le sujet, l'utilisation d'une mascotte et l'installation d'affiches incitatives au mur.

Plus il y a de bruits dans un local, au vestiaire ou à la salle à dîner, plus nombreuses et intenses sont généralement les interventions disciplinaires. C'est bien connu, le bruit élevé de longue durée augmente le niveau de stress, ce qui ne fait qu'accroître le niveau de décibels. Par conséquent, le stress nous porte à être plus bruyant. Comme le démontre la figure 2.4, l'effet cumulatif du bruit et du stress occasionne tant chez l'éducatrice que chez les enfants bon nombre de comportements inappropriés tels impatience, désintéressement, inattention. Bref, il vaut la peine de s'attaquer au problème de bruit en services éducatifs pour améliorer la qualité de vie au quotidien. En ce sens, l'implantation d'une politique de réduction du bruit dans le service éducatif est à envisager, ce qui nécessitera la mobilisation de tous les membres de l'équipe de travail.

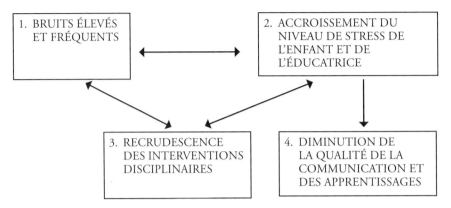

Figure 2.4 L'incidence du bruit en services éducatifs

2.10   RÉDUIRE LES ATTENTES, LES RASSEMBLEMENTS ET LES DÉPLACEMENTS

Puisque les temps d'attente constituent une source de tensions, on doit les réduire le plus possible. Les enfants n'aiment pas attendre et encore moins le faire en gardant le silence. On sait très bien que des enfants qui attendent sans rien faire s'ennuient et trouvent vite le moyen de s'occuper notamment en se servant de leurs pairs comme sources de stimulation et de distraction. Une des façons de contourner les effets négatifs engendrés par les attentes, par exemple l'irritabilité, l'agitation et la frustration, est d'occuper les enfants par de petites tâches selon leurs capacités: placer les matelas avant la sieste, servir la collation sous la supervision de l'éducatrice, offrir des jeux aux enfants qui attendent de se laver les mains. Une éducatrice qui fait tout à la place des enfants pendant que ceux-ci attendent qu'elle ait terminé ses tâches risque d'avoir à multiplier les interventions disciplinaires. En outre, pour les enfants n'ayant pas la même notion temporelle que les adultes, cinq minutes d'attente peuvent sembler interminables.

Lorsque les toilettes et les lavabos sont éloignés du local, des attentes et des délais sont parfois imposés aux enfants, ce qui n'est pas souhaitable. Dès qu'ils le peuvent, les enfants sont dirigés seuls ou à deux vers les toilettes pendant que l'éducatrice assure un minimum de surveillance. Pour ne pas faire attendre inutilement les enfants prêts à rentrer à l'intérieur pendant que les autres finissent de ranger les jouets dans la cour, on procède à une entrée progressive des enfants avec une éducatrice, ce qui a pour effet de limiter les frustrations dues à l'attente.

Parce que les situations où les enfants agissent tous en même temps occasionnent bousculades, tensions et bruits, on recommande de les réduire le plus possible. Faire la queue avec 10 enfants qui doivent se laver les mains au même lavabo risque d'engendrer de l'agitation et de l'agressivité au sein du groupe. Il vaut mieux procéder par petits groupes pendant que les autres enfants qui attendent leur tour sont occupés avec des jeux ou une animation assurée par l'éducatrice. Les enfants comme les adultes ont besoin d'un minimum d'espace et de calme pour développer de bonnes habiletés sociales.

2.11 FAIRE PARTICIPER LES ENFANTS

En permettant aux enfants de participer à des tâches adaptées à leurs capacités, comme distribuer les verres à la collation, passer le balai après le dîner ou être l'aide-éducatrice, les enfants acquièrent un sentiment de compétence et d'estime de soi indispensable à l'épanouissement de leur personnalité. Selon Hendrick (1991) : « La source de valorisation la plus souhaitable ne viendra pas des félicitations de l'éducateur, mais bien des compétences que l'enfant acquerra lui-même . » Se savoir capable d'accomplir une tâche procure une satisfaction incontestablement supérieure à l'approbation des autres.

> Se sentir utile, développer le sens du partage et l'esprit d'entraide, exercer un certain contrôle sur son environnement font partie des bienfaits retirés de la participation aux tâches.

En partageant les tâches avec les enfants lorsque la situation le permet, l'éducatrice peut alors accorder une attention accrue à chacun d'eux. Faire participer un enfant de 2 ans à son habillage ne signifie pas de le laisser à lui-même, mais de l'amener à accomplir ce qu'il est capable de faire tout en lui apportant l'aide nécessaire pour compléter le reste.

> Bien que les enfants reconnus comme étant actifs aient besoin d'être occupés, il ne faudrait pas pour autant négliger de faire participer les plus tranquilles. Les uns comme les autres cherchent, de manière différente, à être vus et reconnus. Tous les enfants ont besoin d'être valorisés en participant aux tâches quotidiennes.

Un système d'attribution des tâches est un bon moyen de répartir les petits travaux inhérents à la vie de groupe. Le choix par les enfants peut se faire soit sur une base volontaire, par tirage au sort ou bien à l'aide d'un tableau de tâches comme on le trouve à la figure 2.5.

Grâce à un tableau avec photos et pictogrammes, les tâches peuvent être distribuées équitablement parmi les enfants.

« JE M'EN CHARGE »

Être l'assistante (image ou photo) *nom de l'enfant*	Être le chef du train (image ou photo) *nom de l'enfant*	Passer le balai (image ou photo) *nom de l'enfant*	Aider à laver la table (image ou photo) *nom de l'enfant*
Tenir la porte (image ou photo) *nom de l'enfant*	Éteindre les lumières (image ou photo) *nom de l'enfant*	Distribuer la vaisselle (image ou photo) *nom de l'enfant*	Distribuer les ustensiles (image ou photo) *nom de l'enfant*

Figure 2.5   Exemple d'un tableau de tâches adaptées à des enfants de 3 à 5 ans

N.B. Laisser des cases libres pour ajouter d'autres tâches au besoin : distribuer les débarbouillettes à la fin du dîner, présenter les ateliers, superviser le rangement, relever les stores après la sieste, actionner le lecteur CD, être la queue du train, etc.

Selon les chercheurs d'une étude américaine, les enfants se percevaient plus positivement et étaient plus enclins à apporter leur aide lorsqu'on leur demandait d'être un assistant plutôt que d'aider à une tâche. L'éducatrice aurait donc intérêt à utiliser les bons mots pour inciter les enfants à l'aider [En ligne : naitreetgrandir.com/ 12 mai 2014].

2.12   OFFRIR DES CHOIX

L'approche démocratique préconise la possibilité pour les enfants de faire des choix et de prendre des initiatives. Une proposition de tâches ou un autre type de proposition peuvent aider l'enfant à amorcer une activité de routine ou de transition : « C'est le temps de te laver les mains, David. De quelle façon veux-tu te rendre au lavabo ? » ; « Quel aliment vas-tu manger en premier, Jason ? » ; « Lorsque tu auras terminé ton dessin Lee-Ann, ce sera le temps de le ranger ou de l'afficher au mur. Tu décideras ce que tu préfères ».

La collaboration des enfants augmente lorsqu'ils sont conscients d'avoir une influence sur le déroulement des activités. On sait qu'un enfant de deux ans en pleine phase d'opposition peut avoir de la difficulté à se soumettre à des règles établies, à tolérer des contraintes. Un des moyens de l'aider est de lui donner la possibilité de faire des choix, si minimes soient-ils : « Veux-tu t'asseoir tout seul ou veux-tu que je t'aide ? » ; « Veux-tu boire ton lait avant ou après ton dessert ? » ; « Tu ranges ta *doudou* maintenant ou lorsque la minuterie va sonner ? ». Grâce à certaines astuces, on parvient plus facilement à susciter la collaboration des enfants. Avec les enfants plus âgés, l'éducatrice peut recourir à des questions ouvertes pour les amener à résoudre des problèmes : « Comment pourrais-tu t'y prendre pour arriver à sortir dehors en même temps que tout le monde ? » ; « Que pourrais-tu faire pour faire mousser le savon avant de rincer tes mains ? ».

> Attention à ne pas offrir de **faux choix** à l'enfant : « Est-ce que tu veux t'habiller ? ; Peux-tu ranger, s'il te plaît ? » alors qu'on souhaite voir l'enfant acquiescer à notre demande et non refuser. Il faut formuler des consignes sans ambiguïté : « Habille-toi, on s'en va dehors » ; « Tu dois ranger ta *doudou* maintenant » ; « S'il te plaît, va laver tes mains, Thomas, car tu t'es mouché ». Par ailleurs, selon le contexte, il arrive qu'on puisse laisser le choix à l'enfant de donner suite ou non à notre demande.

Que faire lorsqu'un enfant n'obéit pas à une demande qui a pourtant été formulée de manière claire et sans équivoque, par exemple, lorsqu'un enfant refuse de se laver les mains avant de manger ? Puisque cette tâche n'est pas négociable, l'éducatrice devra calmement rappeler à l'enfant qu'il mangera dès qu'il aura lavé ses mains ou mieux encore, elle trouvera une façon ludique de l'amener à passer à l'action mine de rien : « J'ai bien hâte de sentir tes mains lorsqu'elles seront toutes propres. J'aime l'odeur des mains qui viennent d'être lavées. »

2.13 MONTER UNE BANQUE D'ASTUCES ET DE JEUX À ANIMER

Des activités, nous en connaissons tous, mais des activités pour agrémenter les moments de routine ou de transition, nous en connaissons généralement moins ou bien celles qu'on utilise semblent dépassées ou insuffisantes pour continuer à capter l'attention des enfants au fil du temps. Nous ne connaissons jamais assez de façons de transformer une idée simple en une activité de transition intéressante, d'ajouter un brin de fantaisie aux soins d'hygiène.

L'éducatrice gagnera à accumuler au fil du temps un vaste répertoire de moyens et de jeux donnant lieu à activités de routine et de transition attrayantes. Un coffret de fiches, des mini-mallettes thématiques garnies de différents objets et d'accessoires pouvant servir de déclencheurs valent leur pesant d'or en matière de potentiel d'amusement lors des nombreuses minutes passées à vivre les routines et les transitions. Si on les rassemble dans un fichier ou un cartable, les idées d'animation ou de matériel à mettre en place seront plus faciles à trouver. On peut noter ses observations sur les réactions des enfants et y donner suite au moment opportun. La remplaçante pourra aussi consulter le document en question pour assurer un suivi auprès du groupe d'enfants. À la fin des chapitres abordant les différentes activités de routine et de transition, on trouve plusieurs idées pour briser la monotonie au quotidien : chansons, jeux à animer, suggestions de matériel visuel pour le rappel des consignes, recours à un personnage ou à une marionnette montrant aux enfants, par exemple, comment ranger.

En recourant à des astuces et à des petits jeux animés qui suscitent **le sens du merveilleux** chez l'enfant, on peut transformer des activités de routine et de transition devenues monotones en moments ludiques. Cela a pour avantage de faire collaborer les enfants avec enthousiasme et non de les faire obéir machinalement.

2.14 ASSURER UNE CONSTANCE ET UNE COHÉRENCE

Il importe que l'enfant sache ce qu'on attend de lui, qu'il se sente en confiance et qu'il participe à sa mesure à certaines tâches qu'on lui confie. En ce sens, rappeler les mêmes consignes d'une fois à l'autre pour les mêmes tâches et reprendre les mêmes étapes pour une activité similaire sont essentiels au bon déroulement des activités. Cela vaut davantage pour les plus petits qui ont un grand besoin de stabilité et de constance sur le plan de l'horaire, des consignes et de la présence de ceux qui veillent sur eux. Bien sûr, dans certaines situations la souplesse est de mise. En observant bien les réactions des enfants, l'éducatrice peut juger de la meilleure approche qui soit pour assurer leur bien-être.

En l'absence de l'éducatrice principale du groupe, les enfants se sentiront plus en confiance si l'éducatrice remplaçante connaît la marche à suivre pour l'habillage au vestiaire, pour l'installation des matelas pour la sieste. La transmission des informations peut se faire au moyen d'un cartable prévu à cet effet ou par un affichage mis bien en vue au mur. La confidentialité des informations diffusées doit demeurer une préoccupation pour tous les membres du personnel.

Si les éducatrices démontrent une cohérence entre leurs demandes, leurs paroles et leurs actions, cela en fait des modèles inspirants pour les enfants. Si les enfants n'ont pas la permission de manger et de boire ailleurs qu'à table, l'éducatrice cohérente ne prendra pas son café devant eux. Si elle doit se mettre debout sur une chaise pour accrocher des dessins au mur, elle expliquera aux enfants pourquoi elle transgresse momentanément la règle de ne pas monter sur les chaises.

2.15 PRÉVOIR LA FIN DES ACTIVITÉS

Dans l'horaire, on recommande de prévoir cinq ou dix minutes pour amorcer la fin d'une activité en avertissant les enfants du changement et en annonçant ce qui s'en vient : « C'est l'heure de ranger car on va aller jouer dehors avant le dîner. » On peut annoncer la fin imminente d'une activité par un signal sonore comme une chanson, une petite clochette, les sons cristallins d'une petite boîte à musique ou une minuterie faisant entendre un son agréable. Comme procédé, il y a aussi le décompte. Par exemple, 5, 4, 3, 2, 1, c'est fini! ou une suite de sons : le premier tintement du triangle annonce la fin prochaine de l'activité, le deuxième, le début du rangement et le troisième, la fin du rangement ; ou, lorsque cesseront les sons du bâton de pluie, ce sera le temps de s'allonger sur le matelas. On peut aussi utiliser un signal visuel comme une banderole colorée que l'on agite dans les airs en guise de rappel de ce qui est attendu des enfants. Ces moyens offrent l'avantage de rappeler des consignes sans avoir toujours à parler.

L'éducatrice peut profiter de la fin des activités pour susciter l'intérêt pour l'activité suivante : « Je me demande bien si les petites hirondelles qu'on a vues hier sont encore dans l'arbre de la cour aujourd'hui. On va aller voir ; mais avant, on va s'habiller. » On peut demander aux enfants de reconnaître l'activité qui s'en vient par une question : « Que fait-on habituellement après la période au gymnase ? » Rappeler aux enfants qui connaissent l'heure de regarder l'horloge les incite à agir par eux-mêmes. « Si tu regardes l'heure, tu verras à quoi tu dois te préparer maintenant. »

Une affiche avec des photos ou des dessins illustrant les divers moments prévus à l'horaire a l'avantage d'aider les enfants à anticiper les activités : « Regarde sur l'affiche, Deborah, tu peux voir ce que tu dois faire quand tu as terminé de ranger ton matelas. »

2.16   CONSIDÉRER L'ENFANT ET LE CONTEXTE

Il incombe à l'éducatrice de comprendre le développement de l'enfant et son type de tempérament lorsqu'il s'agit de l'aider à adopter de nouveaux comportements ou d'acquérir de nouvelles habiletés. On sait que le jeune enfant apprend essentiellement par modélisation et par essais et erreurs. C'est souvent au terme de nombreuses répétitions que se construisent ses compétences. L'éducatrice a le rôle de découvrir les capacités de chaque enfant, ce qu'il peut faire seul ou avec son aide ou l'assistance d'un pair.

L'éducatrice tient compte des particularités de chaque enfant dans l'organisation des activités.

L'éducatrice doit avoir des attentes réalistes et raisonnables au regard des apprentissages et des comportements de l'enfant. Un enfant nouvellement arrivé dans un groupe aura peut-être de la difficulté à s'endormir à la sieste. L'éducatrice devra alors être compréhensive et l'accompagner en douceur dans les nouvelles habitudes à acquérir. De même, l'éducatrice n'aura pas les mêmes exigences envers un enfant âgé d'à peine trois ans qu'envers celui qui a presque quatre ans quant au rythme d'exécution pour se vêtir. L'éducatrice aura à moins répéter les consignes à un enfant de huit ans qui fréquente le même service de garde depuis trois ans qu'à un enfant de maternelle nouvellement intégré au service de garde. De même, elle tiendra compte de l'état de santé d'un enfant et de ses préférences alimentaires connues avant de l'inciter à manger davantage. Pensons également aux événements comme l'approche de Noël ou la veille d'une longue fin de semaine de congé qui sont générateurs de tensions chez les enfants, et que l'éducatrice doit prendre en considération pour mieux agir. Bref, l'éducatrice démocratique fait preuve d'une plus grande tolérance au regard des perturbations des enfants, qui surgissent inévitablement lors de certaines périodes d'adaptation et d'événements particuliers.

Certains enfants plus que d'autres réagissent au changement en régressant notamment sur le plan de leur autonomie. Ces comportements sont le plus souvent passagers. Comprendre l'état de l'enfant et se montrer empathique devant ce qu'il vit est essentiel.

Le rythme d'apprentissage diffère d'un enfant à l'autre pour diverses raisons. C'est pourquoi une observation continue permettra à l'éducatrice de mieux saisir l'évolution du développement de l'enfant avec son potentiel en devenir (Cloutier, 2013). Elle considérera l'enfant dans chaque dimension de son développement afin de mieux l'accompagner : « Où en est rendue Judith dans son habileté à ranger correctement ses effets personnels dans son casier au vestiaire ? » ; « Comment pourrais-je soutenir au mieux Lee-Ann dans l'apprentissage à la propreté ? Je me demande si elle vraiment prête pour cette étape. Je vais aborder plus en profondeur le sujet avec ses parents. ».

L'éducatrice doit composer avec de nombreux facteurs extérieurs dans son travail : milieu bilingue, petit ou gros service éducatif, groupe multiâge ou d'âge homogène, présence d'enfants avec des besoins particuliers (enfants trisomiques, diabétiques, diagnostiqués hyperactifs ou ayant un trouble du spectre de l'autisme), exigences du conseil d'administration ou du conseil d'établissement, demandes des parents utilisateurs, requêtes des enseignantes et des membres de la direction envers le SGMS (ne pas parler dans les corridors, ne pas utiliser tel local). Comme on peut le constater, la capacité d'adaptation, le discernement ainsi que la débrouillardise de l'éducatrice se trouvent constamment sollicités par les nombreux défis à relever dans sa profession.

2.17 ANALYSER LES DIFFICULTÉS

L'éducatrice démocratique est sans cesse appelée à poser un regard critique sur ses gestes et sur les difficultés qui surviennent inévitablement dans sa profession. Quand rien ne va plus, elle reçoit le signal de s'arrêter pour réfléchir. Par exemple, l'éducatrice peut en arriver à prendre conscience qu'il vaut mieux servir le repas un peu plus tôt pour éviter de bousculer les enfants lors de la préparation à la sieste ou de faire le lever graduellement après la sieste pour respecter la durée de sommeil de chaque enfant de manière à le trouver de meilleure humeur à son réveil. Parfois, cet exercice s'effectue rapidement et permet d'apporter les changements qui s'imposent au fur et à mesure que les problèmes apparaissent. Dans d'autres situations, une réflexion plus approfondie se révèle nécessaire, ce qui occasionne un délai dans la mise en place de solutions. Il vaut mieux prendre le temps de réfléchir et de cibler des pistes de solutions viables que de se précipiter et d'appliquer des moyens qui ne seraient pas appropriés. L'éducatrice n'a pas à être parfaite. Elle doit cependant faire preuve d'humilité en tirant profit de ses erreurs et en se tournant vers les membres de son équipe en qui elle a confiance pour avoir des échanges constructifs susceptibles de la mettre sur des pistes de solutions.

Prenons la période de retour à l'intérieur avant le dîner dans le but de faire l'analyse d'une situation problématique afin d'y trouver des solutions envisageables comme celles proposées dans le tableau 2.2.

Tableau 2.2 Analyse d'une situation problématique vécue par un groupe double d'enfants âgés de 4 et 5 ans en CPE installation ou en garderie

Description d'une situation observée	Problèmes identifiés	Solutions envisageables	Effets bénéfiques observables
Après la période de jeux extérieurs et avant le repas de midi, les 19 enfants d'un groupe double entrent à l'intérieur. Les deux éducatrices leur demandent de se dépêcher afin d'être à l'heure pour le dîner. Après s'être dévêtus à toute vitesse au vestiaire, ils se déplacent vers leur local. Ils vont aux toilettes et se lavent les mains en attendant leur tour debout en file. Puis, ils s'assoient à table et attendent le repas en bavardant.	Les enfants se bousculent dans le rang à la porte d'entrée. Plusieurs montrent des signes d'impatience sans doute dus à la faim et à la fatigue, ce qui est normal à ce moment de la journée. Certains se tiraillent et se taquinent mutuellement. À plusieurs reprises, les éducatrices haussent le ton pour demander aux enfants de se calmer. Les éducatrices font beaucoup d'interventions de discipline. L'une d'elles dit aux enfants qu'ils rentreront seulement lorsqu'ils seront calmes. C'est peine perdue, l'agitation augmente et l'atmosphère est tendue.	Prévoir plus de temps pour cette transition. Faire rentrer les enfants graduellement à l'intérieur. Une éducatrice surveille les enfants au vestiaire alors que l'autre demeure encore un peu dehors avec le reste du groupe, ce qui évite un embouteillage au vestiaire. Les éducatrices prennent conscience que lorsqu'elles sont calmes, les enfants le sont davantage. De retour graduellement dans leur local, les enfants s'occupent avec des petits jeux ou des livres pendant que certains à tour de rôle procèdent à la routine d'hygiène. Après avoir lavé leurs mains, les enfants s'assoient à table après avoir choisi un des jeux «mains propres»* mis à leur disposition dans un petit meuble à roulettes. Les éducatrices supervisent les tâches des enfants, leur parlent avec une voix posée et évitent d'intervenir à distance en s'approchant d'eux.	Avec moins d'enfants attroupés au vestiaire et aux toilettes, il y a réduction de bousculades et de tensions. Grâce à la diminution des temps d'attente à ne rien faire, les risques de désorganisation se trouvent diminués. Moins d'enfants à surveiller au même endroit permet aux éducatrices d'avoir plus de temps pour interagir positivement avec chacun d'eux. Il y a alors beaucoup moins d'interventions disciplinaires à faire. L'atmosphère est plus détendue et le nouveau déroulement de ce moment de la journée mis en place, plus efficace.

* Les jeux «mains propres» sont des jeux réservés exclusivement à la période d'attente à la table avant les collations et le dîner lorsque les enfants ont les mains propres. Il peut s'agir de petites boîtes recyclées dans lesquelles se trouvent des marionnettes à doigts, des petites figurines, des feuilles et des crayons, etc.

Pour analyser une situation problématique, que ce soit pour comprendre les raisons qui font que certains enfants sont réticents au regard d'une nouvelle façon de faire alors que d'autres n'adoptent pas le comportement souhaité, l'éducatrice doit se poser des questions en tenant compte des éléments contextuels suivants :

- le **moment** (la veille de fin de semaine ou de vacances, les enfants sont plus fébriles. Ces temps sont à éviter pour expérimenter une nouvelle procédure dans une activité de routine ou de transition) ;
- les **dispositions personnelles** (lorsqu'elle est fatiguée, l'éducatrice est moins tolérante, ce qui vaut aussi pour les enfants) ;
- **la nouveauté ou la rareté d'une situation** (une excitation généralisée au vestiaire est normale lors de la première bordée de neige) ;
- la **familiarité avec l'approche utilisée** (puisque les enfants aiment entendre chanter leur éducatrice, des chansons ont une fois de plus réussi à les occuper pendant un temps d'attente) ;
- le **déroulement** (un déroulement trop lent ou trop rapide ou encore lorsque certaines étapes ont été escamotées, peuvent entraîner un début de sieste chaotique) ;
- le **niveau de difficulté de la tâche demandée** (les plus vieux ont relevé avec succès le nouveau défi proposé alors que les plus petits ont vite abandonné ; certains enfants ont participé de manière autonome au nettoyage qui a suivi une activité de peinture alors que d'autres ont eu besoin de soutien) ;
- les **goûts des enfants** (puisque les animaux de la jungle font sensation auprès des enfants ces derniers temps, une causerie sur le sujet à la collation a agrémenté son déroulement) ;
- les **habitudes** des enfants (c'est la première fois que les enfants sont appelés à faire semblant d'être un personnage pour se déplacer du local au vestiaire, il est donc normal qu'ils soient excités).

Remettre en question sur une base régulière les façons de faire du service éducatif est plus qu'important. Il arrive qu'on continue d'agir d'une certaine manière parce que l'habitude est bien installée depuis longtemps alors que les motifs qui ont initialement justifié sa raison d'être ne valent plus. Pourquoi continuer à faire l'accueil des enfants en grand groupe le matin et subir tout le bruit et les allées et venues que cela engendre alors qu'il serait maintenant possible de procéder autrement ?

La mise en place d'un processus de transformation est souvent exigeante. Comme la plupart des personnes, les éducatrices préfèrent garder leurs bonnes vieilles habitudes et repousser les changements pour diverses raisons : la peur de l'inconnu, le manque de motivation et de connaissances, l'absence de solidarité dans l'équipe, la rareté des réunions pour discuter des problèmes vécus ou des changements souhaités. En fait, mille et un prétextes sont susceptibles de saboter le pouvoir de changement des éducatrices ; en voici quelques-uns :

« C'est impossible à faire. »
« Ça peut pas marcher. J'en suis convaincue ! »
« Ça ne s'est jamais fait auparavant ! »
« Je n'ai pas le temps de m'occuper de ça ! »
« C'est bien trop compliqué ! »
« On s'occupera de ça une autre année ! »
« Vous rêvez en couleurs ! »
« À quoi bon, on ne sera pas plus apprécié après ça ! »
« J'y croirai quand ce sera fait ! »

S'il est souvent difficile de procéder à des changements, les effets positifs que l'on peut en retirer compensent largement les efforts investis. Geste par geste, l'éducatrice amorce un changement à la fois, qui révèle petit à petit ses bons côtés. L'éducatrice démocratique sait que son attitude positive fait aussi partie des solutions à un problème.

2.18 FORMULER CLAIREMENT LES CONSIGNES

Le respect des règles par les enfants passe inévitablement par leur compréhension de celles-ci. En utilisant des termes simples et concis, adaptés au niveau de compréhension des enfants, l'éducatrice favorise leur collaboration. Des consignes vagues et imprécises n'incitent pas les enfants à les respecter. Demander à un enfant de deux ans de parler moins fort sera sans doute plus compréhensible pour lui que de lui dire : « Baisse le volume, s'il te plaît » ou encore « J'ai mal aux oreilles… ». Lui demander tout simplement de parler doucement en donnant soi-même le bon exemple vaut mieux que bien d'autres tactiques. La consigne « se comporter comme un grand » dans la cour semble claire pour un adulte, alors que pour un enfant de 3 ans, cela peut être ambigu. Que veut-on signifier au juste à un enfant lorsqu'on lui demande de se conduire comme un grand ? De jouer calmement ? De prendre soin du matériel de jeu ? De rester à l'intérieur de la zone permise ? Il vaut mieux formuler les consignes de manière univoque en utilisant des termes familiers, affirmatifs, en nombre limité et avec un débit modéré et un ton de voix agréable. On s'assure aussi que l'enfant a bien compris la consigne en lui demandant, par exemple, de répéter notre demande.

Énoncer des formulations exemptes d'ambiguïté est un art : « Assois-toi sur tes fesses » est une consigne plus susceptible d'être comprise par un enfant de 18 mois que de lui dire : « Ça fait dix fois que je te demande de t'asseoir comme du monde. Je commence à être tannée de répéter toujours la même chose. » Même lorsqu'on s'adresse à des enfants plus vieux en leur disant « On serait dû pour un bon ménage » ne signifie pas nécessairement pour les enfants de commencer à ramasser les jouets.

> Ce n'est pas tout de formuler des consignes claires, encore faut-il assurer le suivi nécessaire pour que l'enfant sente notre cohérence.

Il arrive souvent qu'on utilise des formulations qui demandent aux enfants s'ils ont le goût ou non de faire ce qu'on attend d'eux alors qu'en fait on ne souhaite pas les voir rejeter notre requête : « Voulez-vous ranger les jouets ? » ; « Est-ce que tu peux te calmer s'il te plaît ? ». Ce sont de **fausses consignes** qui laissent un choix à l'enfant alors qu'il n'a pas le choix. Il ne faut pas hésiter à recourir gentiment à la forme impérative pour faire des demandes claires : « Range le camion, Gaëlle » ; « Calme-toi, Daphnée ». Donner un ordre à un enfant n'est pas mauvais en soi. On peut le faire en prenant un ton de voix à la fois posé et convaincant. Quant à la formulation positive des consignes, elle a l'avantage d'insister sur les comportements attendus tout en affaiblissant les restrictions. Dire aux enfants ce qu'ils doivent faire au lieu de ce qu'ils ne doivent pas faire constitue la meilleure façon de se faire comprendre. On optera donc pour : « Laisse la nourriture dans ton assiette ou mets-la dans ta bouche » au lieu de « Arrête de mettre la nourriture par terre. » On apporte ainsi plus de clarté à la consigne énoncée.

Pour obtenir une meilleure collaboration des enfants, on peut demander à un enfant volontaire de présenter les consignes aux autres. Il sait parfois mieux que l'adulte faire comprendre un message à ses semblables. La vie de groupe amène souvent les enfants à se rappeler une règle entre eux : « Ce n'est pas permis de monter sur les chaises, c'est dangereux. Linda ne veut pas qu'on fasse ça. » L'éducatrice peut vérifier la compréhension d'une consigne disciplinaire en la reprenant par une question à laquelle l'enfant répond : « Comment vas-tu descendre l'escalier ? » ; « Est-ce que c'est permis de crier dans le corridor ? ». Pour accroître l'efficacité de ses demandes, il est essentiel que l'éducatrice prenne le temps d'en expliquer les raisons ou de les rappeler : « Il faut tenir la rampe de l'escalier pour ne pas tomber. »

Évitons également de faire des remarques désobligeantes aux enfants : « Ne me fais pas encore de crises » ; « Arrête de te chicaner. Je suis tannée de t'entendre ». Disons plutôt aux enfants ce qu'on attend d'eux en termes clairs, précis et respectueux : « Va dans le coin détente pour retrouver ton calme »; « Que se passe-t-il? Tu es fâché contre Loïc. Au lieu de crier, dis-lui que tu n'es pas content qu'il ait pris ta place ».

Finalement, il est essentiel de prendre du recul pour se questionner sur le nombre de consignes que l'on peut donner aux enfants en un court laps de temps. N'y aurait-il pas lieu de donner la priorité aux plus importantes au risque d'étourdir les enfants et de nous épuiser? Aussi, faut-il s'interroger sur nos exigences qui peuvent être trop élevées pour certains enfants vu leur niveau d'autonomie et leur état.

2.19 UTILISER SA VOIX À BON ESCIENT

Pour attirer l'attention des enfants, rien de mieux que de changer spontanément d'intonations pour s'adresser à eux. Chuchoter, parler avec une voix de « petite souris », prendre une voix de robot ou celle d'un personnage de télévision, dire les consignes en chantonnant constitue une façon agréable de surprendre les enfants. Ce procédé a l'avantage d'être utilisable en tout temps et en tout lieu. Les enfants aiment entendre les adultes jouer avec leur voix; ils perçoivent là un jeu et du plaisir, ce qui est plus efficace et plus respectueux que les cris et les tons de voix autoritaires.

> Crier après les enfants est inacceptable. Si une éducatrice doit le faire pour se faire obéir des enfants, c'est peut-être qu'elle a perdu le contrôle de ses propres émotions ou que son équilibre psychologique est fragilisé. Il s'agit là d'un signal d'alarme pour évaluer ses attitudes professionnelles et son niveau de stress. En pareille situation, l'éducatrice doit sans tarder aller chercher de l'aide, car les enfants sont des êtres vulnérables qu'il faut protéger de conduites qui les perturbent.

Une attitude calme, un ton ferme et convaincant donnent un bon coup de pouce à la discipline. Il ne sert à rien de crier après les enfants alors qu'on leur demande de rester en contrôle d'eux-mêmes. Un regard affectueux, une main posée en douceur sur l'épaule d'un enfant ou une attitude empreinte de conviction et de tact révèlent à eux seuls la volonté de l'éducatrice de faire respecter les règles dans un climat convivial et de respecter la dignité des enfants.

2.20 PASSER À L'ACTION

Il est préférable d'agir plutôt que de trop parler pour énoncer une nouvelle consigne ou pour présenter une activité. Un exemple ou une démonstration concrète permettent une compréhension plus rapide que de longues explications. Les enfants comprennent davantage en imitant l'adulte qu'en tentant de saisir son discours. Si une image vaut mille mots, une action a plus d'incidence sur eux qu'un flot de paroles. Il faut éviter de chercher à atteindre l'excellence dans les comportements des enfants (tout le monde en silence ou en train de ranger les jouets comme des petits robots), et savoir passer à l'action et donner le bon exemple sans tarder après l'explication d'un minimum de consignes. L'éducatrice présentera les autres consignes au fur et à mesure du déroulement de l'activité.

2.21 RÉDUIRE LES INTERVENTIONS À DISTANCE

Le bruit est souvent évoqué comme facteur de stress en services éducatifs. On n'a qu'à penser aux heures de pointe comme les repas en SGMS ou aux périodes d'achalandage au vestiaire en CPE ou en garderie où les interventions fusent de toutes parts : « À qui est ce plat à chauffer ? » ; « J'ai demandé de vous calmer ». « Attention, Maxime… Assieds-toi pour enlever tes bottes. » En s'approchant des enfants pour leur parler, on limite le niveau sonore déjà très élevé en présence de plusieurs enfants. S'il y a peu de facteurs sur lesquels il est possible d'agir, on peut par ailleurs, en contrôler certains comme sa voix. On ne devrait pas hausser la voix pour s'adresser aux enfants sauf en de très rares occasions où leur sécurité est en jeu. C'est une règle que l'on devrait aussi enseigner aux enfants pour communiquer entre eux : s'approcher de la personne à qui l'on veut parler avant de lui adresser la parole avec une voix posée et en la regardant dans les yeux. Cette façon de faire vaut également lors des périodes de jeux à l'extérieur. De cette manière, on enseigne aux enfants la courtoisie et cette façon de faire est contagieuse.

2.22 AVOIR UNE ATTITUDE LUDIQUE

Un service éducatif où il fait bon vivre est un milieu joyeux où l'on trouve sourires et rires en abondance. Pour éviter de tomber dans la monotonie des gestes répétitifs et pour ne pas se laisser envahir par les difficultés inhérentes à la vie en services éducatifs, un brin de fantaisie peut faire toute la différence. Puisque les enfants aiment naturellement jouer, il est facile de leur présenter régulièrement les activités de routine et de transition sous une forme amusante. Jouer au restaurant pendant la collation pour les amener à respecter les règles de politesse (dire merci et s'il vous plaît, rester calme, demeurer bien assis sur sa chaise) est certes plus intéressant que de rappeler froidement aux enfants les consignes sans autre but que de les voir nous obéir. Leur donner l'impression qu'ils sont en train de s'amuser même s'ils doivent déployer des efforts pour collaborer ou accomplir une tâche, voilà le défi proposé en adoptant une attitude ludique.

Les activités qui présentent des éléments de nouveauté, de mystères et de défi sont des outils efficaces pour maintenir le plaisir des enfants (Ferland, 2010). Un ton de voix amusant, la création d'un personnage farfelu que l'on incarne à l'occasion, l'utilisation d'un plateau coloré pour servir les aliments, le port d'un beau tablier amusent les enfants.

Pour faire passer un message plus facilement, rien ne vaut le recours à l'imaginaire et à la fantaisie: «J'aimerais entendre des chaussures silencieuses pendant qu'on se déplace jusqu'au vestiaire» ou «Mettez votre petit doigt magique sur votre bouche pour marcher dans le couloir» ou encore «On va se déplacer dans le corridor comme des détectives à la recherche d'indices suspects».

> Les enfants sont très attirés par les façons divertissantes d'accomplir les tâches même les plus ennuyeuses. On peut utiliser une manière originale de présenter une consigne pour les stimuler à agir : « Je vais mettre mes lunettes magiques pour regarder ceux qui tirent bien la chasse d'eau des toilettes. » « Tiens, la figurine que j'ai dans les mains demande qui peut stationner ce camion dans son garage. » « Attention, j'appelle deux experts du lavage des mains au lavabo. » « Et si l'on jouait à l'inspecteur du rangement ? Vous seriez mes assistants. »

On sait que les enfants aiment faire des choix. En ce sens, on peut les inviter à choisir un procédé ludique d'animation parmi ceux qu'ils connaissent déjà : « Comment va-t-on commencer notre routine de la collation aujourd'hui ? En reprenant le jeu de respiration avec des plumes imaginaires ou en faisant les personnes muettes comme l'autre fois ? » ; « Vous souvenez-vous ce qu'a fait Girouette la marionnette, l'autre fois, pour se brosser les dents ? Oui, c'est ça, elle chatouillait chacune de ses dents avec sa brosse à dents ».

2.23 ÉVITER D'EXIGER LA PERFECTION À TOUT PRIX

C'est une illusion de croire que l'on peut contrôler tous les comportements des enfants comme on le souhaiterait. En tant qu'éducatrice, il y a peut-être lieu de se demander si nos exigences envers les enfants sont vraiment utiles à leur développement ou si elles visent plutôt à répondre à un besoin personnel de contrôle. Tenir mordicus à la formation d'une ligne droite lors d'un déplacement, par exemple, n'est pas indispensable au bon déroulement de cette transition encore moins à l'émergence de nouveaux apprentissages. Il est plus réaliste de mettre en place un moyen amusant de se déplacer sans attendre la perfection de la part des enfants.

Avec un enfant qui a une difficulté à engager la fermeture éclair de son manteau, trop insister pour qu'il acquière cette habileté au moment que l'on a décidé, ne fera que lui créer un stress inutile. Il est préférable de lui montrer comment procéder et de le soutenir dans ses essais et ses erreurs mais sans acharnement. L'éducatrice pourra ajouter dans le coin déguisements des vêtements munis de fermoir à glissière pour offrir à l'enfant des occasions de s'exercer à cette habileté motrice.

2.24 ATTIRER ET RÉORIENTER L'ATTENTION

On doit s'assurer d'avoir l'attention des enfants avant de leur transmettre une information. On peut dire : « Je veux avoir tous les yeux ici » ou prendre une voix intrigante qui suggère une touche de magie : « J'ai quelque chose d'important à vous dire. Approchez mesdames et messieurs. » Interpeller les enfants par leur prénom[2] et avec respect constitue un bon moyen de capter leur attention. Un nez de clown attire le regard de même qu'un chapeau, une baguette magique ou des gants spéciaux. On peut également circuler parmi les enfants pour les informer d'un message important au lieu de s'adresser à eux à distance.

Le fait d'opérer une diversion dans l'attention de l'enfant peut l'aider à interrompre un comportement dérangeant et peut l'amener à revenir au calme : « Allez Antoine, viens m'aider à sortir les débarbouillettes de l'armoire. » Dans des situations où un enfant est porté à s'entêter, à hésiter ou à s'opposer, on peut lui offrir des choix : « Préfères-tu que je t'aide à sortir ton matelas de l'armoire ou que je te laisse le faire seul ? » Le plus possible, il est préférable de ne pas tenir compte des agissements des enfants qui dérangent et d'insister plutôt sur leurs efforts. Cette astuce vaut notamment pour les plus jeunes alors qu'il vaut mieux amener les plus âgés à collaborer de leur propre chef. Avec un enfant qui refuse de tirer la chasse d'eau, on canalise son attention en lui proposant un défi concret : « Montre-moi que tu es capable de bien tirer la chasse d'eau. »

---

2   Se référer à la page 332 pour des informations supplémentaires sur la façon d'interpeller les enfants.

> Plus un message s'adresse à l'ensemble du cerveau, plus il s'imprime ; par exemple, on mobilise davantage l'attention d'un enfant distrait si on lui touche délicatement l'épaule ou si on lui prend doucement la main tout en lui parlant et en le regardant dans les yeux (Beaulieu, 2004).

2.25 FAIRE DU RENFORCEMENT POSITIF

La plupart des éducatrices se montrent douées pour rendre la discipline plus humaine et pour favoriser l'autonomie des enfants. Elles n'hésitent pas à souligner positivement leurs bons comportements par des paroles encourageantes, des sourires d'approbation, des regards complices qui motivent les enfants à réussir ce qui leur est demandé.

Quel enfant n'aime pas voir souligner ses bonnes actions ? Des paroles sincères (« Tu as réussi ! », « C'est bien, continue »), un sourire, une main chaleureuse dans le dos sont des signes d'encouragement qui aident l'enfant à poursuivre ses efforts et par conséquent, à croire en ses capacités. Commenter les efforts des enfants et leurs bonnes actions suffit souvent à les encourager : « Tu as travaillé fort pour y arriver », « Tu t'appliques, c'est beau à voir. » On évite de tomber dans les compliments disproportionnés ou les exclamations automatiques : « Bravo champion… C'est extraordinaire… Tu es la meilleure… »

« La loi du renforcement est un phénomène de la nature et le comportement de l'enfant n'y échappe pas. » (Beaulieu, 2004). Indiquer aux enfants que nous apprécions leurs bons comportements et leurs progrès est une façon efficace de faire du renforcement positif : « Je suis contente que tu ranges tes jouets de mieux en mieux. » « Ça me fait du bien quand on parle calmement comme ça pendant la collation. » Par ailleurs, recourir à du renforcement qui discréditerait les autres enfants du groupe n'a pas sa place en services éducatifs : « Tu es le meilleur du groupe. Les autres devraient suivre ton exemple. »

Les enfants sont sensibles au fait d'entendre leur prénom dans un commentaire verbal positif, ce qui peut constituer un renforcement en soi : « Mathieu, je vois que tu sais ranger les crayons au bon endroit. » « Audrey-Ann, tu as compris ce que je t'ai demandé. » En interpellant ainsi les enfants, ils se sentent davantage concernés que si l'on s'adresse à l'ensemble du groupe.

Remercier les enfants est une autre forme de renforcement (Miller, 1993) : « Merci d'avoir nettoyé les pinceaux. On dirait qu'ils sont neufs. » « Malgré leurs bonnes intentions, certaines éducatrices semblent distribuer des réprimandes ou des punitions en fonction de leur humeur : « T'as pas encore tes affaires. Comment veux-tu que je te considère comme un grand si tu niaises comme ça ? » Cette attitude est loin d'être professionnelle.

> L'éducatrice démocratique doit éviter d'utiliser de manière systématique le retrait d'un enfant pour un comportement jugé inacceptable. Faire « réfléchir » un enfant dans un coin constitue rarement un moyen efficace pour l'amener à adopter un comportement approprié. Il vaut mieux recourir à une approche qui englobe un ensemble de stratégies bien ciblées.

Dans certains contextes, l'octroi de privilèges s'ajoute aux bienfaits du renforcement positif : être le premier à jouer à l'ordinateur, faire jouer le groupe à un jeu spécial, apporter un DVD ou un jeu de la maison. Attention à ne pas en faire un usage inapproprié ou abusif, car les systèmes d'émulation (autocollants, bonhomme sourire à côté du nom de l'enfant, récompenses matérielles) sont souvent des moyens limités et efficaces uniquement à court terme. Ils demeurent nettement insuffisants dans le contexte d'une approche démocratique.

2.26 ÊTRE BIENVEILLANTE

Bien veiller sur les enfants est un grand accomplissement sur le plan humain. « La bienveillance est le don de l'amour et de l'attention à autrui. » [En ligne] [www.virtuesproject.com]. L'éducatrice bienveillante aide les enfants à bien grandir en prenant soin d'eux avec gentillesse et respect. Cela ne peut se faire que dans un climat de paix, de coopération et de confiance et non pas dans un rapport de force avec l'enfant : « Voyons donc… À quoi t'as pensé en faisant ça ? » « Si t'arrêtes pas de bouger sur ton matelas, tu vas aller dormir avec les bébés. »

Menace, humiliation, abus de pouvoir, ton de voix autoritaire, cynisme n'ont aucunement leur place dans le cadre d'une approche démocratique où doit prédominer la bienveillance. Même si certaines situations ébranlent la patience de l'éducatrice, aucune d'elles ne justifie la perte de contrôle de ses émotions. Veiller au bien-être des enfants est une tâche exigeante qu'il faut effectuer avec un grand respect et un dévouement irréprochable.

L'éducateur ou l'éducatrice démocratique invite les enfants à réfléchir au lieu de leur donner uniquement des directives.

L'observation des enfants doit aussi se faire de façon bienveillante, c'est-à-dire effectuée de manière à comprendre l'enfant au plus près de sa réalité. L'éducatrice évite les jugements envers l'enfant et tente de décrire ou de rapporter ses comportements en toute objectivité.

L'enfant a besoin d'être pris en charge et accompagné par une éducatrice chaleureuse, attentionnée, qui lui donne des encouragements verbaux et lui attribue des compétences (Cloutier, 2012). Pour « bien veiller » sur les enfants, elle doit offrir le meilleur d'elle-même en toute occasion. La douceur de ses gestes revêt toute son importance, car du point de vue visuel des enfants la taille de l'adulte peut lui paraître imposante. Les paroles et le ton de voix utilisés pour s'adresser aux enfants sont empreints d'affection. De cette façon, les enfants saisissent mieux les propos de l'éducatrice. « Un langage bienveillant est l'aimant qui attire le cœur des hommes. C'est le pain de l'esprit, il revêt les mots de signification, il est la source de la lumière de sagesse et de compréhension. » (Bahá'u'lláh cité par L'assemblée spirituelle nationale des baha'is, Canada)

> Offrir un sourire aux enfants et des paroles réconfortantes, rechercher une proximité physique sécurisante avec eux, jouer et rire en leur compagnie, exprimer de la fierté devant leurs accomplissements font partie des attitudes de bienveillance. Utiliser l'humour, cultiver la bonne humeur, dédramatiser les situations difficiles font partie des préoccupations de l'éducatrice bienveillante qui sait créer une ambiance chaleureuse dans le groupe d'enfants.

Les enfants grandissent tellement mieux dans un environnement où règnent une bonne humeur et un enthousiasme palpables. Là où l'on parle avec douceur, où l'on sourit, chante et rit, est un lieu où il fait bon vivre. La bienveillance est contagieuse ; elle continue de se répandre après avoir été manifestée.

L'éducatrice appelle l'enfant par le prénom que lui ont choisi ses parents en n'utilisant ni diminutif ni transformation : « Bonjour, Sarah-Lee ». Lorsqu'on se pose des questions sur la prononciation (comment se disent les deux e de Sarah-Lee) ou sur l'utilisation entière du prénom (peut-on l'appeler seulement Sarah ?), on demande aux parents comment ils veulent qu'on appelle leur enfant et on s'assure de bien prononcer le prénom en question. Il est important aussi de vérifier que le prénom de l'enfant ne soit pas une source de moquerie ou de rejet de la part de ses pairs. Dans pareille situation, l'éducatrice doit en parler aux parents pour trouver une solution avantageuse pour l'enfant. Enfin, il faut éviter d'utiliser des mots très affectueux tels « mon amour », « mon p'tit cœur », « ma chérie » qu'on laisse aux personnes intimes à l'enfant. Quant aux surnoms ou aux appellations péjoratives, comme « mon p'tit tannant », « ma p'tite bavarde », mon « *tom boy* », ils n'ont pas leur place en éducation.

2.27 ENCOURAGER L'AUTONOMIE DE LA PENSÉE ET L'AUTODISCIPLINE

L'autodiscipline ne constitue pas une stratégie pour amener subtilement l'enfant à nos fins sans égard à son cheminement. L'éducatrice doit demeurer sensible aux réactions de l'enfant et chercher à le soutenir dans ses apprentissages quels qu'ils soient.

On peut être tenté d'accabler les enfants d'ordres, car beaucoup de situations s'y prêtent : « Tais-toi », « Reste assis », « Retourne à ta place », « Ne cours pas », « Lave tes mains tout de suite ». Si de tels commandements semblent avoir plus d'effets immédiats chez l'enfant que certaines autres techniques, ils suppriment, par ailleurs, tout raisonnement ou apprentissage en profondeur. Contrairement à un climat autoritaire et stressant, un climat positif permet un accompagnement plus propice à l'autodiscipline (Cloutier, 2012).

Il est plus constructif pour l'enfant de l'amener à penser et à anticiper ses actions, et à être « le premier agent de son développement » (MFA, 2007) que d'attendre de lui de se conformer à nos attentes. Poser des questions ouvertes à l'enfant a l'avantage de l'aider à se rappeler les consignes habituelles sans avoir à être toujours dirigé par l'adulte :

« Qu'est-ce que tu dois faire après être allé à la toilette ? », « Comment vas-tu attacher ton manteau si tu mets tes mitaines tout de suite ? », « Qu'est-ce qui peut se passer si tu cours comme ça dans le local ? », « Qu'est-ce que tu dois faire quand un copain te dit 'Je ne veux pas ?' », « Va voir sur le tableau de tâches ce que tu peux faire maintenant », « Qu'est-ce qui peut arriver si tu laisses ton manteau par terre comme ça ? »

> L'approche démocratique doit permettre à l'enfant d'utiliser sa pensée par divers moyens : « Regarde comment je fais... Tu peux aussi y arriver », « Va voir sur l'affiche qui est au mur pour te rappeler les étapes de l'habillage », « Écoute bien ce que j'ai à te dire », Rappelle-toi des consignes que je t'ai données tout à l'heure ». Un enfant capable de penser par lui-même ou avec l'aide d'un adulte pourra agir par la suite de manière intentionnelle en adoptant une conduite acceptable.

Les enfants se montreront plus accommodants si l'éducatrice prend la peine de faire des interventions qui les aident à comprendre les règles et à prendre part à la recherche de solutions en présence de difficultés ou de comportements inappropriés. De cette façon, elle les aide à se construire comme personnes responsables.

2.28 FAIRE PREUVE DE PATIENCE ET DE PERSÉVÉRANCE

Quelle éducatrice n'a pas été tentée de baisser les bras devant l'entêtement d'un enfant ou bien un groupe agité ? Il n'est pas facile de savoir comment agir avec un enfant de deux ans qui manifeste de la résistance ou de l'indifférence par rapport à une tâche à accomplir. Il faut faire preuve de patience et de persévérance face aux nombreux apprentissages que font les enfants. Certains ont besoin de plus de temps ou davantage de soutien que d'autres pour apprendre.

Il faut résister à l'envie d'abandonner hâtivement une nouvelle idée dont l'application n'aurait pas rapidement donné l'effet escompté, car les enfants finissent généralement par s'adapter à la nouveauté, à condition de ne pas leur imposer un rythme trop rapide ou de les soumettre à trop de changements à la fois. S'ils avaient l'habitude de tous se précipiter aux lavabos pour se laver les mains, les enfants seront au début quelque peu désorientés de le faire avec calme un à la fois.

Certaines personnes laissent les changements survenir d'eux-mêmes. Toutefois, pour mener à bien ce qui a été déterminé, une vision claire de ce que l'on veut accomplir est nécessaire. L'éducatrice se concentre sur ses objectifs et fait une chose à la fois sans s'éparpiller dans ses idées et son énergie. Cette façon de faire exige de l'optimisme et des efforts.

Pour faire bon usage de la persévérance, c'est-à-dire pour éviter de tomber dans le piège de la rigidité, l'éducatrice a tout intérêt à se questionner sur les motifs qui expliqueraient les difficultés rencontrées : « Comment est l'estime personnelle de cet enfant ces derniers temps ? » « Y aurait-il un changement dans la famille qui causerait l'isolement de cet enfant ? » La persévérance et la patience doivent être alimentées par la compréhension du sens de nos accomplissements et par le discernement.

2.29 MONTRER DE LA SOUPLESSE

La souplesse demeure l'une des qualités essentielles de l'éducatrice démocratique. Elle lui permet d'accepter avec patience que certaines situations se passent différemment de ce qu'elle aurait souhaité. En étant flexible, l'éducatrice saura accueillir positivement les imprévus ou les comportements différents. Permettre à l'enfant de regarder les autres jouer peut être aussi profitable pour lui sur le plan des apprentissages que d'y participer activement. Écouter les autres chanter lors d'un rassemblement offre à l'enfant une excellente occasion de mémoriser les paroles. Il n'est donc pas nécessaire d'insister pour qu'il chante. Lorsqu'un enfant tombe de fatigue à l'heure du repas, l'éducatrice dotée de flexibilité fera en sorte de l'installer le premier pour la sieste. Avec un enfant qui tarde à rentrer de dehors, l'éducatrice, au lieu de le confronter, lui offrira de choisir un jeu une fois de retour au local pour le stimuler à se diriger vers le vestiaire. La souplesse offre la possibilité à l'éducatrice d'agir par des astuces et des moyens créatifs.

2.30 ASSURER SON BIEN-ÊTRE EN TANT QU'ÉDUCATRICE

Même si les enfants demeurent la principale préoccupation des services éducatifs, la santé et la sécurité de celles qui s'en occupent, c'est-à-dire les éducatrices, doivent également faire l'objet d'une attention particulière de la part de l'équipe de travail. Puisqu'elles passent elles aussi beaucoup de temps à vivre les activités de routine et de transition, les éducatrices ont droit à un aménagement et à un équipement appropriés ainsi qu'à des conditions de travail favorables à l'accomplissement de leur tâche. Il faut s'assurer que le mobilier de l'adulte soit sécuritaire pour les enfants (Pimento et Kernested, 2004). Une chaise adaptée à la taille adulte pour lui permettre d'allonger ses jambes devant elle sous la table, un fauteuil pour s'asseoir confortablement au sol avec le dos en appui, des chariots pour transporter du matériel, des fenêtres faciles à ouvrir pour aérer le local après les repas, des temps de pause réguliers, une salle de repos agréable réservée aux membres du personnel, du soutien pédagogique de la part des gestionnaires, des ateliers de formation gratuits, du temps rémunéré pour préparer la programmation des activités de même que pour assister aux réunions d'équipe et animer les rencontres de parents, ne sont que quelques-uns des moyens susceptibles de venir concrètement en aide aux éducatrices.

> Mots d'encouragement dans les casiers des éducatrices, petites douceurs offertes à l'occasion lors de pauses, gestes d'entraide, conférence sur l'art de prendre soin de soi, brunch familial figurent parmi les moyens qui ont fait leur preuve pour faire d'un service éducatif un endroit où il fait bon travailler. Ensemble, les éducatrices peuvent accomplir de grandes choses.

Puisqu'elles peuvent avoir une influence directe sur leur bien-être, les éducatrices doivent également revoir leurs façons de faire et d'être : postures ou mouvements néfastes pour le dos, attitudes négatives envers les enfants et les parents, habitudes de travail pouvant mener à l'épuisement professionnel, désengagement face à l'équipe de travail. La mise sur pied d'un comité de santé et sécurité au travail peut contribuer à l'amélioration de la qualité de vie dans la profession d'éducatrice.

Pour assurer leur propre sécurité, l'éducatrices veillera à porter des chaussures antidérapantes qui tiennent bien au pied, c'est-à-dire des chaussures à talons bas et larges ou des sandales avec courroies à l'arrière et sur le dessus du pied. Pour la même raison, elle évitera de porter des vêtements trop amples ou trop longs qui pourraient nuire à ses mouvements ou ses déplacements ou être à risque d'accidents. Il est conseillé de ne pas porter de bijoux (longs colliers, grosses boucles d'oreilles, piercing) pouvant être la cause de blessures. Les longs foulards, les châles ou *pashminas* au niveau du cou sont à proscrire. Le port d'un chapeau est recommandé dans le cas d'exposition au soleil.

Lorsqu'elles se sentent appréciées dans leur milieu de travail, les éducatrices sont davantage portées à donner le meilleur d'elles-mêmes dans l'accomplissement de leur tâche professionnelle. À l'instar d'expériences menées dans certains CPE[3], des actions peuvent être prises pour veiller à la santé psychologique du personnel et à l'harmonie dans l'équipe. Étant plus motivées, elles sont encore plus désireuses de contribuer au bon développement de l'enfant. Mais il ne faut pas oublier que les éducatrices elles-mêmes demeurent souvent les premiers agents de reconnaissance, de valorisation et d'amélioration de leur profession. Faire ses preuves comme professionnelles de l'enfance, posséder une formation de qualité, donner régulièrement des renseignements sur la nature de leur travail, participer à l'amélioration de leurs conditions de travail, mettre régulièrement à jour leurs connaissances et leurs compétences, être capable de s'autoévaluer, gérer son stress, se doter de politiques

---

3.   « CPE Arc-en-Ciel » dans la revue *Sans pépins*, nov. 2012.

cohérentes et d'un code d'éthique constituent des moyens qui permettent aux éducatrices de contribuer concrètement à leur bien-être professionnel.

Selon Lucie Legault (ASSTSAS, *Sans Pépins*, vol. 16 , n° 1, mars 2014, p. 3 à 5), le bonheur au travail s'explique en très grande partie par la présence de relations sociales saines. Un climat de travail agréable contribue à la satisfaction personnelle et au bien-professionnel. Tout service éducatif a intérêt à mettre en place des conditions propices et à promouvoir des valeurs pour encourager une culture de collaboration au sein de l'équipe de travail. Une éducatrice qui se sent à l'aise de partager son vécu, ses connaissances, ses questionnements et qui apprend de ses collègues est susceptible de se développer sur le plan personnel et de se dépasser.

2.31 SENSIBILISER LES PARENTS

Pour accorder aux activités de routine et de transition la valeur qui leur revient, un travail de sensibilisation auprès des parents est nécessaire. Lorsque les parents sont en mesure de reconnaître l'apport de ces activités dans le développement de leur enfant au quotidien, ils deviennent de précieux alliés pour la valorisation de ces moments de vie. D'abord, l'éducatrice doit être convaincue de la priorité à accorder aux activités de routine et de transition. Pour nourrir sa conviction, la formation continue et l'accompagnement des membres de la direction sont nécessaires.

L'information sur le rôle de ces activités dans le développement de l'enfant doit être de toutes occasions : distribution de textes dans les casiers des enfants, observations notées dans l'agenda de l'enfant ou apprentissages rapportés lors des échanges verbaux, affiches au mur sur les enjeux des activités de routine et de transition dans le développement de l'enfant avec photos des enfants en actions.

Chapitre 3

L'hygiène

CONTENU DU CHAPITRE

3.1 Le lavage des mains 87
    A. L'équipement et le matériel 88
    B. Les moments où se laver les mains 90
    C. Les gestes et les étapes du lavage des mains 92
    D. Donner l'exemple aux enfants 94
    E. L'éducation à l'hygiène des mains 96
    F. Petits jeux 98
    G. Comptines et chansons 100

3.2 Le brossage des dents 103
    A. La sensibilisation de l'éducatrice à la santé buccodentaire des enfants 103
    B. À partir de quel âge faire le brossage des dents et à quel moment de la journée ? 105
    C. Le matériel et l'équipement 106
    D. Les techniques de brossage des dents 109
    E. Astuces et petits jeux 111
    F. Comptines et chansons 113

3.3 La routine des toilettes 114
    A. L'utilisation des installations sanitaires 114
    B. Le changement de couche 117
    C. L'apprentissage de la propreté 119
    D. L'hygiène et les autres tâches 120
    E. Les bons mots aux bons moments 121

3.4 Le mouchage 121
    A. Les moments propices pour se moucher 123
    B. Le matériel et l'équipement 124
    C. Les techniques du mouchage 125
    D. Petit jeu pour s'exercer à se moucher 127
    E. Comptines et chansons 127

L'hygiène est un des facteurs déterminants dans le maintien de la santé physique des enfants. Les activités qui encouragent l'hygiène permettent de contribuer au renforcement de leur système immunitaire qui a besoin d'un petit coup de pouce alors qu'il demeure immature durant les quatre premières années de la vie.

Dans le présent chapitre, nous ferons référence à l'hygiène en abordant le lavage des mains, le brossage des dents, la routine des toilettes ainsi que le mouchage. Nous parlerons des mesures d'hygiène appropriées comme conditions essentielles pour prévenir bon nombre de maladies infectieuses et ainsi contribuer à la prévention et au maintien d'une bonne santé de l'enfant. Nous ferons aussi valoir comment les soins d'hygiène en petite enfance constituent des occasions propices pour l'éducatrice de consolider le lien affectif avec les enfants (*Odyssée*, p. 4).

3.1   LE LAVAGE DES MAINS

Si la pratique du lavage des mains doit être prise au sérieux, c'est qu'elle permet à elle seule de réduire jusqu'à 50 % les risques de contamination due aux parasites, aux bactéries ou aux virus transmis indirectement par les personnes ou les objets. Des recherches en épidémiologie ont démontré que les mains étaient les principales responsables de la transmission des infections (Larose, 2009). Quatre-vingts pourcent des infections courantes peuvent se transmettre par les mains. [En ligne] [http://www.francais.dobugsneeddrugs.org/wp-content/uploads/partie_v.pdf].

> Le lavage des mains avec du savon et sous l'eau tiède demeure le meilleur moyen de prévenir les infections dues aux bactéries, aux virus et aux parasites. C'est aussi la mesure sanitaire la plus économique qui soit en matière de prévention.

La routine du lavage de mains doit faire l'objet d'une attention particulière de la part de l'éducatrice pour préserver la santé des enfants, dont le système immunitaire est encore immature. Aidés de l'adulte, les enfants peuvent acquérir de bonnes habitudes d'hygiène en apprenant, entre autres, à se laver les mains au bon moment et de la bonne façon.

> En 2008, l'UNESCO a décrété le 15 octobre comme Journée mondiale du lavage de mains. Cet événement a pour but d'encourager les personnes à adopter et à faire connaître les bonnes pratiques en matière de lavage des mains et d'en faire des ambassadeurs auprès des initiatives locales et nationales [En ligne] [www.handwashing.org].

A. L'équipement et le matériel

Tout d'abord, il faut s'assurer que les lavabos soient en nombre suffisant selon le nombre d'usagers. On recommande d'avoir au moins un **lavabo** ou un évier pour 15 enfants, de préférence situé dans le local où se prennent les collations et les repas, et installé à la hauteur des enfants. Tous auront avantage à utiliser un lavabo ou un évier muni d'un robinet à commande unique plus facile à manier.

Certains services éducatifs utilisent une robinetterie électronique à détection infrarouge pour la préservation de l'eau et l'économie d'énergie rendue possible grâce au contrôle et la régularité de la température de l'eau.

Pour protéger le dos de l'éducatrice qui aurait à prendre une posture contraignante pour se laver les mains ou pour soulever un enfant vers le robinet, on conseille d'utiliser un lavabo de hauteur habituelle auquel on ajoute un **marchepied** rétractable (des petites marches antidérapantes) ou amovible sur lequel l'enfant peut monter par lui-même. Si l'éducatrice souhaite se servir du marchepied comme escabeau, elle doit le choisir très résistant soit en bois, soit en métal et non en plastique. On conseille d'utiliser deux éviers ou lavabos, l'un réservé aux tâches alimentaires et l'autre, aux soins d'hygiène.

Pour des raisons de maniabilité et d'hygiène, on utilise du **savon liquide ordinaire placé dans un distributeur**. Quant au pain de savon, il constitue un agent non négligeable de transmission des microbes que l'on doit abandonner, car les enfants et les éducatrices ont à le manipuler directement avec leurs mains sales. Par ailleurs, l'utilisation d'un savon germicide ou antibactérien doit être limitée aux périodes d'épidémie seulement (rhume, gastroentérite, varicelle, etc.) en raison de son effet irritant et de la résistance aux bactéries qu'il occasionne.

Le distributeur à savon doit avoir une pompe facile à utiliser et être muni d'une cartouche de remplissage jetable, sinon il doit être lavé avant chaque remplissage. Pour sécher les mains, des **papiers à main** remplacent les serviettes en tissu puisqu'ils limitent la propagation des germes. L'éducatrice veillera à ce que les enfants n'en utilisent pas trop pour éviter le gaspillage. De plus en plus de services éducatifs placent un bac à récupération près des lavabos pour y jeter les papiers bruns souillés, qui sont faits de 100 % de fibres post-consommation non blanchies, ce qui en fait une matière parfaite pour le compostage.

Malheureusement, il y a encore des services éducatifs qui emploient une serviette en ratine commune par souci d'économie. Si on opte pour des serviettes en tissu, on doit en prévoir une pour chaque enfant, bien identifiée à son nom, et qu'on lave chaque jour. On fait en sorte que les serviettes ne se touchent pas.

Une poubelle protégée par un sac de plastique et placée à proximité du lavabo s'avère indispensable pour y déposer les papiers après usage. Il faut veiller à ce que les tout-petits ne les jettent pas dans la cuvette des toilettes. On devrait idéalement privilégier l'utilisation d'une **poubelle à pédale** pour empêcher les mains de toucher le couvercle où se trouvent germes et bactéries. Rien n'est plus contaminé qu'un couvercle de poubelle qui entre en contact avec les résidus de table, les couches et les serviettes de papier souillées. Le nettoyage et la désinfection de la poubelle tant à l'intérieur qu'à l'extérieur devraient être effectués quotidiennement. Comme désinfectant, on recommande l'utilisation d'une solution composée d'une partie d'eau de Javel domestique pour neuf parties d'eau.

> Malgré les nombreux produits antiseptiques qui ont envahi le marché ces dernières années, nombre d'études démontrent que le lavage des mains à l'eau savonneuse demeure le meilleur moyen de se débarrasser des agents infectieux, plus particulièrement des virus du rhume et de la gastroentérite.

Dans les cas où le lavage des mains ne peut se faire au lavabo, par exemple lors des sorties ou lorsque les lavabos sont hors d'usage, on peut exceptionnellement faire usage d'une solution antiseptique sans rinçage ou de serviettes jetables humides. Un lavage avec une débarbouillette mouillée d'eau tiède légèrement savonneuse suivi d'un rinçage peut également servir de compromis. Cependant, les serviettes jetables ne nettoient pas les mains de façon efficace pas plus que les rince-mains n'enlèvent les saletés. **Bref, rien ne peut remplacer un lavage des mains fait à l'eau savonneuse sous le robinet : ni papier brun humecté, ni débarbouillette mouillée, ni serviettes humides jetables, ni produit antiseptique qui sèche à l'air.**

Pour les tout-petits incapables de se laver les mains au lavabo, on opte pour un compromis. L'éducatrice prend une débarbouillette sur laquelle elle dépose un peu de savon à l'une des extrémités. Avec cette partie, elle lave les mains du petit qu'elle essuie ensuite avec l'autre extrémité. Pour éviter les risques de brûlures par eau chaude, la température de l'eau à la sortie du robinet ne doit pas excéder 49° Celsius. Cela n'épargne pas à l'éducatrice une surveillance étroite des enfants durant le lavage des mains.

B. Les moments où se laver les mains

Ce n'est pas tout de se laver les mains avec de l'eau et du savon, encore faut-il le faire au bon moment pour maximiser l'opération. Cette mesure vaut autant pour les éducatrices que pour les enfants. L'encadré 3.1 présente les moments où il est fortement recommandé de se laver les mains.

Encadré 3.1   Quand se laver les mains ?

- En arrivant au service éducatif.
- Avant et après la manipulation d'aliments.
- Avant de manger ou d'aider un enfant à manger.
- Après un changement de couche même avec le port de gants de protection.
- Après être allé aux toilettes, après la manipulation d'un pot d'entraînement sale ou après avoir touché à une couche souillée.
- Après avoir aidé un enfant à aller aux toilettes.
- Après avoir toussé ou éternué dans sa main, et après s'être mouché. Après avoir mis les doigts dans son nez.
- Après avoir aidé un enfant à se moucher.
- Avant et après le brossage des dents.
- Après avoir joué dehors (le sable ou la terre ne sont pas des matériaux propres ; les souliers, les bottes, les mitaines ou les mains retiennent du calcium, des excréments d'oiseaux, de chiens ou de chats qui constituent des irritants et des agents de contamination qu'il faut neutraliser le plus possible).
- Après avoir été en contact avec un liquide biologique : urine, sécrétions respiratoires, vomissures, sang, salive, même si on a porté des gants de protection.
- Après avoir enlevé des gants de protection, peu importe la raison parce que les gants ne constituent pas une barrière absolue contre les microbes.
- Avant et après la préparation et l'administration d'un médicament (gouttes nasales, onguent).
- Avant et après le changement d'un pansement.
- Après avoir touché à une surface ou à un objet sale : couvercle de poubelle souillé, déchets.
- Avant et après une période de jeux avec de l'eau, du sable, de la pâte à modeler, de l'argile, des produits de maquillage pour enfants.

- Après un contact avec des produits ménagers.
- Après avoir touché à un animal et aux objets qu'il utilise.
- Lorsque les mains sont visiblement sales.
- En quittant le service éducatif.

C. Les gestes et les étapes du lavage des mains

Un bon lavage des mains se fait non seulement avec de l'eau et du savon, mais aussi en respectant un minimum de règles dont celles qui sont présentées dans l'encadré 3.2.

Encadré 3.2 Quels sont les gestes et les étapes d'un bon lavage de mains ?

- Retirer les bagues, la montre et les bracelets.
- Relever les manches pour découvrir les avant-bras (il faut donc prévoir des vêtements qui le permettent).
- Ouvrir les robinets pour obtenir de l'eau tiède (attention à l'eau trop chaude et au gaspillage). Les enfants de moins de trois ans auront besoin d'aide pour y arriver.
- Mouiller les mains et les poignets sous l'eau courante (en mouillant les mains avant l'application du savon, on réduit le risque de déshydratation de la peau et de gerçures).
- Éloigner les mains de l'eau.
- Mettre au creux d'une main un peu de savon provenant d'un distributeur à savon.
- Frotter vigoureusement toutes les surfaces des mains et des poignets pendant 15 à 20 secondes (30 à 45 secondes si les mains sont visiblement sales) en n'oubliant pas de frictionner les paumes et le dos des mains, le bout des doigts et les ongles, les pouces ainsi que les espaces entre les doigts qui sont souvent négligés. **C'est le savon combiné au frottement qui aide à déloger et à éliminer les germes.**
- Rincer abondamment les mains sous l'eau en les frottant ensemble.

- Attention : éviter de frapper les mains sur le bord intérieur de l'évier pour y retirer l'excédent d'eau, car la surface de l'évier est recouverte de germes.
- Sécher les mains avec une serviette en papier en évitant de frotter pour ne pas irriter la peau.
- Fermer le robinet avec la serviette de papier (pour éviter le gaspillage de l'eau, fermer le robinet entre les lavages de mains).
- Jeter le papier dans la poubelle sans toucher le couvercle avec les mains ou le déposer dans le bac à récupération ou à compostage.

Au besoin, l'éducatrice peut demander aux parents de couper régulièrement les ongles des mains de leur enfant, car ils sont porteurs de germes. Il va sans dire que cette mesure concerne également l'éducatrice.

Loin d'être réfractaires au lavage des mains, certains enfants prennent plaisir à étirer cette tâche en jouant avec l'eau et le savon. Si ce jeu constitue un inconvénient, l'éducatrice peut réduire sa durée en réorientant l'attention de l'enfant. Par exemple, elle peut leur demander de collaborer à de petites tâches : distribuer les serviettes en papier, fermer le robinet avec un papier entre chaque lavage, vérifier si les mains des autres enfants sentent bon, ou piquer leur curiosité pour l'activité suivante.

Le fait de porter des gants pour changer une couche, pour nettoyer un dégât ou des traces de sang, n'élimine pas l'obligation de se laver les mains après les avoir retirés.

Certaines précautions sont à prendre lorsqu'un lavage de mains est effectué à partir d'une solution antiseptique (de type Purell). Les voici dans l'encadré 3.3.

Encadré 3.3   Quelles précautions prendre lors d'un lavage de mains avec une solution antiseptique ?

- Utiliser un rince-mains en de rares occasions lorsqu'un lavage des mains au lavabo n'est pas possible.
- Employer un produit fait à base d'alcool éthylique.
- Superviser l'utilisation du rince-mains par les enfants.
- Appliquer la quantité de produit recommandée par le fabricant.
- Frotter les mains ensemble comme pour une crème à mains. Étendre la solution sur les mains jusqu'à ce que celles-ci soient sèches.
- Ne pas utiliser de rince-mains alcoolisé si les mains sont visiblement souillées ou mouillées, car son efficacité sera moindre.
- Éviter l'éclaboussure et l'ingestion du produit, ce qui pourrait causer des blessures.
- Munir les distributeurs muraux d'un plateau anti-gouttes.
- Garder le produit hors de la portée des enfants et entreposer les réserves de produits dans un endroit verrouillé.

D.   Donner l'exemple aux enfants

Il est important de prendre l'habitude de se laver les mains en présence des enfants pour leur donner le bon exemple. Les enfants apprennent beaucoup en regardant les autres, surtout dans le cas d'un modèle d'autorité significatif. Ils acceptent plus aisément les consignes de l'adulte lorsque celles-ci sont cohérentes avec ses propres actions. L'éducatrice pense à rappeler aux enfants que la règle du lavage de mains vaut également pour les adultes et elle leur fait remarquer qu'elle aussi se lave les mains, et qu'elle le fait de la bonne façon.

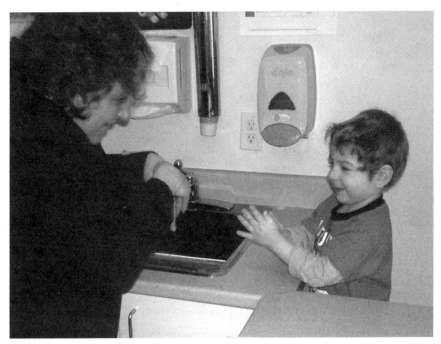

« Mon éducatrice aussi se lave souvent les mains. Elle donne le bon exemple. »

Si le lavage de mains bien fait prévient la moitié des cas de diarrhée et le quart des infections respiratoires, le travail de l'éducatrice s'en trouvera grandement facilité avec moins de nez qui coulent et d'enfants indisposés, et moins de parents fatigués et d'éducatrices malades.

Profitez de la supervision que nécessite le lavage de mains des jeunes enfants pour aller à leur rencontre.

E. L'éducation à l'hygiène des mains

En âge d'exercer une plus grande autonomie, l'enfant de 15 à 18 mois est généralement apte à apprendre les rudiments du lavage des mains. Toutefois, ce n'est que vers 4 ans qu'il arrivera à se laver correctement les mains. Entretemps, des rappels fréquents et une supervision étroite de l'éducatrice seront nécessaires pour lui montrer à bien faire mousser le savon avant de rincer les mains, et sur quelles parties frotter. L'éducatrice a intérêt à dire et à rappeler aux enfants pourquoi il faut se laver les mains, à faire ressortir les avantages du lavage sur la réduction des rhumes et des diarrhées. Des explications simples peuvent leur être fournies : « Lorsque vous vous lavez bien les mains, vous les débarrassez de microbes qui peuvent vous rendre malades ».

De plus, une affiche[1] placée en un endroit stratégique ou la présentation d'une vidéo[2] font aussi partie des moyens susceptibles de sensibiliser les enfants à l'importance de l'hygiène des mains. Les enfants

---

1. L'affiche *Ouste les microbes, la mousse à la rescousse* est offerte gratuitement par le ministère de la Famille. Elle est également disponible en ligne : [En ligne] [http://www.mfa.gouv.qc.ca/fr/publication/Documents/MFA-Affiche_Mains.pdf].
2. *Le lavage des mains pour jeunes enfants* produit par le Eastern Ontario Health [En ligne] [http://www.youtube.com/watch?v=jbbik_Mdwug].

d'âge scolaire auront aussi sans doute du plaisir à réaliser leur propre affiche ou vidéo pour en faire la promotion. L'éducatrice est invitée à utiliser sa créativité pour offrir aux enfants des occasions de se sensibiliser à l'importance de prendre soin de son corps.

Une affiche avec un message écrit aide les enfants d'âge scolaire à se rappeler de se laver les mains. C'est un moyen d'autant plus efficace que l'affiche a été créée par les enfants.

> Relever les manches, mouiller les mains, mettre du savon, mousser et frotter, puis rincer et sécher les mains, non seulement développent la dextérité manuelle, le schéma corporel, mais exercent aussi la mémoire en plus d'apprendre à l'enfant comment prendre soin de sa santé.

Malgré le caractère répétitif et la fréquence du lavage des mains, il est possible de rendre cette routine agréable. Il suffit d'une bonne planification, d'attitudes positives et de quelques procédés simples et amusants.

Plusieurs jeux permettent à l'enfant d'assimiler les gestes avec plaisir et moins de discipline. Ainsi en est-il des suggestions suivantes à utiliser avant ou pendant l'activité du lavage de mains.

F. Petits jeux

En tenant compte du stade de développement des enfants, l'éducatrice peut proposer des jeux amusants pour motiver les enfants à l'hygiène des mains ou encore pour apporter de la nouveauté à cette routine qui, avouons-le, revient très souvent en services éducatifs (une dizaine de fois par jour, ce qui représente près de 2 000 lavages de mains annuellement).

Un petit coup de baguette magique de la part de l'éducatrice suffit pour que humour, spontanéité et plaisir supplantent la monotonie à l'heure du lavage des mains. Cela vaut non seulement pour les débutants mais aussi pour les enfants plus vieux qui ont peut-être oublié comment effectuer un bon lavage des mains ou qui a besoin d'un petit coup de pouce pour retrouver une motivation pour cette activité de routine. L'encadré 3.4 propose plusieurs idées pour agrémenter le lavage des mains.

Encadré 3.4   Suggestions pour mettre du piquant à l'activité du lavage des mains[3]

- Profiter de ce moment pour établir un contact personnalisé avec l'enfant. Faire du lavage des mains un moment empreint de bonne humeur et de tendre complicité. Encourager les efforts de l'enfant, décrire ce qu'il fait, lui rappeler l'importance de bien se laver les mains.
- Avec les plus petits, décrire les actions et les sensations : « L'eau coule sur tes mains. C'est agréable. Le savon sent bon. Regarde comme il mousse… »
- Faire sentir les mains une fois bien lavées et commenter : « Ça sent bon ! »
- Se déplacer jusqu'à l'évier en empruntant une démarche inusitée : en petits pas de souris, sur la pointe des pieds, sur les talons, etc. S'inspirer du thème en vigueur ou des intérêts des enfants pour proposer de nouvelles idées.

---

3. Voir aussi des informations et idées d'animation sur Internet : *Des pilules pour tous les microbes ?* [En ligne] [http://www.francais.dobugsneeddrugs.org/ressources-educatives/garderies/].

- Se rendre au lavabo en accomplissant une épreuve facile : marcher sur des empreintes placées au sol, se déplacer avec les mains sur la tête ou un doigt sur la bouche, ou en suivant une ligne imaginaire ou tracée au sol par un ruban cache, ou en contournant des obstacles (cônes, chaises).
- Déterminer à qui le tour de se laver les mains en pigeant les noms des enfants placés dans une boîte ou encore en annonçant une caractéristique : « J'appelle au lavabo un enfant qui porte un chandail bleu avec un dessin. »
- Offrir de temps en temps du savon à l'arôme fruité en tenant compte des allergies. Les enfants aiment beaucoup les fragrances aux fruits comme la pomme verte, la fraise, la clémentine ou les raisins.
- Saupoudrer sur les mains des enfants une poudre magique faite à partir de pain de savon hypoallergène râpé qu'on met dans une salière à gros orifices.
- Faire un petit dessin de microbe ou autre sur le dessus de la main de l'enfant avec un crayon hydrosoluble et lui demander de l'enlever avec du savon et de l'eau.
- Donner aux enfants le privilège d'adoucir leurs mains après le lavage des mains avec un soupçon de crème hydratante hypoallergène après un bon lavage. Pour les enfants souffrant d'allergies cutanées graves, la crème solaire fournie par leurs parents peut très bien faire l'affaire.
- Utiliser une marionnette qui supervise le lavage des mains et qui rappelle aux enfants les gestes d'un bon lavage de mains.
- Jouer au détective qui vérifie si le lavage des mains est bien effectué.
- Mettre à la disposition des enfants des « bacs ou jeux mains propres » utilisés seulement par ceux qui ont les mains propres. Figurine, crayon et papier, gants et marionnettes sont quelques objets que l'on peut y retrouver. Les boîtes à débarbouillettes jetables et à lingettes démaquillantes que l'on récupère font des contenants très pratiques pour les « bacs mains propres ». Avec les plus

petits, il est conseillé d'offrir des boîtes identiques afin de réduire le risque de conflits.

Idées pour faire des « bacs mains propres »

- Susciter de temps en temps des échanges avec les enfants sur des soins d'hygiène afin de les sensibiliser à l'importance de prendre soin de leur corps. Un livre sur le sujet peut très bien servir de déclencheur.
- Mettre à la vue des enfants des images montrant la séquence et les techniques du lavage des mains. Cela peut être des photos des enfants prises en train de se laver les mains.
- Pour les enfants qui doivent attendre leur tour en ligne pour se laver les mains, par exemple, après des jeux salissants à l'extérieur, les faire asseoir au sol idéalement contre un mur. Les occuper en chantant ou en faisant des jeux de devinettes. L'attente risque de se faire plus aisément de cette façon.

G. Comptines et chansons

Même si se laver les mains et chanter en même temps est une habileté qui se développe davantage après l'âge de 5 ou 6 ans, le fait d'entendre les consignes chantées rappelle aux enfants les actions à faire tout en favorisant une ambiance agréable, ce qui ne peut que les motiver à accomplir la tâche demandée. Voici quelques propositions de chansons :

1
On va se laver les mains

Air traditionnel : Dans la ferme à Mathurin

On va se laver les mains
I a i a o
On fait vite, car on a faim
I a i a o
Du savon, par-ci, du savon par-là
On frotte, on mousse, on rince bien   (ou : on lave, on frotte,
On se lave les deux mains   on essuie bien)
I a i a o.

2
Savez-vous laver vos mains ?

Air traditionnel : Savez-vous planter des choux ?

Savez-vous laver vos mains ?
À la mode, à la mode
Savez-vous laver vos mains ?
À la mode de chez nous.

On les lave comme ça
À la mode, à la mode
On les lave comme ça
À la mode de chez nous.

3
Au clair de la lune, je me lave les mains

Air traditionnel : Au clair de la lune

Au clair de la lune
Je me lave les mains
De l'eau et du savon
Frotte, frotte bien
J'enlève les microbes
De tous mes dix doigts
Au clair de la lune
Mes mains sont toutes propres.

4
Le blues du lavage des mains

(Se trouve sur le CD)
Paroles: Nicole Malenfant
Musique: Michel Bonin

Paroles	*Gestes*
Je relève mes manches pour laver mes mains. (bis)	Relever les manches.
	Ouvrir le robinet si ce n'est pas déjà fait.
Je mouille mes mains Je les mouille bien. (bis)	Mouiller les mains sous l'eau tiède du robinet.
Je mets du savon Au creux de mes mains. (bis)	Mettre dans une main du savon liquide pris d'un distributeur.
Je frotte mes mains Je les frotte bien. (bis)	Faire mousser le savon sur les mains, entre les doigts, sur les poignets et en tournant les doigts au creux des mains.
Je rince mes mains Je les rince bien. (bis)	Rincer les mains sous l'eau.
Et pour les sécher Je prends un papier. (bis)	Assécher les mains avec une serviette jetable.
Je sèche mes mains Je les sèche bien. (bis)	
Je jette le papier Quand j'ai terminé. (bis) Oyé!	Jeter le papier dans la poubelle. Apprécier l'odeur agréable de ses mains propres. Céder sa place au suivant ou fermer le robinet.

3.2 LE BROSSAGE DES DENTS

Quand on sait que la carie dentaire et les maladies des gencives constituent un mal répandu dans la population québécoise, la prévention s'avère plus que nécessaire pour en contrôler les causes. Sans conteste, l'enfance constitue une période cruciale pour acquérir de bonnes habitudes en matière d'hygiène buccodentaire. « La carie sur la dentition temporaire débute tôt et se développe rapidement. En effet, dès la rentrée des enfants en maternelle, l'atteinte de la carie de la petite enfance est déjà très importante. Également, elle se concentre chez un petit groupe d'enfants vulnérables qui proviennent pour la plupart de milieux défavorisés. » (Ordre des dentistes du Québec, [En ligne] [http://www.odq.qc.ca/portals/5/fichiers_public/supplement_carie.pdf], 2006, p. 5). Une statistique issue d'une enquête menée par le ministère de la Santé du Québec révèle qu'en 2006, la carie dentaire touche près de 425 des enfants dès leur entrée à la maternelle ([En ligne] [http://publications.msss.gouv.qc.ca/acrobat/f/documentation/2006/06-231-01.pdf]).

La prévention débute à la maison avec de bonnes habitudes alimentaires et un nettoyage quotidien des dents, et se poursuit au service éducatif.

A. La sensibilisation de l'éducatrice à la santé buccodentaire des enfants

Pour préserver la santé dentaire des jeunes enfants, il est impératif de les initier d'abord à une bonne alimentation en réduisant, entre autres, la consommation de sucres raffinés particulièrement entre les repas, puis à l'apprentissage du brossage des dents dès le plus jeune âge. L'éducatrice encourage les enfants à bien mastiquer les aliments, car on sait qu'une bonne mastication stimule la salivation qui participe à l'élimination des déchets de la surface des dents.

Les vingt dents primaires auront fait leur apparition avant l'âge de 2 à 3 ans. Pendant les premières années de la vie, une bonne dentition permettra à l'enfant de passer d'une alimentation liquide à solide où la mastication débutera. Avec l'apparition des dents, le langage pourra se mettre en place grâce, entre autres, à une bonne prononciation.

Une bonne dentition et des gencives saines permettent d'épargner la perte prématurée de dents, d'éviter des problèmes de phonation et les inconvénients liés à une mauvaise occlusion dentaire qui peuvent en découler, d'empêcher la douleur occasionnée par les caries, les obturations ou les extractions – souvent psychologiquement difficiles à vivre pour l'enfant – en plus de réduire les coûts élevés des soins dentaires. Une belle dentition permet également d'assurer son rôle relationnel dans le sourire. Un enfant conscient que ses dents avant cariées provoquent la risée des autres, hésitera peut-être à sourire, ce qui pourra affecter sa confiance à créer des liens avec ses pairs.

En matière de sensibilisation à une bonne hygiène buccodentaire, il n'est pas rare que le service éducatif soit le seul lieu où l'enfant est appelé à se brosser les dents et à apprendre à bien le faire. Après la clinique médicale ou le CLSC, le CPE, la garderie, le SGMS ou l'école deviennent des sources importantes d'influence et de renseignements pour les parents concernant la santé dentaire de leur enfant. Comme moyen de sensibilisation, pensons aux affiches d'information apposées au mur dans les services éducatifs faisant la promotion du brossage de dents à la maison, la distribution de dépliants, la visite d'une hygiéniste dentaire, l'exposition de photos montrant les enfants en train de se brosser les dents en services éducatifs.

En CPE ou en garderie, il n'est pas rare de voir les enfants se brosser les dents après le repas du midi, ce qui constitue une excellente habitude à prendre. Même si l'enfant le fait déjà le matin et le soir à la maison, le fait de voir les autres se brosser les dents le sensibilise encore davantage aux bienfaits d'une telle pratique. Malheureusement, certains lieux ont aboli le brossage des dents pour diverses raisons (manque de temps, difficulté d'amener les enfants à faire un bon usage de la brosse à dents afin d'éviter le risque de contamination, le discours des membres du personnel à savoir que le brossage des dents relève de la responsabilité parentale). Rappelons que le brossage des enfants en services éducatifs n'a pas pour but d'épargner aux parents cette tâche à la maison. Dans les SGMS, cette activité de routine est généralement ignorée.

Cette situation est regrettable, car elle laisse à l'enfant la responsabilité de veiller seul à sa propre hygiène dentaire, dans le cas où les parents n'y verraient pas à la maison.

> Pour militer en faveur de l'instauration et du maintien du brossage des dents au CPE et à la garderie, considérons le fait que plusieurs jeunes enfants doivent veiller seuls à leur hygiène dentaire à la maison et que presque la moitié des enfants auront des dents cariées avant même d'entrer à l'école. Cela n'exclut en rien l'importance de susciter la collaboration des parents dans l'apprentissage du brossage des dents.

S'il est vrai que le brossage quotidien des dents en services éducatifs requiert du temps et de l'énergie tant pour les enfants que pour l'éducatrice, il s'agit là d'un investissement qui en vaut la peine, compte tenu des nombreux bienfaits que procure la prévention des caries. En plus de préparer la venue des dents permanentes communément appelées dents d'adulte, les dents primaires ou dents de lait saines, en place jusqu'à l'âge de 6 à 11 ans, jouent un rôle essentiel dans la diction, la mastication et la digestion de l'enfant.

> Dans un souci d'éducation, il est recommandé de conserver la routine du brossage de dents en services éducatifs, ne serait-ce qu'à une fréquence d'une ou de deux fois par semaine ou en espaçant le tour de chacun des enfants tous les deux ou trois jours.

B. À partir de quel âge faire le brossage des dents et à quel moment de la journée ?

Pour initier l'enfant le plus tôt possible à de bonnes habitudes d'hygiène dentaire, on recommande de nettoyer gencives et cavité buccale avec une débarbouillette humide avant l'apparition des dents primaires. Le nettoyage des dents à l'aide d'une brosse à dents peut débuter vers l'âge de deux ans. Pour les enfants qui fréquentent un service éducatif, on conseille un brossage des dents après le repas du midi après le passage aux toilettes et le lavage des mains, et ce, en les supervisant de très près. La Direction de la santé publique du Québec recommande le lavage des mains après le brossage des dents tant pour les éducatrices que pour les enfants ([En ligne] [http://www.dspq.qc.ca/documents/Lambert.pdf] (2009). Même si la pratique est loin d'être courante en SGMS, elle devrait aussi avoir lieu après la période du dîner. Le brossage des dents avant le coucher de l'enfant, le soir, demeure le plus important pour contrer l'accumulation de la plaque dentaire.

Pareil aux autres soins d'hygiène, le brossage des dents en services éducatifs doit être associé à un geste de bien-être.

C.   Le matériel et l'équipement

Pour obtenir une bonne santé buccodentaire, une **brosse à dents** est indispensable. Les parents ont la responsabilité de fournir à leur enfant une petite brosse à dents avec une identification personnelle résistante à l'eau. On recommande de choisir une brosse à dents à petite tête avec un manche en plastique lisse, avec des soies souples et douces en nylon et un manche droit en caoutchouc et antidérapant. Il est nécessaire de changer la brosse à dents au moins tous les quatre mois ou lorsque les soies commencent à être recourbées ou abîmées, ou encore lorsqu'une couche blanchâtre apparaît au fond (dépôt de dentifrice et de bactéries). L'utilisation d'une brosse à dents ayant des poils tordus ou usés occasionne un mauvais brossage de dents et peut même abîmer les gencives.

Il ne faut jamais désinfecter les brosses à dents, mais plutôt les remplacer. En période d'épidémie, la brosse à dents doit être immédiatement remplacée par une nouvelle. La brosse à dents pour adultes ne convient pas aux petits, car les poils sont trop durs et la tête trop large.

> Support à brosses à dents au mur, séchage des brosses à l'air libre, supervision de l'éducatrice pour éviter le contact et l'échange des brosses à dents sont indispensables au bon déroulement du brossage de dents.

Dans le but de prévenir la contamination bactérienne, il faut prévoir un système hygiénique de **rangement des brosses à dents** pour y mettre les brosses à dents après chaque utilisation. Afin que les soies sèchent à l'air libre, mais à l'abri de la poussière, les brosses doivent idéalement être accrochées séparément à une distance de 5 à 7 cm sur un support adéquat conçu de telle manière qu'elles ne se touchent pas et ne s'égouttent pas les unes sur les autres. Il existe sur le marché des porte-brosse à dents en acrylique pour y déposer les brosses à dents et qui répondent aux critères d'hygiène. Il est important de faire l'installation d'un tel support au mur de telle manière qu'il soit facile à décrocher pour en faire l'entretien.

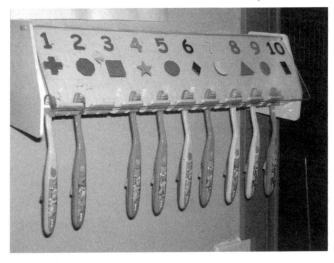

Il existe des méthodes hygiéniques pour ranger les brosses à dents.

Le support à brosses à dents doit être propre en tout temps et désinfecté une fois par semaine avec un trempage dans une solution désinfectante, pendant deux ou trois minutes pour ensuite être rincé à fond. En période de gastroentérites, de rhumes ou de maladies contagieuses, on recommande une désinfection plus fréquente.

L'utilisation d'un capuchon protecteur en plastique comme ceux vendus en pharmacie n'est pas recommandée comme moyen d'entreposage, car les bactéries profiteront de l'humidité des soies et de l'herméticité du capuchon pour se reproduire allègrement, ce qui n'est pas l'idéal. Il en va de même avec les pochettes en plastique où seraient remisées les brosses à dents entre chaque utilisation.

L'éducatrice a la responsabilité de surveiller le brossage de dents et de donner aux enfants des consignes claires afin d'éviter les échanges ou les prêts de brosses à dents, susceptibles de favoriser la transmission des microbes. Si les brosses à dents se touchent ou si un enfant utilise la brosse d'un autre enfant, il faut les jeter sans tarder et en donner de nouvelles aux enfants.

> La supervision de l'adulte étant en tout temps requise dans l'activité du brossage des dents, l'éducatrice aura avantage à effectuer le brossage à tour de rôle avec un enfant à la fois.

La supervision de l'adulte est toujours nécessaire dans l'activité du brossage des dents des enfants.

Pour prévenir les caries, l'utilisation d'un **dentifrice**[4] avec fluorure est indispensable. Il en existe différents types sur le marché : en pâte, en gel ou en combinaison des deux. Le sigle de l'Association dentaire canadienne apposé sur le tube assure une qualité adéquate du dentifrice. Les dentifrices en gel avec fluorure sont recommandés pour les enfants ; ils ont meilleur goût tout en étant moins abrasifs pour les dents. Il appartient généralement aux parents de faire l'achat du dentifrice pour leur enfant et de le fournir au service éducatif. En plus de nettoyer les dents, le dentifrice facilite l'action de la brosse à dents tout en laissant une sensation de fraîcheur et de propreté dans la bouche. Cependant, il faut rappeler aux enfants de ne pas l'avaler. L'ingestion d'une quantité excessive de fluor peut entraîner une fluorose dentaire qui provoque une décoloration définitive des dents (Association dentaire canadienne, [En ligne] [http://www.cda-adc.ca/fr/oral_health/cfyt/dental_care_children/cleaning.asp], 2014). Pour rincer leur bouche avec de l'eau, les enfants utilisent un **verre** jetable ou un verre permanent réservé à leur usage exclusif.

D. Les techniques de brossage des dents

Pour abréger le temps de distribution du dentifrice en services éducatifs, on peut utiliser un seul tube pour le groupe ; une fois vide, il suffit de le jeter et de se servir d'un autre tube parmi ceux fournis par les parents. Pour éviter que l'orifice du tube de dentifrice entre en contact avec les brosses à dents, l'éducatrice doit procéder de la façon suivante : répartir sur une languette de papier brun ou de papier ciré, une très petite quantité de dentifrice en nombre suffisant pour tous les enfants. Découper ensuite chaque portion et l'appliquer sur les soies de la brosse à dents de chaque enfant. Cette manière de faire évite la transmission des maladies tout en réduisant le temps qui serait consacré à cette tâche si elle était faite en prenant l'un après l'autre chacun des tubes de dentifrice.

Même si la quantité de dentifrice recommandée pour les enfants de 3 à 6 ans est minime, soit l'équivalent de la **taille d'un pois vert**, il

---

4. Le terme pâte à dents est à éviter car il s'agit d'un anglicisme (*toothpaste*).

est important de rappeler souvent aux enfants de ne pas l'avaler. Le dentifrice contient diverses substances telles que des détergents, des abrasifs, des agents liants, des colorants, des agents de conservation et du fluor qu'il est préférable de ne pas ingérer. L'éducatrice doit souvent faire des rappels : « Le dentifrice est fait pour te laver les dents et non pour être mangé. C'est comme le savon que tu prends pour nettoyer tes mains ; ça ne va pas dans ton ventre. » On demande aux enfants de cracher le dentifrice dans le lavabo pour ensuite se rincer la bouche à l'eau. On fait en sorte que les enfants qui refusent le dentifrice ou qui n'arrivent pas à cracher le dentifrice se brossent les dents seulement avec de l'eau, ce qui est nettement mieux que de ne pas les laver du tout. On conseille de rincer sous l'eau la brosse à dents après chaque nettoyage pour éviter le dépôt de dentifrice.

Bien qu'il n'y ait pas vraiment de consensus entre les spécialistes quant à la meilleure façon de se brosser les dents, il existe cependant des principes incontournables concernant cette technique. Pour les enfants de 2 et 3 ans, il convient de limiter à deux ou trois le nombre de consignes pour ne pas les décourager. On recommande de leur faire prendre la brosse par le manche en évitant de toucher aux soies avec leurs mains pour ne pas les contaminer.

L'éducatrice peut proposer aux enfants un jeu simple pour brosser leurs dents, par exemple, jouer à caresser ou à chatouiller chacune des dents à l'aide de leur brosse à dents « magique » tout en gardant la bouche ouverte. Il est essentiel de faire du brossage des enfants un moment d'apprentissage qui se déroule dans la bonne humeur.

La dextérité manuelle des enfants et leurs capacités de visualiser l'intérieur de leur bouche ne leur permettent généralement pas d'effectuer un brossage de dents totalement efficace avant l'âge de six ans. Les éducatrices et les parents doivent donc terminer le travail pour s'assurer que les dents sont bien lavées. Il est recommandé de le faire en se plaçant derrière l'enfant, ce qui l'aide à apprendre les bonnes techniques. Une fois que l'enfant est devenu assez habile avec la brosse à dents, il est bon que les parents commencent à la maison à lui montrer la technique de soie dentaire pour nettoyer quotidiennement, de préférence lors du brossage du soir, les endroits non atteignables avec la brosse à dents. En plus d'un brossage quotidien, l'hygiène buccodentaire nécessite des visites régulières chez le dentiste, idéalement deux fois par année.

L'éducatrice peut enseigner quelques gestes techniques plus précis aux enfants d'âge préscolaire. Elle leur montre à se brosser les dents en gardant la bouche ouverte et avec un petit mouvement circulaire fait en douceur, et ce, pour chaque surface externe et interne de chacune des dents. Débuter par une extrémité de la rangée d'en haut et procéder de la même façon d'une fois à l'autre. S'exercer à faire de petits cercles avec la brosse à dents est plus difficile qu'il n'y paraît. Patience! L'opération complète du brossage des dents requiert à peu près deux minutes par enfant.

Les enfants aimant beaucoup reprendre les actions des adultes, il est bon de donner l'exemple en se brossant soi-même les dents devant eux. C'est un bon moyen de les entraîner à prendre de bonnes habitudes d'hygiène buccodentaire.

E. Astuces et petits jeux

- Mettre un miroir incassable à la disposition des enfants pour qu'ils puissent se voir en train de se brosser les dents.

- Demander à l'enfant de montrer les dents comme un tigre ou un léopard afin de bien brosser les dents d'en avant.

- Utiliser une marionnette en guise de mascotte pour faire la promotion et la vérification du brossage des dents. Lui donner un nom évocateur et lui prêter une voix amusante pour en faire un compagnon fidèle lors de cette routine.

- Jouer ou faire jouer le rôle du dentiste et de l'hygiéniste dentaire qui examine les dents brossées.

- Mettre à la disposition des enfants des petits carnets ou des calendriers dans lesquels ils peuvent dessiner une dent souriante une fois le brossage des dents complété.

- Organiser une visite chez une hygiéniste dentaire ou en inviter une au service éducatif. Les CLSC et l'Ordre des hygiénistes dentaires du Québec[5] offrent gratuitement des services d'animation. Les collèges qui offrent le programme de Techniques d'hygiène dentaire organisent également ce type de visite.

- Utiliser un outil visuel original comme une grosse brosse à dents en carton pour rappeler aux enfants qu'il est temps de procéder à la tâche.

- Présenter un conte pour sensibiliser les enfants à l'importance de bien se brosser les dents.

---

5. Ordre des hygiénistes dentaires du Québec, 1155, rue University bureau 1212, Montréal QC H3B 3A7 Tél.: (514) 284-7639. Courriel: info@ohdq.com Site [En ligne] [www.ohdq.com].

F. Comptines et chansons

1
Savez-vous brosser vos dents?

Air traditionnel : Savez-vous planter des choux?

Savez-vous brosser vos dents?
À la mode, à la mode
Savez-vous brosser vos dents?
À la mode des savants.

On les brosse de haut en bas
À la mode, à la mode
On les brosse de haut en bas
À la mode des savants.

Autre version :

Savez-vous brosser vos dents?
Pour qu'elles brillent, pour qu'elles brillent
Savez-vous brosser vos dents?
Pour qu'elles brillent plus longtemps.

2
Brosse bien tes dents

(Se trouve sur le CD)
Paroles : Nicole Malenfant
Musique : Michel Bonin

Papa me dit : « Brosse-bien tes dents »
Maman me dit : « Brosse-bien tes dents »
Grand-père me dit : « Brosse-bien tes dents »
Grand-mère me dit : « Brosse-bien tes dents »
La dentiste me dit : « Brosse-bien tes dents »
L'hygiéniste me dit : « Brosse-bien tes dents »
Mon chien me dit : « Wouf! Wouf! Wouf! Wouf! »

Alors je brosse, brosse, brosse, brosse
Brosse mes dents, puis tout le monde est content :
papa, maman, grand-père, grand-maman
La dentiste, l'hygiéniste, mon chien qui fait wouf, wouf
Et surtout mes vingt dents au sourire éclatant.

3.3 LA ROUTINE DES TOILETTES

La majorité des enfants d'âge préscolaire sont capables d'aller aux toilettes seuls lorsqu'ils en ressentent le besoin. Ils savent reconnaître les signes qui traduisent leur besoin d'élimination. Il arrive qu'un enfant se retienne d'aller aux toilettes parce qu'il est trop absorbé par une activité ou par crainte de déranger le groupe en pleine activité. On le verra alors se trémousser, toucher ses organes génitaux, s'accroupir, s'isoler. Un rappel discret de la part de l'éducatrice lui permettra de se rendre aux toilettes avant de poursuivre son occupation : « Je crois que si tu vas aux toilettes maintenant, tu te sentiras mieux pour continuer ton jeu. » Régulièrement, l'éducatrice demande à l'enfant s'il doit aller aux toilettes en se basant sur ses observations : « As-tu besoin d'aller aux toilettes ? »

Pour les débutants, une supervision plus étroite sera sans doute nécessaire pour cette activité de routine. Il est souhaitable d'habituer l'enfant de 2 et 3 ans à une certaine régularité qui lui apporte des repères temporels importants à cet âge : aller aux toilettes avant d'aller dehors, avant de s'installer pour la sieste, avant le long trajet de retour à la maison. L'éducatrice aura pour tâche de lui apprendre à ne pas enlever tous ses vêtements lorsqu'il va sur le pot d'entraînement ou sur le siège de toilette.

A. L'utilisation des installations sanitaires

À elles seules, des toilettes adaptées à la taille des enfants de 2 à 6 ans, c'est-à-dire plus basses et plus petites, facilitent la tâche d'aller aux toilettes, à défaut de quoi une marche de 15 à 20 cm et des sièges adaptables seront nécessaires pour adapter les cabinets de taille adulte. Le confort, une stabilité à toute épreuve et la facilité d'entretien priment dans les critères de choix pour effectuer l'achat de petits pots, de sièges d'appoint ou de cabinets de toilette en services éducatifs. Il est judicieux de prévoir une salle de toilettes réservée aux éducatrices et idéalement située à proximité du local principal.

À l'exception des SGMS, les services éducatifs utilisent généralement les mêmes toilettes pour les garçons et pour les filles. Avant l'âge de six ans, les toilettes mixtes permettent aux petits d'apprendre à considérer comme normales les différences sexuelles (Hendrick, 1993). Quant aux toilettes ouvertes, elles offrent la possibilité de satisfaire une certaine curiosité. Il existe aussi des installations sanitaires sans porte avec seulement des cloisons latérales, mais elles ne conviennent pas à tous les enfants. Il faut savoir que ces toilettes ouvertes ou semi-ouvertes peuvent poser des problèmes aux enfants qui ressentent un besoin légitime d'intimité. En effet, en raison de principes religieux, de tempéraments ou d'habitudes différentes à la maison, des enfants seront très mal à l'aise d'utiliser la toilette décloisonnée. On n'a qu'à se référer à nous, adultes, pour constater le malaise que provoquerait le fait d'aller aux toilettes sans pouvoir fermer la porte.

> Un enfant devrait toujours pouvoir choisir entre une toilette fermée ou ouverte sans avoir à se justifier pour autant. L'éducatrice demeure toutefois disponible pour aider l'enfant à s'essuyer ou à remonter son pantalon, au besoin.

Quand les installations sanitaires sont situées à l'extérieur du local, il importe que les enfants prennent l'habitude d'avertir leur éducatrice s'ils se rendent seuls aux toilettes. Un système de contrôle peut permettre aux enfants de signaler leur sortie et leur retour. On peut utiliser des cartons et deux pochettes ou crochets fixés au mur du local et accessibles aux enfants, l'un destiné aux garçons et l'autre aux filles. Ainsi, l'enfant désireux de se rendre aux toilettes prend le carton correspondant à son sexe et se rend aux toilettes (voir figure 3.1). À son retour, il remet le carton à sa place, ce qui permettra alors à un autre enfant de l'utiliser. On peut accrocher une épingle à linge sur un vêtement de l'enfant qui veut se rendre aux toilettes ou mettre à son cou un collier d'identification. De cette façon, il n'y a jamais plus d'un enfant à la fois à la même salle de toilettes, ce qui permet d'éviter le flânage et les accro-

Figure 3.1   Système de gestion de l'utilisation des toilettes situées à l'extérieur de la pièce

chages entre enfants. L'éducatrice sait aussi lorsqu'il y a quelqu'un aux toilettes et assure ainsi une meilleure supervision.

Ce système sert de passeport de circulation dans le service éducatif qui se révèle fort utile pour contrôler les allées et venues des enfants lorsqu'ils vont aux toilettes. L'éducatrice veillera à le rapatrier entre chaque usage. Enfin, divers procédés doivent être appliqués pour éviter que les enfants aient à se placer en ligne et à patienter pour aller aux toilettes. Lors de situations exceptionnelles où les enfants ont à attendre leur tour pour aller aux toilettes, des jeux simples et amusants les aideront à patienter. Cela permettra de limiter la montée des tensions générées par le rassemblement et l'inactivité. À cette fin, nous suggérons plusieurs idées au chapitre 11 où nous traitons des attentes inévitables.

L'accès facile à une toilette à partir de la cour extérieure constitue un autre facteur facilitant la routine des toilettes. Il y a aussi le port de vêtements pratiques avec un élastique à la taille, en tissu extensible, sans boutonnage laborieux ou ceinture, qui rend la tâche plus facile. L'éducatrice verra à sensibiliser les parents en ce sens en temps opportun.

Au lieu de se pencher pour aider un enfant à s'essuyer ou à remonter son pantalon aux toilettes, l'éducatrice ménagera son dos en s'assoyant tout près sur un petit banc laissé à sa disposition. Le dos demeure ainsi bien droit et aucun effort n'est requis pour maintenir son équilibre comme dans la position accroupie.

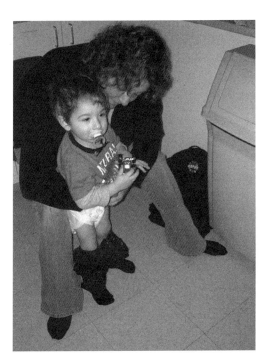

« En vieillissant, je me sens plus à l'aise de me faire changer la couche à l'abri des autres enfants. »

B. Le changement de couche

Lorsque les couches ne contiennent que de l'urine et que les enfants qui en portent encore se tiennent bien à la verticale, il est plus facile de faire le changement de couche des petits de 2 et 3 ans en leur demandant de rester debout. Cette procédure réduit les maux de dos des éducatrices puisqu'elles n'auront pas à soulever les enfants vers la table à langer et qu'elles pourront effectuer la tâche assise sur une chaise ou sur un petit banc adapté à la taille adulte. De plus, la routine s'en trouve écourtée. En tout temps, il faut savoir préserver le besoin d'intimité de l'enfant en évitant de changer sa couche à la vue de tous.

Pour les enfants en mesure de monter les marches, un marchepied évite les soulèvements par l'éducatrice et offre à l'enfant une occasion d'exercer sa motricité globale et son autonomie.

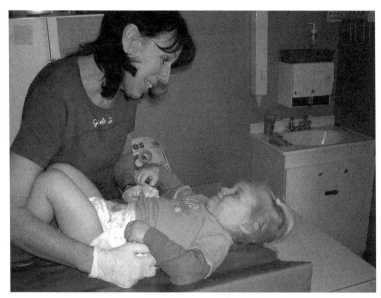

« J'aime le changement de couche car mon éducatrice prend le temps de me parler et de faire une petite chanson. »

Pour effectuer le changement de couche de manière efficace, il est très utile d'avoir à portée de la main tout le matériel nécessaire. Les effets personnels de l'enfant peuvent être rassemblés dans un petit panier que l'éducatrice place près d'elle avant de procéder au changement de couche. Ces précautions facilitent la tâche.

Avec une table à langer qui fait face au groupe, l'éducatrice effectue le changement de couche en se tenant droite. De cette façon, elle a une vue d'ensemble sur le groupe et réduit les torsions qui auraient lieu en cas de mouvements qu'elles devraient faire pour voir ce qui se passerait derrière elle. Quant au changement de couche effectué au sol, celui-ci n'est pas l'idéal. Les mouvements contraignants qu'il exige pour le dos représentent un risque de blessure et de douleur à moyen et à long terme.

Le lavage des mains de l'enfant et de l'éducatrice, la désinfection de la table à langer, le port de gants de protection en présence de blessures aux mains, de diarrhées, demeurent des précautions essentielles pour réduire la propagation des microbes qui se trouve accrue par le port de couches.

Le changement de couche demeure un moment privilégié pour établir un contact personnalisé et chaleureux avec l'enfant. L'éducatrice profite de cette routine pour parler à l'enfant, pour s'intéresser à lui, pour faire équipe avec lui.

C. L'apprentissage de la propreté

Quand l'enfant reste sec pendant de longues périodes durant le jour, quand il peut informer son entourage qu'il a fait pipi dans sa couche, qu'il fait ses selles à heures régulières, on peut commencer l'apprentissage à la propreté. Pour faciliter cet apprentissage, il faut le rendre agréable. Contrairement à la toilette d'adulte, un petit pot ou une toilette miniature (siège d'appoint sur la toilette ordinaire) convient davantage à la petite taille de l'enfant. Féliciter l'apprenti, établir une routine, éviter de longues séances sur le petit pot, faire participer l'enfant (baisser son pantalon, verser le contenu dans la toilette et actionner la chasse d'eau) constituent des conditions propices de réussite.

Il arrive qu'un enfant s'échappe dans sa culotte même en dehors de la période normale d'apprentissage de la propreté. Il ne faut surtout pas le réprimander ou l'humilier par des paroles ou des silences qui empireraient le malaise déjà grand de l'enfant. L'éducatrice doit le consoler immédiatement et l'aider à se changer sans délai, sans toutefois lui accorder trop d'attention au risque de le voir tenté de recommencer une prochaine fois. Si la situation se répète plusieurs fois sans raison apparente, l'éducatrice devra en discuter calmement avec les parents. Des vêtements de rechange (bas, sous-vêtements, pantalon) venant de la maison remplaceront les vêtements souillés. L'éducatrice dépose les vêtements dans un sac en plastique qu'elle referme bien et le remet aux parents en fin de journée. Il est pratique d'avoir à portée de la main des vêtements appartenant au service éducatif qui serviront à dépanner un enfant qui n'aurait pas ses propres vêtements de rechange. On conseille de prendre la précaution d'étiqueter ces vêtements au nom du service éducatif pour s'assurer qu'ils reviennent à la garderie.

> Puisque que le souci du bien-être physique des enfants et l'apprentissage progressif de leur autonomie se trouvent au centre des préoccupations de l'éducatrice démocratique, cette dernière verra à effectuer l'apprentissage de la propreté et l'utilisation des toilettes en respectant leur développement global et en se concertant avec les parents.

D. L'hygiène et les autres tâches

Se laver les mains après être allés aux toilettes est loin d'être un réflexe acquis pour des enfants de moins de huit ans, et même pour des adultes. Les enfants développent de bonnes habitudes d'hygiène en observant les autres et en se faisant rappeler fréquemment la marche à suivre. L'éducatrice doit les sensibiliser en recourant à divers moyens qui incluent la répétition des mêmes consignes et la supervision du lavage des mains. Utiliser le papier hygiénique de la bonne manière et sans en gaspiller, s'essuyer d'avant en arrière pour les filles, relever le siège pour les garçons qui urinent debout et puis l'abaisser, tirer la chasse d'eau, se laver les mains, demeurent des gestes très routiniers, mais qui seront nécessaires toute la vie durant.

À 3 ans, l'enfant peut aller seul aux toilettes. Il a toutefois besoin d'aide pour s'essuyer tant après une selle qu'un pipi. À 4 ans, il pourra s'essuyer seul après un pipi alors que ce n'est que vers l'âge de 5 ans qu'il pourra le faire en tout temps.

La désinfection des cabinets de toilettes est à faire adéquatement tous les jours et celle des pots d'entraînement et de la table à langer, après chaque utilisation. L'entretien d'une salle de toilettes ayant un plancher qui se lave bien est beaucoup plus facile. Par ailleurs, on recommande que la pièce bénéficie d'une aération et d'un éclairage appropriés ainsi que d'un décor invitant. La routine des toilettes doit être une activité bien organisée et supervisée avec une grande attention.

E. Les bons mots aux bons moments

Malgré la connotation grossière que les adultes portent habituellement aux termes «pipi» et «caca», le tout-petit a besoin qu'on utilise des mots simples pour traduire son besoin d'éliminer. Aller à la selle, faire ses besoins, uriner restent des expressions étrangères pour lui. Les mots familiers «pipi» et «caca» ont leur raison d'être lorsqu'ils sont utilisés pour la bonne raison et au bon moment: «As-tu envie de pipi?» peut demander une éducatrice à un enfant avant le début des jeux d'eau. L'enfant d'âge préscolaire qui commence à avoir plus de pudeur préférera tout simplement dire qu'il veut aller aux toilettes. Cependant, à divers moments de la journée, il s'amusera à jouer avec les mots pipi, caca, pet, fesses pour une raison différente de celle des tout-petits. Il sait que c'est une façon de faire réagir son entourage. Si l'usage des mots scatologiques devient problématique, l'éducatrice peut lui demander de réserver ces termes seulement lorsqu'il se trouve aux toilettes.

L'enfant d'âge scolaire sera généralement plus à l'aise d'entendre et d'utiliser des termes proches de ceux qui sont utilisés en médecine pour qualifier ses besoins de base, par exemple, aller à la selle, uriner, avoir la diarrhée: «J'ai mal au ventre. J'ai eu la diarrhée ce matin à la maison.»

3.4 LE MOUCHAGE

En services éducatifs et principalement en ce qui concerne les enfants âgés de moins de 6 ans, le mouchage est un geste qui se répète plusieurs fois dans une même journée à certaines périodes de l'année. Que ce soit lors des nombreux rhumes, otites ou sinusites se succédant d'octobre à juin, ou en période d'allergies saisonnières (rhume des foins,

Apprendre à se moucher fait partie des habiletés qui se développent durant la petite enfance. Ce n'est que vers cinq ans, que l'enfant le fera bien et sans aide.

réactions au pollen ou aux graminées) qui s'échelonne du printemps jusqu'à tard dans l'été, la pratique du mouchage revient régulièrement dans une journée.

Chaque fois qu'un enfant éternue ou que son nez coule, il y a risque de transmission d'une infection par les sécrétions nasales. Celles-ci peuvent contenir des virus dont on doit circonscrire la propagation en utilisant des mesures d'hygiène appropriées. L'éternuement dans les mains encore bien ancrée dans nos habitudes, l'écoulement nasal ou le contact des doigts avec du mucus favorisent la multiplication rapide des microbes dans les 30 à 60 minutes suivantes. Pour éviter le contact des mains avec les microbes lorsqu'on éternue ou pour éviter la propagation des gouttelettes, on éternue dans le pli d'un coude, idéalement là où il y a un tissu, et on incite les enfants à le faire.

Il est nécessaire de désencombrer le nez de l'enfant afin qu'il puisse respirer normalement, dormir et manger avec le plus d'aisance possible. Dans bien des cas, les enfants ont besoin qu'on leur montre à se moucher et à bien le faire. On doit aussi leur enseigner à éternuer sans papier mouchoir lorsqu'ils ne peuvent en utiliser un, comme le faire dans le pli du coude. En services éducatifs, c'est à l'éducatrice que revient la tâche d'enseigner aux enfants les règles d'hygiène concernant le mouchage. Comme la santé des enfants concerne plus d'une seule personne, il est indispensable de faire un suivi avec les autres membres du personnel concernés et avec les parents.

A. Les moments propices pour se moucher

À partir de 2 ans et demi, l'enfant est généralement en mesure d'apprendre à se moucher, de commencer à savoir comment et quand le faire. Ce n'est que vers 4 ans qu'il fera le mouchage assez bien alors que, vers 5 ou 6 ans, il pourra réussir à le faire efficacement.

Dans l'art de se moucher, il existe des pratiques simples à enseigner aux enfants et à appliquer soi-même. L'utilité du mouchage vaut dans les situations suivantes :

— lorsqu'on éternue ;

— pour vidanger le nez qui coule de manière évidente ;

— pour vider le nez qui semble contenir des sécrétions moins apparentes, par exemple, lorsqu'on renifle plusieurs fois de suite ;

— pour se soulager lorsque le besoin se fait sentir ;

— pour nettoyer les narines qui semblent contenir des déchets tels que des poussières et des sécrétions séchées.

B. Le matériel et l'équipement

Pour leur côté pratique et hygiénique, on préférera les papiers mouchoirs aux mouchoirs en tissu. Évidemment, il ne faut pas utiliser le même papier plus d'une fois ou pour un autre enfant. On doit placer une boîte de papiers mouchoirs et une poubelle à proximité dans chacune des pièces du service éducatif y compris au vestiaire sans oublier la cour extérieure, et ce, en toutes saisons. Il est nécessaire d'apporter des papiers mouchoirs lors des sorties au parc et des déplacements. Prévoir un sac pour les jeter.

L'éducatrice doit amener les enfants à se moucher de manière autonome. Par conséquent, ils devraient avoir accès facilement et au besoin à la boîte de papiers mouchoirs. Il arrive fréquemment qu'on demande aux parents de fournir une boîte de papiers mouchoirs à leur enfant. Évidemment, il ne s'agit pas d'en étaler huit, dix ou vingt dans l'environnement, mais plutôt d'en sortir une à la fois et, une fois qu'elle est vide, de la remplacer par une autre. On évite la perte de la boîte de papiers mouchoirs en la fixant au mur ou sur un bout de comptoir.

Par souci d'écologie, on recommande l'usage de papiers mouchoirs fabriqués à partir de fibres recyclées.

Il importe de disposer d'une poubelle à couvercle, de préférence à pédale, protégée à l'intérieur par un sac de plastique. Chaque local ou lieu fréquenté par les enfants dispose d'une poubelle dont on fait la vidange et la désinfection tous les jours.

Si l'enfant ou l'éducatrice n'a d'autre choix que de toucher à l'ouverture de la poubelle pour y déposer son mouchoir en papier souillé, il est certain qu'il y aura contamination. Cela peut être évité avec une poubelle à pédale.

C. Les techniques du mouchage

À partir de l'âge de 3 ans environ, l'enfant est en mesure d'apprendre à se moucher. Lorsque leur nez coule, les enfants ont tendance à renifler ou à s'essuyer le nez avec leurs mains ou leur avant-bras. La première habileté à exercer est l'expiration par le nez, la bouche fermée. Pour apprendre à le faire, on peut proposer de petits jeux comme souffler sur des plumes posées sur une table tout en couvrant sa bouche d'une main. La technique du mouchage consiste à couvrir le nez et les narines avec les deux mains placées de chaque côté, et ce, avec un ou deux papiers mouchoirs assez grands et suffisamment épais pour que les doigts n'entrent pas directement en contact avec le mucus. Ensuite, il s'agit de souffler doucement, une narine à la fois, en bloquant l'autre avec les doigts de l'autre main. En procédant ainsi, on évite de faire entrer les sécrétions nasales dans les trompes d'Eustache, ce qui diminue les risques d'infection de l'oreille moyenne (Larose, 2009). Finalement, on jette le papier mouchoir à la poubelle et on se lave les mains à l'eau courante et savonneuse.

L'enfant de 2 ans tente de se moucher sans toutefois comprendre qu'il doit souffler par le nez. Il s'essuie le nez plus qu'il ne se mouche. À partir de 4 ans, il arrive seul à tenir son mouchoir, à souffler et à nettoyer son nez. La technique complète du mouchage requiert plusieurs habiletés (dextérité manuelle, organisation temporelle, tonus respiratoire) dont la mise en place peut s'étaler jusqu'à l'âge de 5-6 ans.

> Le mouchoir en papier ne constitue pas une barrière efficace entre les sécrétions nasales et les mains. C'est pourquoi il est nécessaire de se laver les mains après le mouchage afin de minimiser les risques de contamination par les microbes.

Porter les doigts à son nez même avec un papier mouchoir favorise le risque de blessures aux narines, d'où l'importance de garder les ongles courts, précaution qui contribue également à diminuer la quantité de germes sous les ongles.

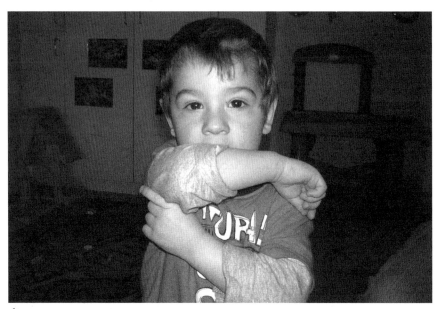

Éternuer dans le pli du coude diminue la propagation des microbes par les mains. L'éducatrice montre à l'enfant cette technique de prévention de maladies.

L'éternuement est un réflexe visant à dégager les voies respiratoires de sécrétions qui survient le plus souvent de manière soudaine, de sorte qu'on n'a pas le temps de prendre un papier mouchoir. Pour diminuer les risques de contamination des mains et la propagation des microbes, on suggère d'enseigner aux enfants à éternuer dans le pli du coude de préférence recouvert d'un vêtement. Certains enfants ont la mauvaise habitude d'essuyer régulièrement leur nez qui coule avec leur avant-bras ou l'intérieur de leur coude. Il faut leur rappeler d'utiliser le papier mouchoir en leur expliquant que c'est la façon la plus hygiénique de se moucher.

D. Petit jeu pour s'exercer à se moucher

Voici un jeu qui permettra aux débutants de s'exercer à bien se moucher.

> Dessiner un drôle de petit fantôme sur un mouchoir de papier. Demander à l'enfant de chasser le fantôme, d'abord en soufflant sur celui-ci avec la bouche ouverte puis avec la bouche fermée. Ensuite, mettre le papier en avant de son nez et tenter de faire bouger le fantôme en soufflant dessus seulement par les narines. Finalement, souffler sur le fantôme directement dans le mouchoir, avec une narine à la fois et en bouchant l'autre.

E. Comptines et chansons

1
Le lapin Dunécoquin

Air traditionnel : On va t'y n'avoir du plaisir

Je suis le p'tit lapin   (s'approcher de l'enfant en simulant un lapin avec un papier mouchoir)

Lapin Dunécoquin
Je m'en viens moucher le nez de…   (prénom de l'enfant que l'on mouche)

Je mouche, je mouche,
Je mouche, je mouche,
Je mouche le nez de…   (prénom de l'enfant)

2
Va moucher ton petit nez

Air traditionnel : Marie avait un mouton

Va moucher ton petit nez, ton petit nez, ton petit nez.
Va moucher ton petit nez pour mieux respirer.

3
Les microbes à mes trousses

(Se trouve sur le CD)
Comptine de Nicole Malenfant

1) Les microbes sont à mes trousses
   Quand je tousse ou je me mouche.
   Ils sont là qui éclaboussent
   Quand je tousse ou je me mouche.

2) C'est un mouchoir en papier
   Qu'il me faut pour capturer
   Les microbes dans mon nez
   Qui me font éternuer.

3) Ils ont certainement la frousse
   Ces microbes qui éclaboussent
   Une fois emprisonnés
   Dans mon mouchoir en papier.

4) Quelques-uns se sont sauvés
   Pour aller vite se cacher.
   Je vais m'en débarrasser :
   Mes mains, je vais laver.
   Les microbes ne sont plus à mes trousses…

Chapitre 4

Les collations et les repas

CONTENU DU CHAPITRE

4.1	Une alimentation saine	131
4.2	Les comportements des enfants concernant l'alimentation	134
4.3	L'organisation des tâches et du temps	137
4.4	L'organisation physique et matérielle	144
4.5	La présence bienveillante de l'éducatrice	152
4.6	L'âge «critique» de 2 ans	154
4.7	Le peu d'appétit de l'enfant et le refus de manger	157
	A. Comportements associés au tempérament de l'enfant	158
	B. Comportements associés à l'âge de l'enfant	159
	C. L'art de bien observer les enfants	159
	D. Quelques stratégies utiles	162
	E. Les préférences alimentaires	168
	F. Les situations temporaires	169
4.8	Les habitudes alimentaires de la famille	169
4.9	L'excès alimentaire	170
4.10	La boîte à lunch en SGMS	173
4.11	Les bonnes manières à table	175
4.12	Les allergies et les intolérances alimentaires	178
4.13	Les risques d'étouffement ou d'infection respiratoire	181
4.14	L'éducation à l'alimentation	184
	A. Faire participer l'enfant à son alimentation	184
	B. La conscience alimentaire	186
	C. Les activités éducatives	187
4.15	Jeux et astuces avant, pendant ou après les collations ou les repas	193
	1) Objectif: créer le calme avant de manger, canaliser l'attention des enfants	193
	2) Objectif: marquer le début de la collation ou du repas	194
	3) Objectif: amener les enfants à identifier et à reconnaître des aliments	195
	4) Objectif: apporter une touche ludique	195
4.16	Comptines et chansons	196

S'alimenter fait partie des besoins de base de tous les enfants auxquels les services éducatifs répondent en bonne partie par une nourriture saine et appétissante. Manger n'est pas qu'une nécessité pour leur croissance ; c'est aussi une source de plaisir et de bien-être, une activité sensorielle, sociale et émotionnelle qui offre également une occasion propice d'apprentissage. L'éducatrice conscientisée à la pédagogie démocratique considère les collations et les repas comme des activités à part entière où les enfants prennent une place importante. C'est pourquoi elle prend soin de planifier ces activités et de les organiser au mieux, tout comme elle le fait pour les autres moments de la journée de telle manière qu'ils soient associés à une expérience agréable.

L'éducation à l'alimentation débute dès le jeune âge alors que l'enfant commence à vivre différentes expériences et à apprendre par l'exemple. Un enfant qui fréquente un service éducatif à temps plein est appelé à y prendre près de la moitié de sa nourriture quotidienne et davantage s'il y déjeune, d'où l'importance de veiller à la qualité de ce qu'il mange et boit et de faire en sorte qu'il entretienne un rapport sain avec la nourriture.

4.1 UNE ALIMENTATION SAINE

Plus que jamais, les spécialistes de la nutrition et même la population en général reconnaissent l'importance d'une saine nutrition pour contribuer au maintien d'une bonne santé. Par contre, le mode de vie des Nord-Américains révèle un écart important entre le discours et la réalité. Alors que le tiers des habitants de la planète souffrent de malnutrition en raison d'une pénurie d'eau et de denrées alimentaires, une autre partie tout aussi considérable, dont nous sommes, est aux prises avec une déficience alimentaire non par manque de nourriture ou d'aliments nutritifs, mais par une consommation d'aliments riches en graisses et en sucres mais pauvres en nutriments. Associé à un manque d'exercices physiques, cet excès engendre un risque élevé d'obésité. Il est déplorable de constater l'accroissement du taux d'obésité au Québec

([En ligne] [www.publications.msss.gouv.qc.ca], 2010, p. 8). En 1994, 11 % des adultes étaient obèses alors que ce pourcentage avoisinait les 17 % en 2009. Cet état de fait entraîne de nombreux troubles de santé : diabète, maladies cardiovasculaires, hypertension, troubles musculo-squelettiques, fatigue chronique, affaiblissement du système immunitaire et certains types de cancer.

> L'excès de poids et l'obésité infantile constituent l'un des plus grands enjeux pour la santé publique au XXIe siècle (Organisation mondiale de la Santé) dont la prévalence s'est accrue de manière alarmante. Les enfants en surpoids et obèses risquent de rester dans cette même condition une fois arrivés à l'âge adulte et de connaître des problèmes de santé à un âge plus précoce. Tout cela sans compter l'incidence sur le plan de l'estime de soi et celui des relations sociales. En matière de prévention, les services éducatifs ont un rôle crucial à jouer en permettant aux enfants de grandir dans un environnement alimentaire sain. Ce sont des milieux de vie qui influencent aussi l'acquisition de bonnes habitudes en matière d'activité physique.

Le contenu nutritionnel des aliments ingérés (vitamines, minéraux, acides gras essentiels, fibres, protéines) permet d'induire d'une manière efficace les mécanismes métaboliques qui contribuent au maintien d'une bonne santé. De plus, une alimentation équilibrée augmente les capacités d'attention et d'apprentissage des enfants et s'inscrit inévitablement dans une approche de santé globale. Ainsi, les adultes nourriciers devraient offrir aux enfants des aliments nutritifs et privilégier la fraîcheur et la variété, la diversité des groupes alimentaires et la réduction des calories vides en éliminant les boissons édulcorées aux fruits, les biscuits commerciaux très sucrés, les craquelins faits à partir de gras saturés ainsi que les additifs chimiques.

> Tout comme pour les autres aliments, les desserts que l'on offre aux enfants devraient être à la fois savoureux et nutritifs. Il faut éviter l'association dessert-récompense où l'enfant aurait droit à son dessert après s'être plié aux exigences de l'adulte. Certains services éducatifs remplacent le mot dessert par le terme « complément », pour signifier que celui-ci ne constitue pas le cœur au repas mais ne fait que le compléter.

De plus en plus de SGMS exigent que les parents et les traiteurs fournissent des collations et des repas nutritifs et éliminent des aliments camelotes : tablettes de chocolat, croustilles, desserts sucrés, boissons gazeuses. On peut fournir aux parents en quête d'idées une liste d'aliments recommandés pour garnir la boîte à lunch de leur enfant.

Puisque boire est aussi important que manger pour la santé des enfants, il faut leur offrir de l'eau régulièrement même s'ils n'en font pas la demande. Par temps chaud, l'éducatrice doit le faire plus souvent. Lors

Après une activité de grande dépense d'énergie, les enfants ont besoin de boire de l'eau. Il faut leur en offrir avant qu'ils ne se déshydratent.

d'une sortie au parc, elle apporte de l'eau et des petits gobelets jetables pour permettre aux enfants de bien s'hydrater. Lorsque la soif se fait sentir, il y a longtemps que l'organisme est en manque de liquide. Il ne faut surtout pas attendre que les enfants manifestent leur envie de boire pour leur offrir de l'eau, idéalement à divers moments de la journée.

> Comme le recommande le *Guide alimentaire canadien*, les collations et les repas doivent contenir des produits céréaliers, des fruits et des légumes, des produits laitiers ainsi que de la viande ou un substitut et les portions suggérées doivent être adaptées aux groupes d'âge. Les cuisiniers et cuisinières de même que les traiteurs en services éducatifs doivent s'inspirer du *Guide* pour planifier leur menu, comme le demande la réglementation.

Il est tout à fait possible de consommer des mets santé à prix abordables, savoureux et bons tant pour la santé du corps que pour celle de l'esprit et qui ne nécessitent pas une longue préparation. Il existe de nombreux ouvrages diététiques et des sites Internet fort intéressants pouvant aider à préparer et à présenter les collations et les repas en services éducatifs. Les bibliothèques, les librairies et les centres de documentation des associations vouées à l'éducation à l'enfance en offrent plusieurs.

4.2 LES COMPORTEMENTS DES ENFANTS CONCERNANT L'ALIMENTATION

Non seulement les premières années de vie sont-elles déterminantes pour le développement des enfants, mais elles jouent également un rôle considérable dans l'acquisition des habitudes et des connaissances alimentaires. Ce sont des années cruciales dans la relation qu'établit l'enfant avec la nourriture. Les intervenants concernés – éducatrices, parents, cuisinières, responsables de la gestion, membres du conseil d'établissement ou du conseil d'administration – ont intérêt à se concerter pour prendre les meilleures décisions qui soient en matière d'alimentation. Ces décisions ont une incidence sur le développement de l'enfant, plus particulièrement sur sa capacité d'attention et de concentration.

En comprenant mieux les caractéristiques des enfants en matière de nutrition, les éducatrices est davantage en mesure de les accompagner dans cet apprentissage des plus crucial. Même si les jeunes enfants affichent des différences individuelles en matière d'alimentation, il existe des points communs dans leur comportement alimentaire. L'encadré 4.1 en présente quelques-uns.

Encadré 4.1 Caractéristiques communes des jeunes enfants en matière de nutrition

- Le fait de prendre les collations et les repas à heures régulières et prévisibles sécurise les enfants et non seulement ceux en bas âge.
- Les enfants ne mangent pas tous à la même vitesse. Il convient donc de prévoir une certaine flexibilité à l'horaire.
- C'est bien connu, le sucre est généralement la saveur préférée des enfants. Des études font valoir que cette préférence serait génétique.
- Les enfants préfèrent les saveurs légères, salées et sucrées alors qu'ils ont, en général, une aversion pour les aliments amers, trop assaisonnés ou relevés à moins qu'ils n'y aient été habitués dès leur tendre enfance, comme c'est le cas d'enfants issus de certains groupes ethniques.
- Les enfants ont un penchant pour le pain, les fruits, la viande, le beurre et un certain dégoût pour les légumes verts. Il existe cependant des manières de les amener à y goûter.
- L'estomac des petits étant petit, ils préfèrent ingurgiter de petites quantités de nourriture à la fois jusqu'à cinq ou six reprises par jour, d'où l'importance de leur offrir quotidiennement trois repas ainsi que deux à trois collations.
- Après l'âge d'un an environ, les enfants aiment pouvoir reconnaître les aliments qu'on leur présente. Il vaut mieux leur présenter de petites portions séparées et non mélangées en « bouillie »,

couper les aliments en petits morceaux et non les écraser, ni les hacher ou les camoufler sous une montagne de ketchup ou de sauce.
- Les enfants préfèrent les aliments tièdes aux aliments chauds ou froids.
- Ils ont une préférence pour les textures molles et tendres au début de leur vie et commencent à apprécier les consistances croustillantes et croquantes au fur et à mesure qu'ils grandissent.
- Les enfants sont attirés par des aliments faciles à manipuler : soupe dans une tasse, bâtonnets de type pain sec (souvent appelés *Grissol* au Québec) à tremper dans une tartinade au tofu, légumes coupés de telle façon qu'ils puissent être pris avec les doigts, cubes de fromage, fruits en morceaux, craquelins de blé entier, petites pièces de viande, croquettes de poulet maison, cubes de tofu, tranches de pain brun, biscuits à l'avoine, etc.
- Les enfants mangent d'abord avec les yeux, ils aiment bien les couleurs vives des aliments et leurs formes contrastantes, les napperons avec des dessins, la vaisselle attrayante, les verres avec des motifs. On choisira la nourriture de l'enfant en fonction de sa texture, de sa couleur, de sa forme et de sa valeur nutritive.
- À partir de 1 an et jusqu'à environ 5 ans, l'appétit des enfants peut fluctuer beaucoup selon leur dépense d'énergie, leur forme physique, leur rythme de croissance et leur niveau de fatigue. Cela se passe bien au-delà de leur propre volonté. Les enfants peuvent même passer d'un extrême à l'autre : dévorer ou refuser de manger à l'intérieur d'un court laps de temps, bouder un aliment alors qu'ils l'appréciaient auparavant. Le refus de manger et les caprices alimentaires atteignent un stade critique durant la petite enfance, autour de trois ans (Petit, 2008). Un enfant fatigué, émotionnellement instable ou malade aura généralement peu ou pas d'appétit. En plus de la courbe de croissance « en dents de scie » caractéristique de la petite enfance, cette période de la vie est marquée par le passage de plusieurs infections (otites, gastroentérites, rhumes, bronchites, etc.), l'administration

> de vaccins, sans compter la prise de certains médicaments tels que les antibiotiques, l'acétaminophène (Tempra, Tylénol), les broncodilatateurs (les pompes de type Ventolin) qui sont, la plupart du temps, des inhibiteurs d'appétit chez les enfants. Il ne faut pas trop s'inquiéter quand l'appétit d'un enfant varie d'un repas ou d'un jour à l'autre. L'appétit d'un enfant se mesure davantage sur une semaine entière.

4.3 L'ORGANISATION DES TÂCHES ET DU TEMPS

Ce n'est pas tout de voir à bien alimenter les enfants ; encore faut-il leur offrir un cadre apaisant pour faciliter la digestion. Les collations et les repas en services éducatifs devraient être des moments de répit agréables tant pour les adultes que pour les enfants. « Il faut se rappeler que manger représente l'un des merveilleux plaisirs de la vie. » (Petit, 2008) Par conséquent, les éducatrices ont un rôle capital à jouer pour valoriser ce plaisir dans la vie de groupe en accordant une importance particulière à la gestion du temps et des tâches concernant les activités de repas et de collations. L'encadré 4.2 fournit quelques conseils à cet égard et l'encadré 4.3 montre comment susciter la participation des enfants lors des collations et des repas.

Encadré 4.2   Gestion du temps et des tâches lors des collations et des repas

- Il est préférable que les enfants de moins de quatre ans prennent leur repas ni trop tôt ni trop tard, soit vers 11h30, après avoir passé du temps à l'extérieur. Les enfants d'âge préscolaire peuvent manger plus tard, aux alentours de 12 h, pour ensuite commencer la sieste, vers 13h15. Chaque service éducatif doit planifier l'horaire des activités de repas **en tenant compte avant tout des besoins des enfants**.
- Prévoir environ 40 minutes pour le repas du midi et du soir[1], 30 minutes pour le déjeuner et de 15 à 20 minutes pour chaque collation. Viser le juste milieu entre la course et le « flânage » à la table ; on recommande qu'il y ait une horloge dans le local, qui permet de bien gérer le temps. Certains SGMS limitent à 20-25 minutes le temps consacré au dîner afin de permettre aux nombreux groupes qui doivent se succéder dans le même local de manger chacun leur tour. C'est une situation déplorable qui va à l'encontre des valeurs de respect des enfants pourtant clamées dans les discours des gestionnaires. Qu'en est-il du bien-être de nos jeunes écoliers obligés d'avaler leur repas à toute vitesse ?
- Prévoir une collation plus soutenante en après-midi, par exemple, avec des protéines, pour permettre aux enfants de patienter jusqu'au souper.
- Idéalement, on devrait disposer de 15 minutes de jeu par rapport à l'horaire fixé pour commencer et finir la collation ou le repas, de manière à éviter de faire pression sur les enfants à cause du manque de temps. Le rythme de la vie des adultes souvent infernal n'a pas à être imposé aux enfants.

> Certains services éducatifs devraient faire une analyse sérieuse des interventions qui se font dans leur milieu à l'heure des collations et des repas afin d'adapter leur mode de fonctionnement aux besoins réels des enfants.

---

1. Dans les services éducatifs qui accueillent des enfants à diverses heures de la journée, ces derniers peuvent y prendre leur souper ou leur déjeuner. Certains SGMS offrent le déjeuner gratuitement par l'entremise d'organismes tels que le Club des petits déjeuners du Québec.

- Autant que possible, prévoir pour les enfants en SGMS une sortie à l'extérieur d'au moins quinze minutes après le repas pour leur permettre de rééquilibrer leur énergie avant le retour en classe.
- Aviser les jeunes enfants du moment de la collation ou du repas : « Après le jeu de ballon, ce sera l'heure de prendre la collation. » Les enfants d'âge scolaire qui apprennent rapidement l'enchaînement des activités sauront quand s'installer eux-mêmes à la table.
- **Rappelons que le risque de contamination est considérable lorsqu'on mange directement avec ses mains, comme on le fait généralement à la collation. Avant la manipulation de nourriture, il faut donc se laver les mains avec du savon liquide extrait d'une pompe distributrice et faire laver celles des enfants, à l'eau chaude et savonneuse sous le robinet.** De plus, l'éducatrice doit se laver les mains entre chaque manipulation d'aliments différents, par exemple, quand elle prépare des morceaux de clémentines après avoir coupé des cubes de fromage. Le port de bracelets, de bagues ou de longs ongles est à proscrire car des résidus d'aliments peuvent s'y loger. De plus, une éducatrice ayant des lésions cutanées sur les mains doit porter des gants protecteurs lors de la manipulation d'aliments.
- Enfiler un tablier ou un bavoir (une bavette) aux plus petits pour minimiser les saletés sur leurs vêtements, mesure d'autant plus indiquée lorsqu'il y a du macaroni aux tomates au menu. Choisir un bavoir ou une bavette facile à mettre et à retirer et facile à nettoyer.
- Désinfecter et bien rincer la table où mangent les enfants avant qu'ils y prennent place. Vaporiser le désinfectant sur le linge à nettoyer et non sur la surface de la table de manière à réduire la dispersion des gouttelettes dans l'air et sur les surfaces comme les chaises ou le plancher. Pour éviter d'avoir à trop se pencher, et risquer ainsi de faire des mouvements pouvant occasionner des problèmes de dos à long terme, l'éducatrice pose un genou sur une chaise avec une main en appui sur la table et nettoie la table, ou s'assoit pour le faire.

- Éviter de disposer la nourriture comme des morceaux de fruits ou des muffins directement sur la table qui vient d'être nettoyée. Les mettre dans une assiette, sur un papier brun ou un napperon propre.
- Limiter le temps d'attente avant, pendant et après la collation ou le repas pour minimiser les comportements dérangeants des enfants et tenir compte de la patience dont ils sont capables.
- Entre le lavage de mains au début de la collation ou du repas, mettre à la disposition des enfants des « jeux mains propres » qui sont des jeux ou des objets faciles à manipuler et à ranger (figurines, casse-têtes), que les enfants sont autorisés à utiliser seulement lorsque leurs mains ont été lavées.
- Réduire au minimum le délai entre la préparation, le service et la dégustation des aliments afin d'éviter la prolifération des bactéries ; rappelons que les aliments faciles à contaminer – ceux qui ne sont pas conservés ou manipulés correctement – ne doivent pas être gardés dans la zone de danger (entre 4 ºC et 60 ºC) pendant plus de deux heures.
- Les personnes assignées à la préparation des collations et des repas doivent accorder une attention particulière aux règles de cuisson et de conservation des aliments et voir adéquatement à la salubrité et à l'hygiène culinaire.
- Tenir compte de la sécurité des enfants (aliments allergènes pour certains enfants, risque d'étouffement et perforation de l'œsophage avec les crudités et certaines coupes d'aliments).
- Servir une petite quantité de nourriture dans les assiettes des enfants, quitte à les resservir ensuite. À partir de 1 an, commencer par offrir une cuillerée à table de chaque aliment par groupe d'âge. Par exemple pour les **2** ans, débuter par **2** cuillerées à table de poulet, **2** cuillerées de riz et **2** cuillerées de haricots coupés en biseaux etc. Pour le lait ou le jus, il est préférable de remplir les verres au quart ou à la moitié au lieu de forcer les enfants à boire tout le contenu de leur verre trop rempli. Cela suffit largement pour combler les besoins nutritionnels du jeune enfant. Même pour un enfant ayant un appétit normal, manger une

pomme entière à la collation peut être trop. Quant aux enfants ayant un plus grand appétit, ils pourront être servis à nouveau, à leur demande. Les éducatrices auraient, en général, tendance à servir trop de nourriture aux enfants lorsqu'elles-mêmes ont très faim. Plusieurs parents feraient de même lorsqu'ils préparent la boîte à lunch de leur enfant.

Rappelons que c'est à l'adulte de fournir la **qualité et la variété** des aliments alors qu'il revient aux enfants de déterminer la **quantité** (Lambert-Lagacé, 1994).

- En SGMS, faire chauffer les plats des dîneurs au micro-ondes et les distribuer dans un délai raisonnable. La tâche sera plus facile si l'on a accès à plusieurs appareils et s'ils sont situés à proximité des tables de dîneurs. De plus, l'identification des plats au nom de l'enfant faite par les parents permet de repérer plus rapidement les propriétaires et d'éviter ainsi les interventions à distance : « À qui est ce plat ? »

- Pour éviter le décalage entre les premiers enfants servis et les derniers, l'éducatrice demande aux enfants de commencer à manger seulement une fois le service terminé. De cette façon, on élimine les problèmes d'attente à la fin du repas et ce qui en découle.

- Établir une entente claire avec les parents d'enfants qui déjeunent au CPE, à la garderie ou au SGMS : « Qui le fournit ? Quel est le coût supplémentaire ? Entre quelle heure et quelle heure le repas sera-t-il servi ? Quel est le menu ? Etc. »

- Habituer les enfants à boire de l'eau fraîche durant la journée : avant la collation, en rentrant de dehors et surtout pendant les journées chaudes d'été et les activités de grande dépense d'énergie. Il n'est pas nécessaire d'attendre que les enfants manifestent leur soif pour leur offrir de l'eau, car la sensation de soif traduit déjà un état de manque qu'il faut prévenir (Petit, 2008).

- Ne pas proposer de concours de vitesse aux enfants dans le but de les pousser à manger rapidement ou à vider leur assiette. Après les avoir invités calmement et fermement à goûter au moins chaque type d'aliments de leur dîner, il vaut mieux ne pas les

réprimander et retirer leur assiette ou leur proposer de ranger leur boîte à lunch à la fin du repas. Leur préciser qu'ils n'auront qu'à se reprendre la prochaine fois. À l'inverse, ne pas féliciter l'enfant outre mesure s'il a tout mangé ce qu'il y avait au menu.
- Pour réduire le plus possible les va-et-vient des enfants pendant les pauses alimentaires en SGMS, demander aux enfants de faire signe à l'éducatrice lorsqu'ils ont besoin d'aide.
- Une fois la collation ou le repas terminé, amener les enfants à se laver le visage et les mains à l'aide d'une débarbouillette humide prévue pour chacun d'eux ou, idéalement, se laver **à l'eau courante et savonneuse** pour enlever les traces de nourriture et les bactéries. Éliminer catégoriquement l'utilisation de la même débarbouillette pour tous ou du nettoyage dans le même plat d'eau.
- Après le repas, amener les plus grands à rincer leur assiette sous l'eau du robinet et à la déposer dans le bac prévu à cet effet.
- Le plus rapidement possible après la collation ou le repas, ramasser avec un balai les débris de nourriture tombés au sol ou sur les chaises, car ces aliments se contaminent rapidement et peuvent rendre malade celui qui serait tenté de les porter à sa bouche. Bien laver la table et les chaises, et le sol, au besoin.
- Après la collation ou le repas, vider la poubelle où aboutissent les restes alimentaires et désinfecter aussitôt le dessus et l'intérieur du couvercle.
- À l'heure où le compostage augmente en popularité, de plus en plus de CPE utilisent des bacs à compost pour y déposer les restes de table.

L'auto-service offre à l'enfant la possibilité de se familiariser avec les aliments et les portions. C'est un apprentissage des plus profitable à partir de l'âge de 2 ½ à 3 ans.

Encadré 4.3   Comment susciter la participation des enfants lors des collations et des repas

- Distribuer et ramasser les napperons ou les verres (en CPE ou en garderie).
- Amener les enfants à se rappeler les gestes exigés à l'heure du repas – rester bien assis, manger avec sa cuillère, laisser la nourriture dans l'assiette –, à l'aide d'images plastifiées collées sur la table ou mises sous une nappe en plastique solidement fixée à la table.
- Distribuer les plats chauffés à l'aide d'un cabaret (en SGMS).
- Pour les enfants d'âge préscolaire en CPE, disposer la nourriture dans des plats de service au milieu de la table ou sur une

table adjacente pour les habituer à se servir eux-mêmes en appliquant la règle suivante : « Ce que tu mets dans ton assiette, tu le manges. »
- Verser l'eau ou le lait dans son propre verre à l'aide d'un petit pichet adapté aux capacités manuelles des enfants.
- Amener les dîneurs à déposer leurs déchets dans un plat servant de poubelle installé au centre de la table pour éviter d'aller jusqu'à la grosse poubelle (en SGMS). Inviter les enfants de 3 à 5 ans en CPE à jeter leurs déchets dans la poubelle ou le bac à compost après la collation ou le repas. C'est une bonne habitude à leur inculquer pour leur apprendre à prendre soin de leur environnement.
- Demander aux enfants de nettoyer leur place après avoir mangé, de ramasser ce qui traîne, d'essuyer la table et leur chaise.
- Pousser délicatement sa chaise en sortant de table.
- Balayer le plancher autour de la table avec l'aide de l'éducatrice.

4.4 L'ORGANISATION PHYSIQUE ET MATÉRIELLE

L'aménagement physique a une influence indéniable sur la qualité des moments passés à table. Par conséquent, il s'avère essentiel de faire des choix éclairés en ce qui a trait au déroulement des collations ou des repas en matière de lieu, d'équipement et de matériel. Tout d'abord, l'éducatrice doit appliquer le principe prioritaire de **sécurité** et faire preuve d'une vigilance accrue en tout temps avant, pendant et après les collations et les repas. Les couteaux, les ciseaux ou tout autre objet coupant ou pointu servant à tailler les aliments sont gardés hors de la portée des enfants.

Les enfants sont davantage en sécurité lorsqu'ils demeurent assis tout au long de la collation ou du repas ; cela leur permet de mieux mastiquer et de bien avaler la nourriture mais aussi d'être mieux disposés à reconnaître leurs signaux de satiété. Bien entendu, les enfants ne devraient jamais se trouver en position couchée ou être en train de courir, de pleurer, de rire ou de chanter lorsqu'ils ont de la nourriture dans la bouche. De plus, les enfants ne doivent jamais être laissés seuls, car si un problème survient, l'éducatrice doit être prête à réagir promptement. Elle fait en sorte qu'aucun enfant n'en nourrisse un autre, peu importe l'âge. Par conséquent, elle interdit l'échange ou le partage de nourriture d'une assiette ou d'une boîte à lunch à l'autre, afin d'assurer, entre autres, une sécurité optimale aux enfants souffrant d'allergies alimentaires graves. La protection physique des enfants oblige l'éducatrice à ne jamais passer de plats chauds au-dessus de leur tête.

L'éducatrice élimine les risques de brûlure et d'incendie en n'utilisant pas de bougies allumées. Elle préfère l'emploi de petites bougies à piles si elle souhaite, à l'occasion, créer un éclairage chaleureux. Puisque la mélatonine, une hormone en jeu dans l'endormissement, est sécrétée à mesure que la lumière diminue, il est préférable de prendre les repas avec un bon éclairage pour éviter une somnolence hâtive chez les plus jeunes enfants.

> L'éducatrice ne devrait jamais rien tenir pour acquis en matière de sécurité des enfants à l'heure des collations et des repas. Elle assure une vigilance irréprochable de manière à éviter les étouffements, les blessures et les réactions allergiques.

Il convient d'organiser l'environnement physique de manière à favoriser les échanges entre les convives. Éviter le plus possible de manger en grand groupe autour d'une même grande table de forme rectangulaire. En plus de permettre de garder l'œil sur les enfants, la table de forme circulaire semble être la plus adaptée pour que chacun voie tout le monde. L'éducatrice fait asseoir les enfants de manière à avoir une bonne vue d'ensemble. Elle envisage la possibilité de répartir les enfants à différentes petites tables pour un confort accru et une meilleure communication entre les convives.

Il vaut mieux éviter de prendre place au sol trop longtemps pour manger. Les enfants se fatiguent vite dans la posture assise sans appui dorsal. Toutefois, on peut organiser un pique-nique de temps en temps, ce qui leur procure un plaisir indéniable. Par ailleurs, il faut assurer une hygiène accrue du fait de manger assis sur le plancher.

> Malgré leur commodité pour le rangement, les longues tables pliantes découragent les contacts interpersonnels. Par souci pédagogique, on préférera de plus petites tables circulaires, que l'on disposera en îlots pour encourager les échanges entre convives. Il existe sur le marché des tables circulaires, mobiles et pliantes à 8 ou 10 places, avec des sièges à dossier, qui sont plus pratiques et plus confortables que les modèles conventionnels.

Parce que les collations et les repas sont des occasions propices pour le développement social, il convient de varier le **regroupement des enfants** lors de ces moments. Par exemple, on peut permettre aux enfants de manger à des petites tables de deux ou trois places pour leur offrir l'occasion d'établir un contact plus étroit avec divers compagnons.

Un système rotatif des places autour de la table favorise des rapprochements interpersonnels qui seraient difficiles à faire autrement. Il peut s'agir de petits cartons plastifiés, identifiés par le prénom ou le pictogramme de l'enfant, que l'on dépose sur la table pour assigner une place à chaque enfant. De plus, la possibilité de prendre la collation ou le dîner à côté de l'éducatrice est très appréciée des jeunes enfants. Pour leur assigner rapidement une place ou pour contourner subtilement des conflits prévisibles entre voisins de table, on fait asseoir les enfants sur des chaises identifiées à leur prénom ou à leur symbole personnel. Le plus possible, l'éducatrice permet aux enfants plus âgés de choisir leur place d'une collation ou d'un repas à l'autre.

Il importe de limiter le plus possible le **nombre d'enfants** qui mangent en même temps dans le même local, car un grand nombre d'enfants réunis dans un même lieu engendre une recrudescence de bruits, de tensions, de discipline et de désagréments pour tous. Souvent, il vaut mieux faire manger les enfants dans leur local habituel ou dans un autre local, au lieu de les regrouper en grand nombre dans une salle à manger exiguë, surpeuplée, impersonnelle et très bruyante. Lors d'événements spéciaux, le dîner peut être partagé avec d'autres groupes d'enfants dans une plus grande salle.

Comment est-il possible de s'habituer à l'ambiance de certains locaux de dîneurs en milieu scolaire où des enfants de 5 à 12 ans se retrouvent à 80, 90, 100 et parfois davantage ? Des enfants qui sont assis collés les uns à côté des autres, sans appui dorsal, dans un fracas insupportable, empressés d'avaler leur repas pour laisser la place au groupe suivant, éprouvant en plus de la difficulté à obtenir l'aide de l'éducatrice tellement elle a à faire comme concierge, serveuse, police ou médiatrice. Que penser aussi du fait que ces enfants doivent subir l'avalanche des consignes de discipline pour demander le calme ou pour prendre les présences, quand ce ne sont pas les menaces et les cris causés par un tel contexte de tension généralisée qui les accable ? La plupart des adultes fuiraient à toute allure s'ils se retrouvaient dans un tel environnement. Si l'on se demande honnêtement si ce type d'organisation prédispose vraiment les enfants à faire des apprentissages en après-midi, la réponse sera négative.

Bien que cette description puisse sembler exagérée, elle reflète malheureusement une réalité à laquelle doit se soumettre le personnel d'un bon nombre de SGMS et de services de dîneurs afin de répondre à la demande accrue des familles désireuses de faire dîner leur enfant à l'école. Cette augmentation de clientèle est venue aggraver une situation déjà inacceptable où le ratio autorisé est d'une surveillante pour 60 enfants inscrits uniquement au service des dîneurs et d'une éducatrice pour 20 enfants inscrits au SGMS. Dans un tel contexte, il est question de problèmes relatifs aux locaux : pénurie, non-appropriation ou inaccessibilité, ce qui ne fait qu'amplifier la *déshumanisation du repas du midi*. Il va sans dire qu'une telle situation est inappropriée tant pour les enfants que pour les éducatrices et les surveillantes de dîner. En tant qu'agents d'éducation, il est grand temps de faire les réflexions qui s'imposent pour arriver à trouver des solutions viables pour tous.

Manger dans une salle réservée aux collations et aux repas peut présenter des avantages : salubrité accrue, absence d'aliments allergènes dans le local habituel, proximité des lavabos, changement d'environnement brisant la monotonie. Cependant, l'intimité qui se dégage d'un repas pris en petits groupes dans un espace personnalisé est impossible à trouver dans une grande salle à manger avec beaucoup d'enfants. Pour faire un choix éclairé quant au meilleur lieu qui soit pour prendre les repas, l'éducatrice doit tenir compte de plusieurs facteurs, dont le plus important demeure le bien-être des enfants.

Pour que le moment de manger soit favorable à la détente et à l'échange avec les pairs, et pour bien digérer, on doit **réduire le plus possible les bruits** contrôlables. Que ce soit la musique de fond de longue durée, la télévision allumée, les bruits d'appareils électroménagers, les voix autoritaires omniprésentes ou les bruits incommodants de vaisselle. Dans certains services éducatifs, on utilise la télévision et les DVD à l'heure du midi pour occuper les enfants à qui l'on interdit de bavarder entre eux. En pareil cas, la règle veut généralement que tout le monde mange en silence ou en chuchotant, en regardant l'émission ou la vidéo et seulement si le bruit environnant est inexistant ou, à tout le moins, faible. Est-ce vraiment l'idéal pour les enfants que de les placer devant le petit écran alors qu'ils y passent déjà en moyenne près de 30 heures par semaine ? Cela représente plus du tiers de leur journée passée à regarder passivement des images qui banalisent souvent la violence, le sexisme et le racisme. Voilà un exemple flagrant de contradiction entre les valeurs prônées et celles qui sont véritablement véhiculées sur le terrain. Malgré des progrès considérables réalisés ces dernières années, il reste encore beaucoup à faire pour assurer une cohérence pédagogique dans les services éducatifs.

Il est important de procurer aux enfants un **espace minimal** pour qu'ils puissent manger avec aisance, en évitant de les entasser « comme des sardines » les uns à côté des autres. Un **mobilier approprié** ajoutera au confort des enfants. On choisit alors des chaises robustes, munies d'un dossier droit et adaptées à leur taille pour que leurs pieds touchent le sol. On réduira ainsi le risque de renverser les verres et de faire des dégâts tout en augmentant le plaisir de manger. L'éducatrice devrait aussi disposer d'une chaise adaptée à sa taille et à la hauteur des enfants pour qu'elles puissent s'asseoir de manière à avoir le dos droit et les jambes devant elle pendant la collation et le repas.

> Les collations et le repas du midi reviennent plus de 600 fois par année en services éducatifs. Apprécier ces moments ne va pas toujours de soi. Une table qui arrive au menton, des chaises trop basses qui obligent les enfants à s'asseoir sur les genoux, un siège d'appoint non sécuritaire qui fait basculer les enfants sur le côté, une surface de table rugueuse, des bancs qui ne permettent pas de s'adosser en mangeant, une position prolongée assise, ou un environnement bruyant sont loin d'être des conditions propices au confort et à la détente des enfants et des éducatrices lors des repas.

Sur le plan de l'**ergonomie**[2], l'éducatrice veille à réduire les mouvements de flexion ou de torsions et les étirements. Pour préparer les portions, elle s'installe debout face au comptoir ou à un chariot, qui lui permet de conserver le dos droit. Idéalement, elle distribue les plats en étant assise à table et demande aux enfants de les faire glisser de l'un à l'autre sur la table ou encore, elle accorde à un enfant le privilège de la distribution des plats.

L'éducatrice s'assure d'avoir à se pencher le moins possible. Par exemple, pour nettoyer la table, elle se penche en prenant appui avec un genou sur une chaise et en plaçant une main sur la table. Cette façon de faire répartit le poids et réduit par conséquent la pression exercée sur le bas du dos. Lorsque vient le temps de laver la bouche et les mains des petits après le repas, au lieu de se pencher au-dessus de chaque enfant, l'éducatrice s'assoit et demande à chacun d'eux à tour de rôle de venir à elle. Avec les débarbouillettes humides à portée de la main, laver les mains et les visages et retirer les bavoirs se fera sans fatiguer son dos.

---

2. Pour plus d'informations sur le sujet, consulter la revue *Sans pépins*, vol. 11, n° 2, juin 2009.

De la **vaisselle facile à manipuler et incassable**, solide et à large rebord, est mise à la disposition des jeunes enfants. À l'occasion, il est intéressant de manger dans une assiette spéciale aux formes ou aux couleurs originales, et de boire dans une petite coupe en plastique. Il est conseillé de rassembler dans un bac le matériel nécessaire au service du dîner : ustensiles, plats de nourriture, verres.

Pour assurer un minimum de **salubrité**, il est conseillé de faire porter un bavoir aux plus petits. Doit-on opter pour un bavoir en tissu ou en vinyle ? Selon Nathalie Thibault (2009), la bavette en plastique est tout aussi valable sur le plan hygiénique que celle en tissu. Le danger réside plutôt dans le fait que le prototype en vinyle ne fait pas la plupart du temps l'objet d'un nettoyage en règle par manque de temps : enlever les saletés, désinfecter, bien rincer puis assécher. Pour cette raison, on conseille l'usage de la bavette ou du tablier en tissu qui sera lavé à la machine et mis à la sécheuse après chaque utilisation. Ce procédé est celui qui exige le moins de travail de la part de l'éducatrice et qui assure la mise à l'écart des germes.

Un plancher facile à laver facilitera la tâche du nettoyage. On recommande de garder à portée de la main des papiers absorbants et un **linge à nettoyer** au cas où un dégât surviendrait. Lorsque l'enfant d'âge préscolaire et scolaire est à l'origine d'un dégât, on peut le faire participer au nettoyage à la mesure de ses capacités.

Dans les situations difficiles, l'éducatrice principale devrait pouvoir compter sur une **aide temporaire**, par exemple, lors du repas avec huit bambins, dans le cas d'un groupe de dix enfants de 4 et 5 ans très agités, ou bien lorsqu'il y a plusieurs plats à faire chauffer au micro-ondes.

Dans un contexte difficile, l'éducatrice peut parfois recourir à un **système de renforcement positif** pour encourager les enfants à adopter les comportements souhaités à l'heure du midi. Il peut s'agir du privilège de s'asseoir à côté de l'éducatrice ou de prendre place à la table d'honneur selon le mérite accordé. Les enfants devraient savoir à l'avance quel comportement méritoire sera souligné. Bien entendu, ce compor-

En prenant place à table avec les enfants et en mangeant avec eux, l'éducateur ou l'éducatrice participe à la création d'un climat convivial et chaleureux à l'heure du repas.

tement doit correspondre aux valeurs éducatives du milieu éducatif et à l'âge des enfants. Le défi pourrait consister à bien nettoyer sa place pendant les quatre premiers jours de la semaine pour devenir admissible au privilège accordé le cinquième jour. En tout temps, l'éducatrice doit s'abstenir d'accorder des privilèges pour la nourriture ingérée : « Si tu manges tout ce qu'il y a dans ta boîte à lunch » ou pour la vitesse d'exécution : « Le premier qui finira de manger. » Les concours de silence sont à proscrire. Le but visé par un système d'émulation est de stimuler les enfants, d'encourager leurs efforts et non de les humilier, de les sous-estimer ou de les réprimer. Précisons qu'un tel moyen demeure inefficace s'il n'est pas accompagné d'autres types de stratégies et si ce sont toujours les mêmes enfants qui sont récompensés.

Pourquoi ne pas laisser la collation libre après le lever de l'après-midi ? On peut alors l'offrir dans un intervalle de temps de 30 à 45 minutes. En pareil cas, l'éducatrice offre à ceux qui ne mangent pas la possibilité d'avoir accès à un espace et à du matériel de jeu. Il serait regrettable que ces enfants s'ennuient à patienter à table pendant que les autres mangent à moins que ce ne soit leur choix.

Pour apporter de la nouveauté aux collations et aux repas, on peut changer l'**ambiance** en aménageant un nouveau décor, par exemple, un espace champêtre printanier en plein hiver ou un environnement tropical lors des journées pluvieuses de l'automne.

4.5 LA PRÉSENCE BIENVEILLANTE DE L'ÉDUCATRICE

Il appartient à l'éducatrice d'organiser les tâches, de bien gérer le temps, de prévoir un aménagement spatial et du matériel appropriés pour assurer le bon déroulement des collations et des repas. Outre l'organisation du temps et des lieux, ses attitudes ont une importance capitale dans la création de l'ambiance recherchée. Il est difficile d'envisager le déroulement calme d'une collation ou d'un repas lorsqu'une éducatrice s'active sans cesse pendant que les enfants mangent. **L'éducatrice devrait préférablement tenir compagnie aux enfants en s'assoyant avec eux pour prendre la collation ou le repas.** Avec moins de déplacements et davantage de contacts interpersonnels chaleureux, l'atmosphère s'en trouvera plus détendue et conviviale. On réduit le plus possible les sources de distraction comme les jouets, la radio ou la télévision, et la musique de fond. Les collations et les repas sont de précieux moments éducatifs dont il faut soigner la qualité.

La présence de l'éducatrice à table nécessite souvent l'utilisation d'une table d'appoint, fixe ou roulante, ou bien d'un chariot à deux ou trois tablettes pour y déposer les plats de service. Pour limiter ses déplacements, **elle s'assure d'avoir à portée de la main tout le matériel nécessaire pour accomplir les diverses tâches à partir de la table**.

> L'éducatrice est en grande partie responsable de la création d'une atmosphère détendue et conviviale à l'heure des collations et des repas.

Il importe d'agrémenter la pause alimentaire de sourires et de regards complices, de petites touches d'humour et d'échange chaleureux. Parler des aliments offerts avec les enfants, manifester son enthousiasme devant son assiette («Miam, ça a l'air bon...»), montrer le bon exemple en cessant de manger quand on n'a plus faim et le mentionner aux enfants («J'aimerais manger encore mais mon ventre me dit qu'il est rempli»), permettre aux enfants de guider l'éducatrice lorsqu'elle le sert («Un peu plus de riz ? Un bouquet ou deux de chou-fleur ? »), sont autant d'attitudes et de paroles positives quand vient le temps de manger avec les enfants[3].

Le sens du merveilleux a également sa place lors des collations et des repas. On peut, à l'occasion, prendre une voix fantaisiste, jouer à être dans un restaurant chic. Le partage d'une collation ou d'un repas devient un moment très agréable lorsqu'une bonne organisation et de bonnes attitudes sont au rendez-vous.

Il est insensé d'exiger le silence absolu à la table, sauf en de rares occasions et pour un temps très limité. Par ailleurs, on peut fournir aux enfants des moyens appropriés pour susciter leur collaboration dans le but d'obtenir le calme recherché : donner l'exemple en chuchotant, les féliciter pour leurs bons comportements, les inviter à se calmer au début du repas en déposant leur tête sur leurs bras sur la table pendant deux minutes, se détendre soi-même comme éducatrice en prenant quelques respirations lentes et profondes, recourir à une marionnette pour les rappeler à l'ordre d'une façon amusante, démarrer des sujets de conversation intéressants pour eux, proposer une collation ou un repas spécial, par exemple «une collation tout en sourire».

Les enfants d'âge préscolaire sont particulièrement actifs pendant les conversations à l'heure des collations et des repas. Il importe d'aider

---

3. Pour plus de renseignements, consulter le *Centre de référence en alimentation en enfance* [En ligne] [http://www.nospetitsmangeurs.org/articles/les-repas-et-collations] et *Gazelle et Potiron Cadre de référence pour créer des environnements favorables à la saine alimentation, au jeu actif et au développement moteur en services de garde éducatifs à l'enfance.* [En ligne] [http://www.mfa.gouv.qc.ca/fr/publication/Documents/guide_gazelle_potiron.pdf]

les plus silencieux à prendre eux aussi part aux échanges en leur posant des questions ou en leur adressant des remarques simples et personnalisées, sans toutefois les obliger à se livrer. Les enfants aiment les échanges où ils sont amenés à parler de leur intérêt du moment : anniversaire prochain, sortie au cinéma en famille, visite chez grand-papa, animal domestique, activité nouvelle du matin, événement prochain.

De temps en temps ou lors d'une occasion spéciale, il peut être intéressant de décorer la table avec des napperons plastifiés, qui pourraient avoir été fabriqués par les enfants, ou avec une nappe de plastique aux motifs attrayants, un petit bouquet de fleurs sauvages cueillies lors d'une promenade (vérifier cependant les allergies au pollen). Il peut aussi être indiqué de tamiser l'éclairage, de mettre pendant quelques minutes une musique douce qui plaît aux enfants, d'organiser un pique-nique dans la cour extérieure, autrement dit de **briser la monotonie des routines alimentaires en apportant un brin de nouveauté dont les enfants de trois ans et plus se réjouissent généralement.**

Afin d'accorder une attention à chaque enfant au moment de manger, certaines éducatrices s'inspirent de l'approche piklérienne[4] en partageant les collations et les repas avec peu d'enfants à la fois. La moitié des enfants mangent en compagnie de l'éducatrice pendant que les autres poursuivent leurs jeux, puis les rôles sont inversés. De cette façon, l'éducatrice a le temps d'observer chaque enfant, de favoriser un échange personnalisé avec chacun d'eux. Ce fonctionnement exige une réflexion approfondie et une réorganisation du travail de l'éducatrice.

4.6 L'ÂGE « CRITIQUE » DE 2 ANS

Le rythme de croissance du bébé ralentit après l'âge de 1 an, il est donc normal de voir l'appétit des enfants diminuer de manière significative jusqu'à 5 ans. Au lieu de s'en préoccuper, il vaut mieux adapter les portions en fonction de cette nouvelle donnée.

---

4. Approche qui s'inspire des recherches d'Emma Pikler et de l'expérience de Lóczy.

Lorsque l'enfant a atteint l'âge de 1 an, il arrive que certains parents se préoccupent moins de la qualité de son alimentation, même s'ils y ont apporté une grande attention pendant les premiers mois de sa vie. Raison de plus pour qu'en services éducatifs on redouble d'efforts pour offrir et promouvoir une saine nutrition.

La créativité émergente des enfants de 1 an et demi à 2 ans les porte à faire des expériences avec leur nourriture (étendre, transvaser, renverser le lait dans l'assiette, jouer avec la cuillère, etc.). Il vaut mieux leur signifier clairement ce que l'on attend d'eux et voir à réorienter leur attention de manière positive : « Tout à l'heure après la collation, tu pourras t'amuser avec la pâte à modeler, mais maintenant je veux que tu manges ta compote de pommes avec ta cuillère. »

Il n'est pas facile de garder un enfant de 2 ans assis à table pendant 30 à 40 minutes, d'autant plus que certains d'entre eux utilisent encore la chaise haute à la maison. Il faut user de beaucoup de patience, de douceur et faire des rappels pour leur permettre d'effectuer ce nouvel apprentissage. Il est primordial de limiter le temps assis à table tout en ne pressant pas les enfants. La persévérance est la règle d'or, car la plupart des enfants finissent par s'adapter d'une manière ou d'une autre aux attentes réalistes de leur éducatrice.

Souvent, les enfants de 2 ans n'aiment pas se salir ; il est donc fréquent de les voir réclamer une débarbouillette pendant le repas pour se laver la bouche et les mains. Il faut alors raisonnablement le leur permettre avant de continuer le repas. Jusqu'à 3 ans, il est normal que les enfants se salissent en mangeant.

C'est vers l'âge de 2 ans que les petits commencent à se démarquer dans leurs goûts alimentaires. Ils expriment des préférences, refusent de manger certains aliments qu'ils acceptaient auparavant, ont tendance à redemander toujours la même nourriture. Cela s'ajoute aux manifestations qui caractérisent cette période du développement marquée par le besoin d'affirmation.

Routine, précision et stabilité étant le propre des jeunes enfants, il vaut mieux garder le même ordre de présentation des aliments, les mêmes habitudes de service, les mêmes gestes et rituels, les mêmes lieux et le même mobilier (Betsaler et Garon, 1984). Il est fréquent d'observer le refus de la nouveauté alimentaire chez les enfants de 2 ans. Passer de la chaise haute à la table ordinaire, délaisser le biberon ou la tasse à bec pour le verre ordinaire, remplacer la nourriture hachée par celle qui est préparée pour tout le monde, faire apprécier de nouvelles saveurs, voilà des changements qu'on devrait introduire entre l'âge de 1 et 2 ans alors que les enfants sont plus ouverts. Tous les groupes alimentaires devraient avoir été introduits avant l'âge de 2 ans. Puisque vers 2 ans et demi les enfants ont généralement toutes leurs dents de lait, on devrait avoir totalement éliminé les purées.

La période précédant et suivant le dîner peut être difficile pour l'éducatrice qui veille sur des enfants de 1 an et demi à 2 ans et demi. Les changements de couche à faire pour quelques-uns, la séance sur le pot d'entraînement pour d'autres, la faim difficile à supporter, la fatigue accumulée de la matinée, les tensions entre pairs qui en découlent, de même que la fatigue et la faim de l'éducatrice mettent sa patience à rude épreuve. C'est pourquoi une organisation à la fois rigoureuse et souple du repas du midi dans son ensemble – avant, pendant et après – se révèle indispensable pour traverser sans trop de heurts ces moments souvent exigeants de la journée. Il en va du mieux-être des enfants et de l'éducatrice.

> L'éducatrice cerne les priorités des nombreuses tâches à accomplir lors de la période qui se situe entre la fin du repas et le début de la sieste, et fait en sorte que les enfants ne soient pas laissés à ne rien faire et sans repères.

4.7 LE PEU D'APPÉTIT DE L'ENFANT ET LE REFUS DE MANGER

Les « caprices » et les refus alimentaires des enfants passent rarement inaperçus aux yeux de l'éducatrice qui se demande alors comment agir pour amener les « petits appétits » à se nourrir. Doit-elle ignorer, insister, faire entendre raison à l'enfant, argumenter, proposer un compromis, moraliser, affronter ou faire de la diversion ? Autant de questions qui méritent une réponse éclairée.

> Dans la plupart des cas, il n'y a pas lieu de s'inquiéter du refus de manger d'un enfant ou de son petit appétit. Éviter d'y accorder trop d'importance et proposer calmement à l'enfant de goûter aux aliments. Les spécialistes de la nutrition infantile estiment à dix le nombre de fois qu'il faut proposer un nouvel aliment à un enfant avant qu'il accepte d'y goûter.

Plusieurs ouvrages de référence proposent des solutions et des pistes de réflexion très utiles pour intervenir en toute connaissance de devant le désintéressement alimentaire des enfants. Tout d'abord, les auteurs nous invitent à **observer l'enfant concerné de manière objective pour vérifier son niveau d'énergie physique dans l'ensemble de la journée.** Peut-il courir, rire, bouger avec entrain, participer aux activités proposées ? Si oui, il vaut mieux ne pas s'inquiéter outre mesure du fait qu'il mange peu dans une journée. Toutefois, il est prudent d'étudier l'évolution de la situation et d'assurer un suivi avec les parents.

On peut expliquer le refus de manger par des caprices alimentaires passagers ou des situations de vie anxiogènes comme la séparation des parents, un changement d'éducatrice ou un déménagement. Par contre, si l'enfant semble exagérément fatigué ou refuse de participer à des activités physiques, s'il démontre une difficulté persistante à se concentrer, s'il a des troubles fréquents de l'humeur et du sommeil, s'il semble souffrir d'une insuffisance de poids, s'il a mauvaise mine sans présence de symptômes pouvant signifier une infection passagère et qu'aucun moyen ne réussit à le faire manger, il est urgent d'en parler aux parents pour les inciter à consulter sans tarder un spécialiste de la santé. Dans les autres cas, le peu d'élan à l'égard de la nourriture doit être dédramatisé. Pour faire face aux caprices alimentaires des jeunes enfants, rien ne vaut de bonnes attitudes empreintes de compréhension et d'amour, nous rappelle la nutritionniste Louise Lambert-Lagacé (1994).

A. Comportements associés au tempérament de l'enfant

Les caractéristiques propres à la personnalité de l'enfant sont souvent en cause dans son manque d'appétit. On voit des bébés qui déjà sont des mangeurs enthousiastes (Essa, 2002). Dès les premières tétées ou les premiers aliments solides offerts, ces enfants montrent un intérêt évident pour la nourriture alors que d'autres inquiètent leurs parents en raison de coliques persistantes, de régurgitations répétées, d'intolérances alimentaires ou parce qu'ils sont difficiles à nourrir. Chaque enfant est unique dans la manifestation de ses attitudes devant la nourriture. Pour certains, manger sera facile et agréable alors que pour d'autres, ce sera le contraire.

> Les particularités alimentaires propres à chaque enfant font partie de son unicité que l'éducatrice doit considérer avec beaucoup de discernement.

Un enfant étiqueté tôt comme « difficile » aura tendance à l'être ou à le devenir (Essa, 2002). Il décodera les inquiétudes les plus subtiles de son entourage au regard de ses limites alimentaires. Il constatera qu'on le traite de façon différente des autres enfants : on le supplie de manger par divers moyens, on lui demande de goûter aux aliments et de finir son verre de lait. Avec perspicacité, il se peut que cet enfant boycotte les stratégies utilisées pour faire réagir davantage ses parents et son éducatrice.

B. Comportements associés à l'âge de l'enfant

L'âge des enfants peut expliquer leurs comportements alimentaires. Rappelons-le, les enfants en bas âge n'ont besoin que de petites portions de nourriture pour suffire à leurs besoins physiologiques. Il est fréquent de voir un enfant âgé de 1 à 6 ans refuser ou préférer des aliments pour des raisons d'affirmation et d'autonomie caractéristiques de son développement socioaffectif. Sa réaction sera d'autant plus marquée s'il constate chez l'adulte nourricier une anxiété due à son comportement alimentaire.

> Accepter sans en faire de cas le refus alimentaire de l'enfant est souvent la meilleure attitude à adopter lorsqu'il s'agit d'un enfant en bonne santé. Préserver un rapport sain à la nourriture en évitant de faire pression sur l'enfant pour qu'il mange. Plus on contraint l'enfant à manger, plus il risque de manifester de la fermeture. La contrainte est une stratégie qui a depuis longtemps démontré son inefficacité.

C. L'art de bien observer les enfants

« Cet enfant-là ne mange jamais rien », serions-nous portés à dire d'un enfant difficile au regard de la nourriture. Pourtant, dans la réalité, il en est souvent autrement. Il est plus facile de généraliser une situation dérangeante que de s'arrêter aux faits et d'analyser la situation afin de tenter de comprendre ce qui se passe. Est-ce que cet enfant dont il est question ne mange **vraiment** jamais rien ? Une observation menée de manière rigoureuse s'impose pour démêler les perceptions et les faits réels. L'encadré 4.4 fournit quelques points de repère à ce sujet.

Encadré 4.4   Questions à se poser concernant un enfant qui refuse de manger

Qu'est-ce au juste qu'un enfant difficile en ce qui a trait à la nourriture ou qui a des caprices alimentaires?
- Un enfant qui lambine devant son assiette?
- Un enfant qui dit ne pas aimer ce qu'il y a dans son assiette mais qui finit par manger?
- Un enfant qui refuse de manger des légumes verts?
- Un enfant qui joue avec sa nourriture?
- Un enfant qui n'avale pas facilement la nourriture, qui mâche longtemps?
- Autres?

Quels aliments refuse-t-il? Quels aliments préfère-t-il?
- Yogourt?
- Viandes?
- Fruits de la famille des agrumes?
- Autres?

Comment se manifestent ses limites alimentaires?
- En silence?
- Par des plaintes et des récriminations?
- Par de la tristesse?
- En pleurant?
- Par du découragement? Avec moins d'aliments dans son assiette, la situation s'améliore-t-elle?
- En gardant longtemps sa nourriture dans sa bouche?
- En se montrant agressif, entêté? En jouant avec sa nourriture?
- En ayant des haut-le-cœur?
- Autres?

> S'agit-il d'une situation récente ? Quand a-t-elle débuté ?
>
> À quelle fréquence apparaissent les comportements observés pendant une semaine ?
>
> - Combien de fois au dîner ou à la collation ?
> - Surtout en début de repas ?
> - Autres ?
>
> Qu'arrive-t-il lorsque l'enfant refuse de manger ?
>
> - Parle-t-il beaucoup ou peu lors du repas ?
> - L'éducatrice finit-elle par lui faire avaler deux ou trois bouchées ? Comment s'y prend-elle ?
> - Les autres enfants lui disent-ils de manger ?
> - L'atmosphère générale est-elle détendue ou plutôt tendue ?
> - Autres ?
>
> Quel modèle l'éducatrice est-elle pour l'enfant ?
>
> - Est-ce qu'elle mange les mêmes aliments qu'eux ?
> - S'assoit-elle avec les enfants pour manger avec eux ?
> - Est-ce qu'elle goûte aux aliments qu'elle aime moins tout comme elle demande aux enfants de le faire ?
> - Est-ce qu'elle parle des aliments aux enfants pour leur faire découvrir leurs caractéristiques ?

Une fois les informations recueillies, l'éducatrice procède à une analyse rigoureuse des données pour dresser un portrait plus juste de la situation. Partager son expérience d'observation et son plan d'intervention avec d'autres éducatrices et la responsable du service éducatif ne pourra qu'être bénéfique. L'échange de renseignements, l'encouragement apporté par les collègues rendront certainement le programme d'aide plus efficace. Évidemment, les parents doivent être avisés, car le problème détecté et les mesures mises en place se répercutent d'une manière ou d'une autre sur la vie familiale.

> L'éducatrice informe les parents des collations et des repas que l'enfant prend : aliments ingérés, quantité, réaction, humeur. Elle évite cependant de s'en tenir aux comportements qui la dérangent : refus pour certains aliments, compulsion alimentaire, lenteur à manger, etc. Elle mentionne aussi ce qui va bien.

D. Quelques stratégies utiles

De quelque façon que ce soit, la punition, la compétition et les récompenses ne devraient être associées à l'acte de manger. Il faut éviter d'appliquer une conséquence (priver l'enfant d'une sortie, refuser la collation de l'après-midi à un enfant qui n'a pas mangé ses légumes le midi). De même, on devrait éliminer le recours à des astuces telles que « voici une bouchée pour maman », jouer à l'avion avec la cuillère pour faire ouvrir la bouche de l'enfant pour ensuite y mettre de la nourriture, « deux bouchées parce que tu as deux ans », s'asseoir près de l'enfant pour le stimuler sans cesse ou faire de l'enfant qui refuse de manger le centre d'attention à l'heure des repas. « En tenant de contrôler la quantité de nourriture qu'avale l'enfant, l'éducatrice quoique bien intentionnée ne l'aide pas à considérer les messages que lui envoie son corps à l'effet de continuer, ou d'arrêter de manger (O'Gleman, 2013). »

Peu importe les comportements alimentaires des enfants, ceux-ci doivent favoriser dès les premières années de leur vie, une relation positive avec le geste de manger, le temps des repas, les aliments, le fait de prendre soin de soi en se nourrissant, les sensations éprouvées (satiété, faim, aversion, préférence). Les enfants connaissent mieux que quiconque leur appétit. Ce n'est certes pas le marchandage, le chantage ou les détours répétés de l'adulte qui les aideront en ce sens. Bien au contraire, ces stratégies ne pourraient qu'aggraver la situation. Il importe donc que l'éducatrice dédramatise la situation devant le refus de manger d'un enfant ou le peu d'ardeur à le faire et qu'elle fasse valoir son point de vue aux parents en cherchant avec eux comment agir au mieux dans l'optique d'un développement harmonieux de l'enfant.

> Certaines phrases n'ont rien d'éducatif et doivent être bannies des interventions de l'éducatrice : « Mange, car ton papa ne viendra pas te chercher tout à l'heure » ou « Mange ta viande sinon tu ne pourras pas grandir et aller à la maternelle » ; « Il faut que tu manges ton brocoli pour avoir droit à ton dessert » ; « Qui va terminer son repas le premier ? ».

Quand les difficultés de manger sont graves et que la situation nous dépasse, il convient d'en discuter avec les parents et de leur proposer de consulter un spécialiste de la nutrition ou un pédiatre.

On ne le dira jamais assez : le fait de prendre les collations et les repas dans une **atmosphère agréable** contribue au plaisir de manger, à celui de goûter aux aliments, à aider à penser à autre chose qu'à son dégoût pour tel ou tel aliment. L'éducatrice veille à réduire le bruit, prend le temps pour cette activité et s'assoit avec les enfants à table et offre la nourriture avec affection. Elle gère les conflits de place avec tact et contrôle de soi : « Dis à Léanne avec des mots et non en la poussant qu'elle a pris ta place » ; « Tu vois, tu es capable de régler un conflit ».

On peut inviter l'enfant à goûter à un aliment qui se trouve dans son assiette sans toutefois le forcer à le manger. Devant le refus persistant de l'enfant de goûter l'aliment, il vaut mieux à la fin de la collation ou du repas, retirer la nourriture sans commentaires ni manifestation quelconque de désapprobation. Il faut à tout prix éviter la lutte de pouvoir, les émotions fortes sans toutefois céder aux demandes irraisonnables de l'enfant qui réclamerait, par exemple, une pomme entière alors qu'il y a des pommes en tranches au menu.

À l'enfant qui refuse de manger, on peut dire : « Tu te reprendras la prochaine fois », ce qui l'amènera probablement à vivre la conséquence naturelle de son refus de manger, c'est-à-dire ressentir la faim jusqu'au prochain repas ou jusqu'à la collation (Petit, 2008). On complimente cependant l'enfant qui goûte pour la première fois à un aliment qu'il a l'habitude de refuser : « C'est bien, tu as goûté aux haricots rouges. »

Encourageons davantage les bons comportements alimentaires avec un sourire, un regard approbateur et tentons d'ignorer ceux qui nous contrarient ou nous préoccupent tout en gratifiant l'enfant pour ses efforts à goûter aux aliments. « En tant qu'éducatrice, nous travaillons au cœur d'un processus à long terme. Faisons preuve de patience pour enseigner aux enfants et leur démontrer par l'exemple ce qui est bon pour eux », comme le mentionne Jocelyne Petit (2008).

Continuer à offrir à l'enfant les aliments qu'il bannit, car les goûts changent et le refus est rarement permanent. « Il faut persévérer et continuer de présenter un aliment rejeté non pas en le déguisant mais en le présentant de la même manière pour qu'il le reconnaisse et s'y habitue d'une fois à l'autre. Plus un enfant a l'occasion de goûter à un nouvel aliment, plus il apprendra à l'apprécier. Il est donc recommandé de présenter un nouvel aliment plusieurs fois. Un mets rejeté peut être à nouveau présenté de façon régulière en alternance avec des plats appréciés.

Quand l'éducatrice montre et explique aux enfants les aliments qui se retrouveront dans leur assiette, ceux-ci sont plus réceptifs à y goûter.

Tous les aliments au menu devraient se trouver dans l'assiette de chaque enfant afin qu'il se familiarise progressivement avec chacun d'eux ([En ligne] [www.nospetitsmangeurs.com]). Éviter de demander à l'enfant s'il veut manger tel aliment mais plutôt lui en offrir une petite quantité en l'invitant calmement à y goûter, sans toutefois le forcer.

Il n'est pas bon d'introduire plus d'un nouvel aliment à la fois et, lorsqu'on le fait, il faut alterner avec des aliments familiers et demeurer réaliste au regard de nos attentes d'adulte. Les tout-petits préfèrent généralement s'en tenir aux mêmes aliments et affinent peu à peu leurs goûts en vieillissant. On pourrait dire qu'il y a des préférences à chaque période de la vie. L'apprentissage du goût s'échelonne dans le temps. Les champignons, les olives, le camembert et les moules marinières ne figurent généralement pas au palmarès des préférences alimentaires des jeunes enfants. De plus, il est prudent de **préparer les enfants à l'arrivée d'un nouvel aliment** en prenant le temps de le présenter à l'avance ou en début de repas : « Ce sont des bâtonnets de navet. Tout comme les carottes, les navets poussent dans la terre, mais on les achète à l'épicerie. » Très probablement que les pois chiches dans le couscous figurant au menu du midi recevront un meilleur accueil si on les a présentés en matinée lors d'une causerie accompagnée d'images, d'observation et de manipulation de spécimens, d'identification des lieux et des modes de culture. Si les moyens pédagogiques en matière d'alimentation sont adaptés au niveau de développement des enfants, ils auront davantage d'effet sur leur réceptivité. On trouve dans la dernière partie de ce chapitre, quelques activités susceptibles d'éveiller l'intérêt des enfants pour les aliments.

À l'occasion, des présentations visuelles attrayantes et **des mises en situation amusantes** stimulent les enfants à goûter aux aliments : des tranches de tomates semblables à des roues de camion, de la luzerne comme les cheveux d'un bonhomme, une pomme coupée en étoile, des morceaux de fromage découpés avec un emporte-pièce, de la vaisselle colorée, une assiette choisie par l'enfant, un verre attrayant ou

Les enfants aiment se sentir utiles. Ils prennent plaisir à servir leurs compagnons à l'heure du dîner.

un napperon personnalisé. Il faut éviter d'utiliser des nappes ou des napperons avec des enfants qui sont susceptibles de tirer dessus.

Il peut être efficace de rappeler aux enfants, sans pression aucune, qu'ils ont besoin de manger tel aliment pour rester en bonne santé ou pour nourrir les muscles de leurs jambes, leur permettant ainsi de courir et de grimper.

En plus de réduire le gaspillage, les petites portions découragent moins les enfants que des assiettes surchargées. Des aliments séparés réussissent à capter l'attention d'un bon nombre d'enfants alors que les mets mélangés peuvent les rebuter. Attention aux trop grands changements dans la présentation des aliments. Si un aliment non apprécié revient d'une fois à l'autre dans une forme différente, il sera alors perçu comme un nouveau produit.

Placer les petits mangeurs près des gros mangeurs pour stimuler ceux qui ont moins d'appétit ne peut qu'être bénéfique pour inciter les plus réticents à manger. **Donner soi-même l'exemple** en consommant devant les enfants la même nourriture qu'eux. On ne doit pas sous-estimer l'influence qu'exerce l'éducatrice sur son groupe. Son attitude, verbale ou non verbale – intérêt, rejet, dégoût masqué, indifférence face aux nouveaux aliments et aux nouvelles saveurs – est déterminante pour les enfants. Le modèle que l'éducatrice présente aux enfants lui communique ou non leur plaisir de manger et de découvrir des goûts différents.

Après une période de jeux à l'extérieur par temps chaud ou après une activité physique, **offrir de l'eau à boire** aux enfants sans oublier les plus petits qui ne savent pas encore reconnaître leur soif. S'il est assoiffé, l'enfant aura du mal à manger avec appétit à l'heure de la collation ou du repas. Quotidiennement, il faut permettre aux enfants de boire de l'eau à volonté. On peut demander aux parents de fournir une bouteille d'eau réutilisable identifiée au nom de leur enfant et qui est plus hygiénique qu'un verre réutilisable. Cette mesure peut inciter l'enfant à boire de l'eau plus souvent en plus de contribuer au respect de l'environnement comme dans le cas de verres jetables.

Quand l'enfant d'âge préscolaire a la possibilité de se servir lui-même en CPE ou en garderie, il accepte mieux de manger ce qui se trouve dans son assiette. Il est sage de commencer cette pratique en se limitant à une seule partie du repas, par exemple, au plat principal. Il semble plus difficile d'envisager une telle approche avec des enfants de moins de 2 ans et demi. Pour que la procédure remporte le succès escompté, on doit l'accompagner de règles claires et simples :

- Prenez au moins un peu de tout.
- Ne prenez que la quantité que vous pouvez manger.
- Vous pourrez vous servir une deuxième fois si vous avez encore faim.

La patience de l'éducatrice lors des premières expériences du genre est un gage de réussite. Au début, il est normal que les enfants se servent trop malgré les consignes établies et qu'ils soient maladroits et échappent de la nourriture à côté de leur assiette. N'oublions pas qu'ils sont en période d'apprentissage et que l'expérience en vaut souvent la peine en dépit des inconvénients passagers.

Les enfants étant mieux disposés à manger la nourriture qu'ils ont aidé à préparer, on peut prévoir des **expériences culinaires simples à faire avec les enfants** : préparer des brochettes de fruits, mettre des cubes de fromage dans les pâtes alimentaires, couper les champignons pour la sauce à spaghetti, etc.

Tenir compte du vécu de l'enfant – situation familiale anxiogène, stress occasionné par des perturbations au CPE ou à l'école – se révèle sans aucun doute essentiel pour cerner les causes de changements dans ses habitudes alimentaires. On sait bien que les émotions altèrent grandement l'appétit. En période d'intégration ou de perturbation grave, ce n'est pas le moment de modifier les comportements alimentaires rapportés de la maison ou d'un autre service éducatif : utilisation prolongée d'un biberon, ingestion exclusive de pain et de pâtes. Il vaut mieux retarder la démarche d'ajustement à une période ultérieure plus favorable.

E. Les préférences alimentaires

Les enfants ont bel et bien des préférences alimentaires tout comme les adultes. Les friands de choux de Bruxelles, de lentilles ou de foie de bœuf sont généralement peu nombreux chez les personnes de tous âges. Il vaut mieux alors apprêter ces aliments de manière appétissante : chou-fleur gratiné, cubes de foie apprêtés avec une sauce savoureuse, lentilles servies avec des pâtes. Toutefois, certains enfants et adultes refuseront de manger divers aliments comme le navet, le poisson, les tomates, les oignons, **car les aversions alimentaires réelles et définitives existent** réellement.

F.   Les situations temporaires

Il faut savoir que **plusieurs refus alimentaires ne seront que passagers**. Jusqu'à l'âge de 5 ans, les enfants se développent rapidement ; ils ont des pics et des creux de croissance qui les font passer d'un niveau d'appétit à l'autre. S'adapter aux fluctuations alimentaires des enfants est aussi le lot des éducatrices. Néanmoins, il demeure important de continuer à leur proposer régulièrement des aliments dits «impopulaires», sans toutefois les obliger à les manger. Quelques enfants auront besoin d'apprivoiser un nouvel aliment en ne faisant que le regarder dans leur assiette pendant une période de temps avant de se décider à y goûter.

4.8   LES HABITUDES ALIMENTAIRES DE LA FAMILLE

En matière d'alimentation, il est important de tenir compte **des habitudes et des attitudes habituelles de l'enfant à la maison,** car il existe bel et bien des différences personnelles dans ce domaine tant chez les enfants que chez les adultes. A-t-il bon appétit ? Comment se passent les repas chez lui ? À quelle heure prend-il son déjeuner avant de quitter la maison le matin ? A-t-il déjà mangé des poires ? Voilà des exemples de questions à poser aux parents et dont les réponses peuvent grandement éclairer l'éducatrice qui cherche à comprendre les réticences alimentaires d'un enfant.

Dans certaines familles, les habitudes nutritionnelles sont particulières : surconsommation de repas-minutes (*fast-food*), mets épicés, absence de légumes au menu, repas pris à heures variables, aliments différents liés à une culture différente, ce qui a pour conséquence que la nourriture servie en services éducatifs ou les manières de vivre les repas ne plaisent pas nécessairement aux enfants vivant dans les familles concernées. Malgré cette situation, il faut continuer à leur offrir des aliments santé dans un cadre structuré en évitant à tout prix «la pression pour manger, la contrainte, le chantage, l'attention excessive donnée à l'enfant pour son refus de manger» (Petit, 2008). En période d'intégration de l'enfant au service éducatif, il n'est pas opportun de discuter à fond avec les parents des changements souhaités dans les habitudes alimentaires de leur enfant (Petit, 2008).

Considérer et incorporer au menu certaines particularités alimentaires d'enfants de cultures différentes est important pour leur intégration sociale. Cette habitude peut également profiter à l'ensemble du groupe. Patates douces en purée, mangues, variété de laitues, pain pita, couscous, bagel, haricots germés, quinoa apportent de la variété aux repas ainsi que des textures, des couleurs et des saveurs différentes qui stimulent la curiosité des convives.

Les restrictions alimentaires justifiées par des traditions ethniques, des principes religieux ou des valeurs familiales (pas de porc, pas de sucre raffiné, obligation de manger de la viande halal) devraient être prises en considération dans la limite du raisonnable. Il n'en demeure pas moins que, sur ce point, une entente claire doit être prise avec les parents pour éviter tout malentendu et que cela ne se répercute sur l'enfant d'une manière ou d'une autre.

4.9 L'EXCÈS ALIMENTAIRE

« On croirait que cet enfant n'a pas de fond » ou encore « Il a les yeux plus grands que la panse », dit-on d'un enfant réputé pour manger beaucoup. L'excès se caractérise par un élan irrésistible vers la nourriture, qui va bien au-delà des besoins du corps. L'enfant enclin à la gourmandise manifeste une réaction d'emballement à la vue de la nourriture, demande souvent à quelle heure il va manger, a peur de manquer de nourriture, s'empresse de tout avaler ce qu'il a devant lui, en redemande plus d'une fois, s'empare de la nourriture avec des gestes rapides. Quant à la goinfrerie, on la reconnaît par un très grand attrait pour la nourriture qui se manifeste par la compulsion, le gavage, la consommation de très grandes quantités de nourriture, un empressement à manger nettement incontrôlé.

Avec l'aide de ses parents et des autres éducatrices, l'enfant peut apprendre à entretenir une relation harmonieuse avec la nourriture sans nuire à sa santé. Partageant avec lui ses collations, souvent le dîner et parfois même le déjeuner et le souper, l'éducatrice est bien placée pour aider l'enfant à apprivoiser son rapport de dépendance à l'égard de la nourriture. « Il faut travailler avec l'enfant pour développer chez lui l'écoute des sensations corporelles liées à l'alimentation et l'aider à percevoir la sensation du fond du ventre, la sensation du plein et de vide. » (Petit, 2008)

Si l'enfant a encore faim après une première portion, il devrait avoir la possibilité d'avoir une deuxième portion du mets principal tout comme les autres enfants. Seul le dessert peut faire exception à la règle. Une seule portion du dessert est servie à chacun et si la faim demeure, on offre à l'enfant une autre portion du plat principal ([En ligne] [www.nospetitsmangeurs.com]).

Faire la distinction entre le goût et le besoin corporel de manger s'apprend dès le plus jeune âge : « Tu aimes tellement cet aliment que c'est difficile pour toi de t'arrêter d'en manger. Sens-tu la faim dans ton corps ? Que te dit ton ventre ? Qu'il a faim, qu'il en a assez ou qu'il en veut encore ? As-tu encore de la place pour une deuxième portion ? Es-tu rassasié ? » On a intérêt à faire vite usage du mot « rassasié » en présence des enfants afin qu'ils le comprennent bien et l'utilisent à bon escient pour décrire leur sensation de satiété. Ce terme évoque très bien la sensation physique de plénitude ressentie une fois que le corps a eu suffisamment de nourriture. Le mot satisfait, quant à lui, fait référence davantage au désir, au goût et à l'idée de manger.

Devant un enfant gourmand, on peut recourir à plusieurs méthodes d'intervention éducative telles que :

- cultiver la modération alimentaire sans culpabilisation ni comparaison entre pairs, proposer des compromis : « Je vais t'en garder un peu pour demain, car je sais que tu aimes beaucoup cet aliment » ;
- faire des choix-santé et les expliquer à l'enfant ;

- accorder une valeur à la dégustation des aliments et au plaisir de manger ;
- prendre le temps de savourer ce qu'on ingère ;
- éduquer à l'auto-observation des signaux physiologiques de la faim et de la satiété ;
- faire patienter l'enfant pour le service d'une deuxième portion le temps de permettre à l'éducatrice de terminer de manger. Le signal de satiété a ainsi la chance de se faire davantage ressentir.

Pour avoir un rapport sain avec la nourriture, l'enfant doit apprendre la sagesse concernant la nourriture (Petit, 2008). La tâche de l'éducatrice consiste donc à **encourager l'enfant à savourer pleinement les aliments, à prendre le temps de mastiquer et de déguster sa nourriture, à ressentir pleinement le plaisir de manger** sans besoin de s'empiffrer ou de perdre le contrôle. Elle l'amène à décoder et à prendre en considération les sensations corporelles associées à la faim (ventre creux, gargouillements) et de satiété ressentis (sensation d'être plein ou de pantalon trop serré, ventre gonflé) et elle tient compte des aversions personnelles pour certains aliments. Outre ces attitudes, l'activité physique régulière devrait faire partie du programme de santé d'un enfant porté à la gourmandise.

Certains enfants mangent beaucoup sans être obèses alors que d'autres semblent avoir un surplus de poids sans pour autant manger exagérément. Néanmoins, la plupart des enfants qui mangent trop risquent de souffrir d'un problème de poids à un moment ou l'autre de leur vie. Les enfants aux prises avec un surplus de poids sont susceptibles d'avoir des problèmes sociaux (Essa, 2002). Ils sont perçus comme différents et se déprécient souvent eux-mêmes. Ils ont de la difficulté à suivre les autres dans les activités physiques, ils sont plus vite essoufflés et moins agiles. Par conséquent, ils développent rapidement une préférence pour les jeux plus statiques. Les moqueries et les comparaisons des pairs risquent également d'affecter sérieusement leur estime personnelle.

Parce qu'il est associé à un plaisir, le comportement alimentaire est difficile à modifier. Si l'on s'en occupe dès la petite enfance alors que l'adulte peut encore contrôler l'alimentation de l'enfant, les chances de réhabilitation sont plus grandes.

> Manger modérément, accorder de l'importance à la qualité des aliments et non seulement à la quantité tout en répondant aux besoins fonctionnels du corps est avant tout une question de santé et non de poids et d'esthétique.

Pour mener efficacement une démarche de modération alimentaire chez un enfant, une collaboration étroite avec les parents sans culpabilisation et l'ensemble du personnel éducateur est indispensable. L'aide d'une spécialiste en diététique infantile du CLSC peut sans doute se révéler utile pour assurer la réussite de ce type de programme.

4.10 LA BOÎTE À LUNCH EN SGMS

Comment bien garnir la boîte à lunch de son enfant qui fréquente le service de garde de l'école pendant plus de 200 jours durant l'année ? Cela constitue un défi de taille pour les parents, le plus souvent pour les mères de famille, qui ont à remplir jour après jour la boîte à lunch de leur enfant d'aliments nutritifs, variés, attrayants et appréciés.

> Trois critères retiennent l'attention quant au contenu de la boîte à lunch : le plaisir de manger, sa valeur nutritive et la conservation des aliments (Petit, 2008).

Les collations et les repas qu'on trouve dans la boîte à lunch en disent long sur les habitudes alimentaires de la famille. Un lunch-santé n'est pas nécessairement long à préparer, mais requiert plus de planification qu'un mets commercial prêt à réchauffer au micro-ondes et accompagné de biscuits achetés comme dessert.

Pour que les aliments périssables se conservent bien dans la boîte à lunch, il faut appliquer avec soin certains principes : réfrigération adéquate, qualité de la boîte à lunch, nettoyage des blocs réfrigérants, salubrité de la boîte à lunch. L'encadré 4.5 présente un résumé des précautions que les parents doivent prendre pour éviter les risques d'intoxication. Pour ce qui est du choix de la boîte à lunch elle-même, des caractéristiques précises sont à prendre en compte. Une bonne boîte à lunch est rigide, dispose d'une isolation thermique, est d'un format assez grand, sans être encombrante, est munie d'une doublure intérieure en vinyle qui se nettoie facilement, comprend une fermeture éclair solide, résistante et simple à manipuler. De plus, elle possède une pochette pour y placer un bloc réfrigérant.

Encadré 4.5   La boîte à lunch : précautions à prendre pour éviter les risques d'intoxication (à l'intention des parents)

- Nettoyer quotidiennement la boîte à lunch et les bouteilles isothermes (thermos) en utilisant une eau additionnée de bicarbonate de soude, mesure qui a aussi l'avantage d'enlever les mauvaises odeurs.
- Conserver les aliments périssables (trempette, sandwich, yogourt, etc.) au frais en plaçant les contenants entre deux petites boîtes de jus congelés ou deux blocs réfrigérants (ice pack).
- Garder la boîte à lunch au réfrigérateur le plus longtemps possible avant de consommer les aliments. Ne jamais la laisser à une température ambiante.
- Bien laver fruits et légumes et les assécher avant de les mettre dans la boîte à lunch.
- Nettoyer le dessus des boîtes de conserve.
- Se débarrasser des aliments le moindrement douteux.

Lors des repas au SGMS, certains enfants ont bon appétit alors que d'autres goûtent à peine aux aliments même si leur boîte à lunch est remplie à craquer et que les parents exigent que leur enfant mange tout.

En pareille situation, l'éducatrice se sent souvent obligée de stimuler l'enfant à manger au-delà de sa faim. On voit également la situation contraire où des enfants affamés ou bons mangeurs doivent se contenter d'un simple sandwich avec une mince tranche de saucisson de Bologne et d'un breuvage aux fruits. Que faire en pareil cas? Cette question est avant tout une affaire de gros bon sens. On peut demander aux parents de mettre moins de nourriture dans la boîte à lunch en leur expliquant le problème que vit leur enfant. Par ailleurs, il est plus délicat d'expliquer à des parents que leur enfant n'a pas mangé à sa faim et que la nourriture fournie est de piètre qualité. Cette situation reflète souvent une réalité familiale difficile: pauvreté, négligence, problèmes de santé d'un parent, famille monoparentale démunie, enfant laissé à lui-même dans la préparation de son lunch. L'éducatrice doit essayer de comprendre le contexte dans lequel vit l'enfant et discuter du problème avec la directrice de l'école ou la responsable du service de garde. Par la suite, on pourra alors envisager une conversation avec les parents dans le but que leur enfant ait suffisamment de nourriture dans sa boîte à lunch et qu'elle soit bonne pour la santé de leur enfant. De plus, on pourra suggérer avec tact aux parents de profiter des services d'aide alimentaire offerts aux plus démunis dans la plupart des municipalités. On peut trouver au CLSC des dépliants indiquant les coordonnées de ces services.

4.11 LES BONNES MANIÈRES À TABLE

Éduquer l'enfant à la politesse contribue à son développement social (Boisvert, p. 37). Dire **merci, s'il te plaît, excuse-moi, bonjour** s'apprend au moyen de l'exemple donné par l'adulte et au-delà d'une discipline imposée. L'imitation constitue sans aucun doute un puissant outil d'apprentissage du « savoir-vivre » chez les enfants à table : manger la bouche fermée, laisser sa nourriture dans son assiette entre deux bouchées, demander une deuxième portion en utilisant « s'il vous plaît », remercier pour le verre de lait qui vient d'être servi, éviter de siroter son verre de jus. On ne doit pas accepter les gestes tels que lancer de la nourriture, jouer avec les pommes de terre en purée, cracher son morceau de pomme, roter bruyamment et on doit indiquer calmement à l'enfant le comportement attendu : « Je veux que ta nourriture reste dans ton assiette » ; « Mâche bien ton morceau de pomme, puis avale-le » ; « Prends ta cuillère pour manger tes pommes de terre » ; « Tu dois dire « Excusez-moi » lorsque tu fais du bruit comme ça avec ta bouche ».

Comme condition à l'apprentissage de la politesse, il y a aussi l'âge de l'enfant et son tempérament. À partir de 3 ans environ, l'enfant arrive à se rendre compte qu'être impoli peut blesser, irriter ou rendre l'autre mal à l'aise. Par exemple, le fait de mâcher bruyamment sa nourriture avec la bouche grande ouverte peut dégoûter les autres et même les empêcher de poursuivre leur repas. Inversement, manger convenablement rend plus agréable l'atmosphère des repas et l'enfant « impoli » sera le premier à en profiter. L'éducatrice a tout avantage à montrer à l'enfant qu'il a un rôle à jouer dans le plaisir que procurent les collations et les repas. Souligner positivement les bons comportements et les gestes de politesse encouragera l'enfant à se conduire comme on le souhaite. L'éducatrice veille à ne pas faire de remontrances continuelles pour éviter que le repas se transforme en champ de bataille. Avant tout, manger doit demeurer une activité agréable où il fait bon partager et être ensemble, et où l'éducation à la politesse se fait dans le respect de soi et des autres, et cela, dans une optique à long terme de la maturation sociale de l'enfant.

En général, un enfant commence à manger proprement vers l'âge de 3 ans, c'est-à-dire qu'il arrive à garder la nourriture dans son assiette ou dans sa bouche sans trop en échapper sur le sol, sur ses vêtements ou sur la table. Bien entendu, les aliments salissants comme le spaghetti ou ceux qui sont difficiles à saisir avec une cuillère ou une fourchette comme les potages laisseront certainement quelques traces sur la table, sur la bouche des enfants et au sol. Mais en règle générale, après 3 ans, le « salissage » devient beaucoup moins important.

L'éducatrice procède par priorité dans l'apprentissage de la propreté à table. Par exemple, si un enfant a de la difficulté à prendre les aliments avec sa cuillère ou sa fourchette, elle fera en sorte qu'il apprenne à s'en servir convenablement de la même manière qu'il effectue d'autres apprentissages. Puis, apprendre à fermer la bouche en mastiquant suivra. L'aide bienveillante de l'éducatrice est des plus utiles pour montrer à l'enfant comment bien manger et éviter de se salir à table.

Hormis son jeune âge, l'enfant peut manger de façon malpropre à cause de difficultés de coordination attribuables à des problèmes moteurs ou de perception visuelle. Il manifeste alors de la difficulté à manier les ustensiles, à les tenir correctement ou à bien diriger la nourriture vers sa bouche. Seul un examen approfondi du comportement de l'enfant par un professionnel de la santé permettra de poser un diagnostic, s'il y a lieu.

Si un enfant a déjà remarqué que son comportement suscite des réactions chez les autres et que cela semble lui procurer certains avantages, il se peut qu'il cherche à attirer l'attention des adultes et des autres enfants en mangeant de façon malpropre. Enfin, le problème peut résulter de la combinaison des deux causes, soit une difficulté motrice associée à un besoin d'attention.

L'environnement où se prennent les collations et les repas influence les enfants à manger correctement ou non. Ils saisissent vite l'importance que l'éducatrice accorde à la propreté en servant les aliments avec soin, en créant une ambiance décontractée, en dressant une belle table. De telles attitudes prédisposent les enfants à bien se comporter à table. De même, il importe d'offrir aux enfants de la **vaisselle adaptée** à leurs capacités motrices comme des petites cuillères et des fourchettes faciles à manier, des assiettes et des bols de petite taille, de faible poids et incassables. Les enfants seront alors mieux disposés à prendre leur nourriture si elle est servie dans des plats appropriés. Par exemple, une gélatine aux fruits servie dans une soucoupe sera difficile à prendre, une soupe servie dans un bol large posera des problèmes aux enfants et entraînera plus facilement de la malpropreté. Finalement, **les aliments coupés en petits morceaux** conviendront mieux à l'habileté motrice des enfants. Les sandwichs, par exemple, sont plus faciles à prendre et à manger s'ils sont coupés en quatre.

4.12 LES ALLERGIES ET LES INTOLÉRANCES ALIMENTAIRES

Des statistiques révèlent que de 6 à 8 % des enfants ont des allergies alimentaires (RCPEM et AQAA, 2008). Une allergie alimentaire se caractérise par une réaction importante, parfois fatale, de l'organisme en présence de certaines substances alimentaires perçues comme des agresseurs par le corps, qui tente de se défendre de manière intense en produisant des anticorps. Les allergies aux arachides et à l'ensemble des noix, aux poissons et aux fruits de mer, aux œufs, aux produits laitiers et au soya sont les plus couramment observées chez les enfants en bas âge, au Canada. Quant à l'intolérance alimentaire, elle est moins grave et nettement moins dangereuse pour la santé, car elle ne touche pas le système immunitaire. Dans ce cas-ci, il s'agit plutôt de réactions de l'organisme qui ne dispose pas des enzymes nécessaires à la digestion des aliments allergènes. Parmi ceux-ci, on compte principalement le lait de vache et ses dérivés, le blé, le maïs, le soja, le chocolat, les agrumes, les kiwis, les fraises, les colorants alimentaires et la moutarde.

Quelques médicaments peuvent également susciter des allergies ou des intolérances chez les enfants, comme certains antibiotiques. Au moment de l'administration des premières doses, on conseille d'être particulièrement attentif. Tout comme dans l'introduction de nouveaux aliments, on suggère de laisser aux parents le soin de donner le nouveau médicament à la maison afin de vérifier la présence ou l'absence d'effets secondaires. Les symptômes cliniques qui peuvent survenir dans les cas d'allergies ou d'intolérances alimentaires et médicamenteuses appartiennent soit aux malaises gastro-intestinaux, comme des ballonnements, des diarrhées, des crampes intestinales, soit aux problèmes cutanés, comme des irritations, des éruptions, de l'eczéma, des plaques sur la peau, soit aux difficultés respiratoires, qui sont sans contredit les plus graves, comme les difficultés à respirer, les crises d'asthme, le gonflement des cavités buccales et de la gorge. Maux de tête, irritabilité, fatigue et gain de poids insuffisant figurent également sur la liste des manifestations potentielles.

La réaction d'allergie ou d'intolérance peut survenir immédiatement ou à retardement, soit de deux à 24 heures après l'absorption de l'aliment pathogène. Elle a tendance à s'intensifier au fil des consommations répétées, une première réaction allergique annonçant très souvent des réactions subséquentes plus fortes. Toutefois, ces problèmes alimentaires sont plus fréquents avant l'âge de six ans et tendent à disparaître à mesure que l'enfant grandit. On a remarqué qu'ils apparaissaient le plus souvent dans les familles où des allergies sont ou ont été présentes. Malheureusement, les allergies aux arachides et aux produits de la mer ont tendance à persister toute la vie durant. La majorité des services éducatifs ont éliminé tous les aliments pouvant contenir une quelconque trace d'arachides, de noix ou de graines à cause des problèmes graves (choc anaphylactique mortel) dus à leur présence (Petit, 1998).

L'allergie alimentaire doit toujours être diagnostiquée professionnellement par un médecin ou un allergologue et faire l'objet d'un suivi rigoureux. Quant à l'intolérance alimentaire, il est préférable d'obtenir un avis professionnel plutôt que de conclure soi-même à l'intolérance (RCPEM et AQAA, 2008).

L'éducatrice a tout intérêt à connaître les interventions à adopter dans le cas d'allergies ou d'intolérances alimentaires. L'encadré 4.6 relève les principales interventions en pareille situation.

Encadré 4.6   Interventions générales de l'éducatrice dans les cas d'allergies ou d'intolérances alimentaires[5]

- Demander aux parents un avis médical en bonne et due forme quant au type d'allergie ou d'intolérance alimentaire de leur enfant en termes :
  - de signes et manifestations courantes ;
  - d'aliments à éliminer et de leurs dérivés ;
  - de substituts de valeur nutritive comparable ;
  - de procédure officielle à suivre en cas de réactions.
- Afficher clairement à la cuisine et à la vue de toutes les personnes qui côtoient les enfants, y compris les remplaçantes, les noms des enfants concernés, leur photo et la liste des aliments problématiques.
- Toujours lire plus d'une fois la liste des ingrédients contenus dans les produits commerciaux (les biscuits au chocolat et même les sucettes glacées (*popsicles*) peuvent contenir des traces d'arachides) pour s'assurer de ne pas donner d'aliments allergènes aux enfants concernés.
- Dès qu'il est possible, conscientiser l'enfant à ses allergies et l'amener à en parler de lui-même pour susciter la vigilance des gens de son entourage.
- Faire porter un bracelet MedicAlert ou l'équivalent à l'enfant allergique.
- Reconnaître les signaux d'allergies ou d'intolérances et les réactions anaphylactiques.
- Savoir en tout temps où se trouve la seringue à injection d'adrénaline (EpiPen, nom commercial) de l'enfant et apprendre à s'en servir.
- Toujours apporter la seringue avec soi lors de sorties à l'extérieur du service éducatif et même dans la cour.
- Veiller à faire remplacer la seringue en tenant compte de la date d'expiration.
- Se référer au document *Protocole et procédures - Allergies et intolérances en service de garde* (Casse-Noisette) – produit par le Regroupement des CPE de la Montérégie (RCPEM) et l'Association québécoise des allergies alimentaires (AQAA), 2008.

---

5. On peut joindre l'Association québécoise des allergies alimentaires (AQAA) au n° de tél. : 514 990-2575. [En ligne] [http://allergiesquebec.org/fr].

4.13 LES RISQUES D'ÉTOUFFEMENT OU D'INFECTION RESPIRATOIRE

Certains aliments comportent des risques d'étouffement importants surtout pour les enfants de moins de 2 ans, mais un étouffement peut survenir à tout âge. Chaque année au Québec, de 1 à 5 enfants âgés de 2 à 5 ans décèdent par asphyxie à cause de l'obstruction des voies respiratoires par un aliment ou un objet, alors que 200 autres doivent subir une intervention chirurgicale sous anesthésie générale pour retirer un aliment ou un objet coincé dans l'œsophage, le larynx ou les bronches (brochure *Danger mortel* de l'Hôpital Sainte-Justine, 2008) sans compter le risque d'infection due aux petits aliments qui se logent dans les voies respiratoires. La prévention constitue le moyen par excellence pour entraîner une diminution de si tristes statistiques, car la plupart des accidents auraient pu être évités.

Parmi les **aliments à risques** jusqu'à l'âge de 4 ans mentionnons, entre autres, les aliments de forme cylindrique comme les saucisses entières ou coupées en rondelles qu'il faut trancher sur le sens de la longueur et en petits morceaux, les raisins frais entiers à couper en deux ou en quatre s'ils sont très gros, les aliments durs comme les crudités (carottes, navet, céleri, chou-fleur et brocoli) qu'il vaut mieux faire blanchir, c'est-à-dire faire tremper dans l'eau bouillante pendant environ deux minutes avant de les servir, les légumes en feuilles qu'on doit couper, toutes les sortes de noix et de graines, les pois et les fèves séchés, le maïs à souffler éclaté ou non, les gros morceaux d'aliments comme les cubes de viande sans oublier les bonbons durs y compris les pastilles contre la toux, la gomme à mâcher, les croustilles (chips), les raisins secs, les arêtes de poissons, les petits os, les noyaux et le cœur de certains fruits ainsi que les sucettes glacées et les glaçons. Les fruits doivent être coupés en petits morceaux.

Les amuse-gueules, les décorations ou les aliments utilisant **des cure-dents ou une brochette** présentent également des risques d'étouffement. Il vaut mieux les éliminer complètement de l'environnement de l'enfant.

Pour éviter les risques d'étouffement ou d'infection des voies respiratoires, l'éducatrice fait toujours manger les enfants sous sa surveillance directe. Elle les fait asseoir et leur rappelle de prendre de petites bouchées, de bien mastiquer et de ne pas parler ni chanter avec des aliments dans la bouche. Elle range les aliments dangereux hors de la portée des enfants.

La présence d'un corps étranger dans les voies respiratoires peut être signalée par un refus soudain d'avaler, une salivation accrue, des douleurs au thorax, une difficulté à respirer ou une respiration bruyante de même qu'un pourtour de bouche et des lèvres bleutés. Lorsqu'un enfant semble s'être étouffé avec un aliment ou un objet, il faut d'abord bien observer ses réactions. En présence d'indices ne démontrant qu'une obstruction partielle des voies respiratoires, par exemple, lorsque l'enfant tousse, pleure ou respire, il faut l'encourager à tousser en l'aidant à se pencher vers l'avant en soutenant son thorax. En cas d'insuccès, on donne cinq claques entre les omoplates pour tenter de désobstruer les voies respiratoires. On ajuste la force de son geste en fonction du poids et de la taille de l'enfant. Il est important d'aider l'enfant à rester calme et de demander à quelqu'un d'aviser rapidement les services médicaux d'urgence qui évalueront la meilleure conduite à adopter en pareille situation.

Si la respiration semble s'être arrêtée, que l'enfant ne parle ni ne pleure ou qu'il émet qu'un faible son aigu, qu'il porte sa main à sa gorge et qu'il ne peut tousser, il faut procéder le plus rapidement possible à la manœuvre de Heimlich en gardant un grand contrôle de soi, ce qui augmentera l'efficacité de la technique d'urgence. L'encadré 4.7 décrit cette manœuvre.

Encadré 4.7   Manœuvre de Heimlich [6]

- Si l'enfant est conscient, se placer debout ou à genoux derrière la victime et passer les bras sous ses aisselles.
- Avec un poing fermé, paume vers le sol, placé au-dessus du thorax de l'enfant, appuyer sur celui-ci avec l'autre poing en donnant une poussée rapide vers soi jusqu'à l'expulsion du corps étranger. Contrairement à la façon de faire d'avant, on ne pousse plus vers le haut.
- Continuer les pressions jusqu'à ce que l'objet soit expulsé ou que l'enfant perde connaissance.
- Plus la taille de l'enfant est petite moins la pression exercée doit être forte.
- Faire appeler les secours médicaux d'urgence (911).
- Faire le bouche à bouche si la respiration ne reprend pas.
- Réclamer l'aide d'autres adultes pour veiller sur les enfants de son groupe ou demander à un enfant plus vieux d'aller aviser une éducatrice ou crier « À l'aide ! ».
- Même si la manœuvre réussit et que les symptômes disparaissent, faire voir l'enfant par un médecin sans tarder pour qu'il vérifie si ses voies respiratoires sont libres de tout débris.

Attention : ces conseils ne remplacent pas une formation en secourisme.

On doit mettre à jour ses connaissances en premiers soins en suivant un cours de rappel tous les trois ans tel qu'il est prescrit dans la Loi sur les services de garde à l'enfance et le Règlement sur les SGMS. Les éducatrices en prématernelle et en maternelle gagnent à être habilitées à intervenir adéquatement en cas d'urgence.

---

6. [En ligne] [www.soins-Infirmiers.com].

4.14   L'ÉDUCATION À L'ALIMENTATION

L'alimentation compte parmi les thèmes les plus populaires auprès des enfants. La nourriture fascine les petits autant que les grands, car elle est rattachée à une notion universelle de plaisir. En services éducatifs, on gagnerait à aborder ce sujet quotidiennement tout au long de l'année en lui accordant une place bien plus importante que celle qui lui est habituellement réservée dans la programmation officielle des activités. De nombreuses occasions s'offrent à l'éducatrice de faire de l'alimentation un sujet captivant pour les enfants. De plus, on peut traiter de la nutrition en diversifiant les approches, ce qui offre de multiples possibilités pédagogiques.

A.   Faire participer l'enfant à son alimentation

L'enfant peut apprendre beaucoup en participant à la préparation des collations et des repas. « Préparer des aliments demeurera toujours une action passionnante pour l'enfant âgé de 2 à 12 ans » (Petit, 2008). L'éducatrice peut demander aux enfants de laver et de disposer des fruits dans une assiette de service, de découper des formes dans de la pâte à pain commerciale (de type Pillsbury, marque de commerce) pour ensuite les faire cuire et les déguster. En plus d'aider au développement d'habiletés motrices, tout ce qui entoure de près ou de loin la préparation des aliments aide à faire croître l'autonomie, le sentiment de compétence et de fierté personnelle de l'enfant, ce qui est important dans le développement des habiletés socioaffectives. L'encadré 4.8 propose quelques idées pour faire participer l'enfant à l'heure des collations et des repas.

Encadré 4.8 Participation de l'enfant au moment des collations et des repas

La nourriture :
- Aider à laver les fruits.
- Aider à disposer les fruits ou les légumes dans une assiette individuelle ou collective.
- Décorer l'assiette avec des petits fruits secs.
- Peler des fruits faciles à peler comme des clémentines ou des bananes. Au besoin, l'éducatrice fait une première entaille dans la pelure pour faciliter la tâche de l'enfant.
- Verser du jus dans son verre avec un pichet de taille adaptée. Une tasse à mesurer en plastique avec bec verseur de 500 ml peut très bien faire l'affaire.

Les soins et les gestes entourant les collations et les repas :
- Se laver les mains avant et après.
- Mettre une jolie nappe ou des napperons personnalisés ; décorer le centre de la table d'un bouquet de fleurs sauvages ou fabriquées par les enfants.
- Collaborer au service, en partie ou en totalité (distribuer les verres ou les couverts).
- Faire circuler un plat de nourriture d'une convive à l'autre. Attention à la température chaude des plats.
- Se servir soi-même à partir d'une table où sont disposés les plats d'aliments.
- Se desservir en rinçant son assiette et en la déposant dans un bac prévu à cet effet.
- Essuyer la table. Attention : le nettoyage avec le produit désinfectant est réservé à l'éducatrice en raison de son contenu toxique.
- Balayer le plancher.
- Replacer les chaises.
- Se brosser les dents.

B.   La conscience alimentaire

C'est d'abord par l'exemple vivant que l'enfant apprend les bonnes habitudes de vie. Le modèle dont il dispose l'aide à acquérir des habitudes et attitudes alimentaires bien plus que ne le font les paroles moralisatrices ou les discours. En servant elle-même d'objet de référence, l'éducatrice peut contribuer à l'acquisition de bonnes mesures alimentaires de l'enfant.

Le principe de cohérence entre la parole éducative – « manger une pomme est bon pour la santé ; les bonbons favorisent la carie dentaire ; les aliments gras favorisent l'embonpoint » – et la réalité est mis à rude épreuve lors de fêtes spéciales organisées en services éducatifs où, souvent, les enfants reçoivent des messages contradictoires. Des croustilles, des desserts très sucrés, des boissons gazeuses, du chocolat ornent la table lors des occasions « spéciales ». Ainsi, on crée une confusion dans l'esprit des jeunes. On pourrait imaginer le raisonnement d'un enfant de 4 ans : « Mon éducatrice m'enseigne par toutes sortes d'activités aussi intéressantes les unes que les autres que les boissons gazeuses ne sont pas bonnes pour la santé, mais par contre elle me dit que je peux en prendre aujourd'hui parce qu'il s'agit d'une fête qui souligne la semaine des CPE. Je ne comprends pas vraiment pourquoi. En plus, elle aussi en boit et elle a l'air de bien aimer ça. » Puisqu'ils ont une mission éducative de grande valeur auprès des enfants et de leur famille, les CPE, les maternelles et les SGMS devraient faire l'effort constant de privilégier le choix et la consommation d'aliments-santé même lors de fêtes ou d'occasions spéciales.

On estime à deux ou trois le nombre d'aliments à calories vides que chaque enfant consomme quotidiennement (Petit, 2008), soit à la maison, soit au restaurant. Sans préconiser l'interdit absolu de ces aliments, les adultes des services éducatifs ont un rôle à jouer avant tout par l'exemple et en étant cohérents dans les valeurs éducatives qu'ils préconisent, valeurs qui doivent également se refléter dans les « journées spéciales ». Les enfants d'âge préscolaire et scolaire peuvent participer à l'élaboration du menu comprenant essentiellement des aliments nutritifs en incluant quelques petites gâteries où tout est question d'équilibre.

Prêcher davantage par l'exemple que par la parole, développer plus de conformité entre ce qui est dit et ce qui est appliqué, voilà l'attitude que devrait adopter l'éducatrice.

C. Les activités éducatives

a) Causeries

En services éducatifs, les moments passés à table, qui totalisent près de deux heures par jour (deux collations d'une demi-heure chacune et le repas du midi de 45 minutes environ), sont des occasions propices pour parler des aliments avec les enfants, en se questionnant à leur sujet, en les observant à partir des cinq sens. En présence des enfants, l'éducatrice a avantage à faire preuve de curiosité concernant l'alimentation ; cela permet d'ouvrir sur des connaissances des plus fascinantes (Petit, 2008). Pour ce faire, on conseille d'employer un langage précis et juste pour décrire les aliments et les actions se rapportant à la cuisine : sauce au lieu de *gravy*, grumeaux à la place de *mottons*, mélangeur au lieu de *blender*, du cantaloup et non pas *de la cantaloupe*, tout en considérant le niveau de développement des enfants. Plusieurs maisons d'édition intéressées par la littérature enfantine publient des albums consacrés à l'alimentation et à des sujets connexes, et ce, pour différents groupes d'âge. Pour connaître les titres existants et les parutions récentes, on peut contacter son association professionnelle, la bibliothèque du quartier ou Communication-Jeunesse[7].

L'éducatrice peut commencer à développer le sens critique des enfants de 4 ans et plus, en ce qui concerne les produits alimentaires et la publicité ou les produits qu'ils retrouvent dans leur assiette ou leur boîte à lunch : trop de sucres, manque de vitamines, excès de gras nuisibles à la santé. Les enfants d'âge scolaire peuvent apprendre à lire et à analyser les étiquettes sur les contenants d'aliments.

---

7. [En ligne] [www.communication-jeunesse.qc.ca].

> Mars est le mois de la nutrition au Québec. L'éducatrice peut en profiter pour organiser des activités sur le sujet. [En ligne] [http://opdq.org/actualites-evenements-et-publications/mars-mois-de-la-nutritionmd/].

b) **Activités variées**

En utilisant des circulaires publicitaires distribuées par les marchés d'alimentation, on peut proposer aux enfants de découper des photos d'aliments pour susciter divers apprentissages tout en les guidant selon leurs intérêts et leurs capacités. D'autre part, des activités de découvertes sensorielles se révèlent intéressantes pour les enfants de même que des expériences culinaires simples. Il est essentiel que les activités proposées s'inspirent des observations recueillies auprès des enfants quant à leurs goûts et à leurs capacités. L'encadré 4.9 suggère différentes activités sur l'alimentation à proposer aux enfants.

Encadré 4.9   Idées d'activités sur le thème de l'alimentation

- Découper des images d'aliments, les regrouper par catégories (produits laitiers, fruits et légumes, viandes et substituts, pains et céréales et aliments camelotes) puis les coller sur un carton. Les afficher sur le mur du local pour susciter des échanges verbaux. Assembler dans un album des images d'aliments sains et le mettre à la disposition des enfants. Faire des classifications par couleur, par forme ou par volume.
- À partir d'images d'aliments sains, réaliser un mobile collectif à suspendre au-dessus de la table là où se prennent les collations et les repas.
- Fabriquer un jeu de cartes pour faire des devinettes ou pour regrouper les aliments selon leur couleur, leur goût, leur forme.
- Faire des casse-têtes maison avec des images d'aliments collées sur un carton.

- Créer un jeu de serpents et échelles (Parcheesi) avec les quatre groupes alimentaires et les aliments camelotes.
- Décrire un aliment mis dans son assiette à partir d'une image ou d'un spécimen réel: forme, couleur, grosseur, odeur, texture, provenance, culture, transformation, valeur nutritive.
- Comparer les caractéristiques d'une variété d'un même aliment, par exemple des nouilles de formes différentes, du pain fait à partir de différentes céréales (blé entier, seigle, avoine), des pommes de diverses variétés.
- Faire un jeu de reconnaissance olfactive ou tactile d'aliments préalablement observés et identifiés.
- Préparer avec la participation des enfants des recettes faciles et nutritives: biscuits à l'avoine, gélatine santé, salade de fruits, trempette au yogourt, punch aux fruits, coulis de fruits, roulades de fajitas, etc.
- Faire pousser dans le local ou dans la cour de la luzerne, du persil et des haricots.
- Aller au marché, à l'occasion, acheter des légumes dont la cuisinière aura besoin pour cuisiner un plat.

N. B. Les activités d'impressions réalisées avec de la gouache et des morceaux de fruits ou de légumes, la confection de colliers ou la fabrication de maracas avec des pâtes alimentaires sèches ou du riz sec ne devraient avoir lieu qu'à l'occasion seulement, et ce, afin de sensibiliser les enfants à l'importance de ne pas gaspiller la nourriture.

L'heure des collations et des repas offre de nombreuses occasions d'explorer les aliments avec les **cinq sens**. Par la **vue**, l'éducatrice peut amener les enfants à observer et à décrire les aliments à l'aide d'un vocabulaire propre aux éléments visuels de la nourriture: les couleurs (rouge, vert, jaune, etc.); les nuances de couleurs (pâle, foncé, fade, vif, etc.); les textures (cuit, cru, croustillant, solide, mou, liquide, purée, tendre, etc.);

les aspects (brillant, lisse, épais, limpide, etc.); les formes et les volumes (gros, petit, boule, cube, carré, bâtonnet, rondelle, tranche, cercle, ovale, épais, mince, ondulé, allongé, court, bombé, etc.).

En employant fréquemment les expressions «ça a l'air appétissant»; «ça donne le goût de manger»; «ça te fait une belle assiette», on attire l'attention des enfants sur ce qui se trouve sur la table.

D'autres suggestions s'ajoutent à la liste des idées mettant en valeur les aliments. On peut faire écho aux remarques des enfants ayant trait aux perceptions visuelles des aliments: les taches sur la pelure de banane, les rayures sur l'écorce de la clémentine, les petites graines dans le morceau de kiwi, les morceaux de fruits dissimulés dans le yogourt. On peut présenter des fruits (oranges, pommes) ou des légumes (carottes, choux-fleurs) avec une touche créative, par exemple en quartiers, en demi-tranches, en triangles, en lanières, en tranches horizontales avec un centre en forme d'étoile pour les pommes, ou selon un arrangement original (en bonhomme, en couronne, en visage, en maison) ou en disposition variée (autour d'une assiette, en brochette). C'est tellement plus amusant de manger des roues (rondelles) de camion en banane ou des chenilles (bâtonnets) en fromage! Aussi, on peut utiliser des emporte-pièces en forme de cœur ou d'étoile pour tailler des sandwichs ou former des biscuits et des moules à glaçons pour faire de la gélatine santé.

S'arrêter pour sentir les odeurs qui se dégagent lors de la préparation et du service des aliments, prendre le temps de humer la nourriture avant de manger, de comparer les arômes et les senteurs, voilà des possibilités à exploiter pour ce qui est de l'**odorat**. On peut ajouter des commentaires ou des questions se rapportant aux perceptions olfactives: «Ça sent bon!»; «Qu'est-ce que ça sent?»; «La tranche de pain n'a pas la même odeur que le cube de fromage»; «D'où vient cette odeur?»; «Sens-tu l'odeur d'oignon qui vient de la cuisine?»; «Hum! Ça sent l'orange! Qui en a pour sa collation?».

Pour stimuler le sens du **goût**, on peut poser des questions afin de sensibiliser les enfants à la saveur des aliments : « Est-ce que c'est sucré, salé, piquant, amer, sur, acide ? Trop salé ? Trop sucré ? Est-ce que cela a un goût un peu brûlé ? Quels assaisonnements y a-t-il dans ce mets ? De la menthe ? De l'ail ? Du thym ? De la cannelle ? ». Amener les enfants à détecter les sensations de chaud, de tiède et de froid ajoute au développement des perceptions gustatives. Pour ce qui est du **toucher**, on peut stimuler la perception des sensations tactiles des enfants lorsqu'on manipule et qu'on mange les aliments : « Est-ce dur ou mou ? Comment est le yogourt glacé dans ta bouche ? » Les mots décrivant les consistances et les textures (moelleux, grumeleux, onctueux, crémeux, épais, caoutchouteux, piquant, fondu, fondant, sablé, lisse, doux, fibreux, dur, mou) servent à mettre en évidence les sensations tactiles.

Même l'**ouïe** a sa place dans l'exploration sensorielle des aliments. Par exemple, en portant attention aux sons que font certains aliments lorsqu'on les manipule ou les mange : « Écoute les sons que fait ton craquelin lorsque tu le croques. » Il est possible de commenter verbalement les perceptions auditives associées aux aliments et au vocabulaire qui les décrit : mijoter, frire, bouillonner, bouillir, mastiquer, siroter, broyer, croquer, couler, croustillant, croquant, pétillement, émiettement.

c) *Matériel pour les jeux symboliques*

On sait comment les enfants de 2 à 8 ans aiment faire semblant. Les activités symboliques dans le coin maison peuvent être enrichies par des accessoires se rapportant à la cuisine : aliments en plastique, boîtes de conserve vides et sécuritaires, pots de plastique récupérés, vrais ustensiles comme des pinces à spaghetti, cuillères en bois, passoires, presse-ail, louches, moules à gâteaux, boîtes d'aliments vides (céréales, riz, pâtes alimentaires, préparation à muffins). Pour faire la joie des enfants, compléter le centre d'intérêt en y ajoutant du matériel issu de la vie familiale tel que des plateaux de service, des tabliers, des mitaines à four, des napperons, divers contenants en plastique ou des livres de recettes avec illustrations.

Offrez souvent des activités qui sensibilisent les enfants à l'alimentation. Que c'est amusant de revêtir une toque de cuisinier pour apprendre le nom des ingrédients d'une recette !

Aménager un coin épicerie vraisemblable avec une étagère, un panier ou un chariot, une caisse enregistreuse jouet ou de fabrication artisanale, de faux billets de banque, des crayons et du papier pour faire semblant de faire la liste d'épicerie, des circulaires de marchés d'alimentation, des étiquettes pour afficher les prix, des sacs à emballer, pour jouer à l'épicier ou au client. Ce jeu devient rapidement une activité très prisée des jeunes enfants lors des ateliers ou des jeux libres.

d) Visites éducatives

Se rendre chez le boulanger du quartier pour goûter au pain frais qui vient de sortir du four, faire une visite dans un verger ou une cabane à sucre, visiter une fruiterie, faire un tour au supermarché pour repérer les aliments santé, visiter la cuisine d'un restaurant lors de périodes d'achalandage réduit, voilà de bons moyens pour susciter l'intérêt des enfants pour les aliments, en plus de favoriser de nombreux apprentissages. Pour assurer leur réussite, il faut préparer minutieusement ces sorties.

4.15 JEUX ET ASTUCES AVANT, PENDANT OU APRÈS LES COLLATIONS OU LES REPAS

Il ne suffit pas d'annoncer un jeu pour que les choses se mettent en place. L'éducatrice doit vraiment faire en sorte que les enfants s'y intéressent vraiment. La motivation réelle de l'éducatrice est garante du plaisir que tous pourront éprouver à vivre l'expérience proposée. Voici quelques jeux et astuces qui pourront apporter une touche ludique aux collations et aux repas.

1) Objectif : créer le calme avant de manger, canaliser l'attention des enfants

1.1 Le jeu du téléphone

Voici un jeu qui crée une période de calme avant de commencer à manger. Assis à la table, un enfant choisit un mot et le chuchote dans l'oreille de son voisin. Celui-ci le murmure à son tour à son voisin. Le dernier joueur dit à voix haute le mot qu'il a entendu. Quelle surprise de constater à quel point le premier mot s'est transformé ! Avec un enfant de 2 ans, lui chuchoter un mot simple qu'il répétera immédiatement.

1.2 Un message muet

Avant de commencer à manger, l'éducatrice, sans émettre le moindre son, articule un mot ou une courte phrase en exagérant. Les enfants tentent de décoder le message. Choisir un message significatif pour les enfants.

1.3 Un dessin avec mon doigt

Proposer aux enfants de dessiner sur la table avec un doigt.

1.4 Un napperon pour alimenter l'échange

Après que les enfants ont fabriqué un napperon personnalisé avec des images, un dessin, des photos de leur famille, les inviter à commenter ce qu'ils observent. Pour accroître la durabilité du napperon, le recouvrir d'une pellicule en plastique autocollante.

1.5 On chuchote

L'éducatrice parle aux enfants en chuchotant et les invite à faire comme elle.

1.6 Des tâches à faire

Confier des tâches aux enfants: distribuer les napperons, distribuer les verres, ramasser les débarbouillettes, nettoyer la table.

1.7 Un petit repos

À l'aide d'un petit texte, proposer aux enfants de faire un petit repos avant de commencer à manger: « En attendant le repas, petite tortue se repose. Elle pose sa tête sur ses bras, comme ça. »

2) Objectif: marquer le début de la collation ou du repas

2.1 Une formule appétissante

Donner le signal aux enfants de commencer à manger par une courte phrase: « Bon appétit... »

2.2 Merci Dame Nature!

Réciter un petit texte pour exprimer notre gratitude envers Dame Nature qui nous donne à manger: « Chaque petite bête a eu à manger, chaque petite fleur a eu à boire. Nous n'avons pas été oubliés. Merci, Dame Nature de nous donner à manger. »

2.3 Un signal donné par une comptine ou une chanson

Indiquer que c'est le temps de manger par une comptine ou une chanson. Voir le répertoire suggéré à 4.16 plus loin.

3) Objectif : amener les enfants à identifier et à reconnaître des aliments

3.1 Voici ce que nous allons manger

À partir des plats de service que l'éducatrice montrer aux enfants, elle les invite à identifier et à décrire les aliments qui s'y trouvent et qu'ils s'apprêtent à déguster.

3.2 Quels sont les ingrédients ?

Nommer les aliments que l'on trouve dans son assiette : « Avec quoi fait-on une sauce à spaghetti, une trempette comme celle que nous mangeons, une soupe ? »

3.3 Apprécions les aliments

Amener les enfants à décrire les sensations perçues au contact des aliments : forme, couleur, saveur, consistance. Constater des similitudes et des différences, estimer des quantités (moins, autant que, plus).

3.4 Comme un aveugle

Inviter les enfants à manger les yeux fermés quelques instants afin d'être plus attentifs aux sensations perçues : salé, sucré, amer, acide, doux, dur, croustillant, collant, mou, juteux.

3.5 Devinettes à volonté

Inviter les enfants à deviner de quels aliments il s'agit : « Qu'est-ce qui est petit comme le bout de mon doigt ? » ; « Qu'est-ce qui est blanc et liquide ? » ; « Qu'est-ce qui a une forme ronde ? »

4) Objectif : apporter une touche ludique

4.1 Comme au restaurant

L'éducatrice joue le rôle d'une serveuse de restaurant. Elle distribue un dessin au début pour faire patienter les clients, prend leur commande. Les clients sont invités à dire merci lorsqu'ils sont servis, à parler calmement pour ne pas déranger les autres clients, à faire semblant de payer l'addition à la fin.

4.2 Le jeu du douanier

L'éducatrice en SGMS vérifie la qualité et le contenu de la boîte à lunch des enfants pour dépister, entre autres, la présence d'arachides ou de traces d'aliments allergènes. Elle peut aussi détecter les moins bons aliments à consommer : biscuits très sucrés, jus avec colorant alimentaire. Elle joue le jeu en prenant garde de ne pas offenser les enfants.

4.3 Un pique-nique

Faire un pique-nique dans le local en imaginant un environnement spécial : un bord de la mer, un champ de blé doré, l'orée d'une forêt, une autre planète, en camping. Créer l'ambiance recherchée avec divers accessoires : dessins, affiches, photos, tissus, sons enregistrés, déguisements.

4.16 COMPTINES ET CHANSONS

Chanter ou rythmer un texte pour signaler ou agrémenter le début d'une collation ou d'un repas met de l'atmosphère lors de ces moments importants de la journée. Faire attention de ne pas provoquer d'étouffement par inspiration en faisant chanter les enfants en mangeant.

1
Bon appétit

Air traditionnel : Frère Jacques

Bon appétit, bon appétit
Les amis, les amis.
Mangez pas trop vite, mangez pas trop vite
C'est si bon, c'est si bon.

2
Chanson du p'tit creux

Air traditionnel : Y'a un rat sur mon toit

J'ai un p'tit creux dans mon bedon
Je l'entends qui glougloute
J'ai un p'tit creux dans mon bedon
Je l'entends glouglouter.
J'entends, j'entends, j'entends mon ventre qui chante.
J'entends, j'entends, j'entends mon ventre glouglouter.
J'ai faim ! (en parlant)

3
Attention, c'est la collation

(comptine)

Que va-t-on mettre de bon dans notre bedon ?
Des biscuits ?
Non…
Des carottes ?
Non…
Des bonbons ?
Non…
Du fromage ? (nom de l'aliment qui sera mangé pour la collation)
Oui…
Et maintenant… mangeons.

4
Qu'est-ce qu'on mange?

Air traditionnel : La peinture à l'huile

J'entends dans mon ventre
Un petit glou glou
Il me dit : « Qu'est-ce qu'on mange ? »
J'ai une faim de loup.
Je m'assois en silence avec mes amis.
Ça sent bon « Qu'est-ce qu'on mange ? »
J'ai une faim de loup.

5
Bona bona

(comptine)

Éducatrice	*Enfants*
Bona bona	Pétit
Pétit pétit	Bona
Merci à qui ?	À… (prénom de la cuisinière)
De la part de qui ?	Des amis
Qui sont…	Les plus beaux, c'est vrai.

6
Dînez !

Un nez
Deux nez
Trois nez
Quatre nez
Cinq nez
Six nez
Sept nez
Huit nez
Neuf nez
Dix nez (dînez).

7
Bonhomme, bonhomme

Air traditionnel : Bonhomme, bonhomme sais-tu jouer ?

Bonhomme, bonhomme sais-tu manger ? (bis)
Sais-tu manger de cette *pomme*[1]-là ? (bis)
Miam, miam, miam[2] de cette pomme-là ? (bis)
Bonhomme ?
Bonhomme, bonhomme
Mange ta pomme
Pour ta collation.

1. Peut être remplacé par un autre aliment.
2. Peut être remplacé par une autre onomatopée comme crac, crounch, croc, etc.

8
Parce qu'on a faim

Air traditionnel : Violette à bicyclette

On n'est pas des p'tits castors
Donnez-nous d'la bouffe
Donnez-nous d'la bouffe
On n'est pas des p'tits castors
Donnez-nous d'la bouffe
Parce qu'on crie fort. (cris)
On n'est pas des p'tites grenouilles
Donnez-nous d'la bouffe
Donnez-nous d'la bouffe
On n'est pas des p'tites grenouilles
Donnez-nous d'la bouffe
Parce qu'on se grouille. (se trémousser sur sa chaise)
On n'est pas des p'tits lapins
Donnez-nous d'la bouffe
Donnez-nous d'la bouffe
On n'est pas des p'tits lapins
Donnez-nous d'la bouffe
Parce qu'on a faim. (frottement circulaire sur le ventre)

9
Les glouglous de mon ventre

(Se trouve sur le CD)
Paroles : Nicole Malenfant
Musique : Monique Rousseau

L'entendez-vous ce petit bruit
Ce petit bruit de rien du tout ?
L'entendez-vous ce petit bruit
Qui fait gligli, qui fait glouglou ?
Serait-ce un dindon
Qui glougloute dans mon bedon ?
Ou serait-ce donc
Un mouton glouglouglouton ?
Eh bien ! Non…
Car c'est mon ventre affamé qui vient tout juste de parler
Et il me dit sans hésiter qu'il veut tout simplement manger.
Bon appétit à vous les petits glouglous…

10
Bon appétit à toi

(Se trouve sur le CD)
Paroles : Nicole Malenfant
Musique : Michel Bonin

Le ciel a besoin d'étoiles pour éclairer la nuit
La terre a besoin de soleil pour faire pousser les fruits
Mes yeux ont besoin du jour pour voir au loin là-bas
Mon cœur a besoin d'amour pour t'ouvrir grand les bras.
Mes poumons ont besoin d'air pur pour rire et puis chanter
Mon corps a besoin de nourriture pour vivre en santé.

Merci la vie de me donner tout ça
Merci pour ce repas
Merci à toi d'être là tout près de moi
Et bon appétit… à toi.

Chapitre 5

La sieste ou la relaxation

CONTENU DU CHAPITRE

5.1	Le besoin de se régénérer	203
5.2	Le sommeil des enfants	206
	A. La sieste des enfants qui dorment	209
	B. La sieste des enfants qui ne dorment pas	209
5.3	Les demandes des parents	213
5.4	L'organisation spatiale	221
5.5	Le matériel et l'équipement	222
5.6	La préparation et le déroulement	224
5.7	Jeux pour faciliter et agrémenter le début de la sieste	231
	1) Objectif: raconter une histoire	232
	2) Objectif: proposer des jeux ou des moyens de détente	232
	3) Objectif: murmurer des mélodies	232
	4) Objectif: utiliser un élément de décor	233
	5) Objectif: exploiter l'imagination	233
5.8	Le lever	233

Parmi les besoins de base des enfants figurent le sommeil et le repos. Les personnes qui s'occupent d'enfants en bas âge s'entendent pour reconnaître la nécessité de la sieste ou d'une relaxation au cours de la journée. En effet, après le repas du midi, soit entre 12 h et 13 h, les enfants montrent généralement des signes de fatigue, qui peuvent se manifester par une baisse d'attention, de l'apathie, de l'irritabilité et même de l'agitation. Cette période correspond à un moment où la propension au sommeil est la plus grande et où se trouvent réduites les performances intellectuelles et physiques chez les personnes de tous âges. [En ligne] [http://sommeil.univ-lyon1.fr/articles/cfes/sante/rythmenf.php]. Marquée par la fatigue, cette phase coïncide avec une baisse de vigilance généralisée qui se manifeste durant le jour entre 11 h et 14 h que les spécialistes des rythmes biologiques ont pu valider de manière scientifique.

5.1 LE BESOIN DE SE RÉGÉNÉRER

Le besoin de repos en mi-journée provient d'une fatigue physique et mentale normale à tout âge mais qui est cependant plus marquée chez les jeunes enfants. Ce besoin se manifeste par des signes tant biologiques que comportementaux. On note le ralentissement des réflexes, le relâchement du tonus musculaire, les bâillements, les soupirs, des picotements dans les yeux, le rougissement des arcades sourcilières, une impression de froid, le regard furtif, l'intolérance au bruit, une perte ou une diminution de l'appétit, une réduction de la concentration, une baisse de motivation, une humeur irritable ou de la nervosité.

Comme les journées en services éducatifs sont bien remplies par toutes sortes d'activités et de contraintes, la capacité d'adaptation dont les enfants font preuve entraîne une fatigue normale. On n'aurait qu'à suivre un enfant pendant une journée complète pour évaluer l'ampleur des exigences auxquelles il doit faire face. En effet, il y a de nombreuses règles inhérentes à la vie de groupe, de multiples consignes à respecter concernant la sécurité, la discipline ou la participation, du matériel à partager, des pairs à considérer, des déplacements à faire. L'enfant doit aussi tenir compte du fonctionnement différent de celui de la vie familiale et auquel il doit rapidement s'adapter, du niveau de bruit souvent élevé, du nombre d'adultes différents qu'il côtoie, que ce soit le personnel qui se relaie pour le dîner, pour la pause de l'éducatrice ou pour l'accueil ou la fermeture. Compte tenu de cette réalité que vivent bon nombre d'enfants en services éducatifs, la sieste en mi-journée, avec ou sans sommeil, s'impose. Elle permet de minimiser les effets cumulatifs de la fatigue et de rééquilibrer la forme physique et mentale.

Divers éléments extrinsèques ou intrinsèques à l'enfant peuvent influencer la durée et la qualité de sa sieste. L'encadré 5.1 en fournit des exemples.

Encadré 5.1   Facteurs qui peuvent influencer la qualité et la durée de la sieste

- De mauvaises habitudes d'endormissement comme la dépendance à se faire frotter le dos, la nécessité d'avoir un silence complet, la peur de la pénombre.
- Les saisons, le manque d'ensoleillement ou les changements brusques de température qui agissent sur le métabolisme, influent sur le besoin de dormir ou de se reposer. On sait que la chaleur et l'ensoleillement de l'été diminuent le besoin de sommeil tant chez l'enfant que chez l'adulte (Challamel et Thirion, 1999).
- Le changement d'heure à l'automne et au printemps. Avancer ou reculer l'heure d'une heure perturbe pour quelques jours le sommeil des enfants.
- Des conditions environnementales qui nuisent au repos et trop d'enfants dans le même lieu. En effet, un matelas trop petit, un plancher froid, l'absence de couverture, le port de chaussures, le bruit et le peu d'espace entre les matelas n'aident en rien au bien-être de l'enfant. Un mauvais emplacement du matelas de l'enfant peut nuire au sommeil de certains enfants. Avoir un nid, un petit coin est important pour que l'enfant se sente plus en sécurité. Si on le met dans un coin du local et non au milieu de la

pièce, avec la tête contre un mur et non dans le vide de telle sorte qu'il puisse voir l'éducatrice, cela peut faire toute la différence.
- Certaines décorations ou certains bourrages posés sur les vêtements des enfants nuisent à leur confort ; même constat avec les habits trop serrés. Aviser les parents de choisir des vêtements confortables pour la sieste de leur enfant.
- Le tempérament et la programmation génétique propres à chaque personne influencent son attitude relative à la sieste : tendance à la combativité, petit dormeur ou gros dormeur, couche-tard ou couche-tôt, lève-tôt ou lève-tard.
- L'expérience personnelle où le lit ou le matelas est associé à un lieu de punition ou d'abandon.
- Le contexte comme la période d'adaptation dans un nouveau service éducatif, la fréquentation irrégulière rendant plus difficile l'acquisition de la routine de la sieste, la présence d'une remplaçante inconnue, les malaises physiques de l'enfant comme l'eczéma ou le nez bouché, une situation de vie anxiogène telle que le divorce des parents, un séjour prochain à l'hôpital.
- L'ingestion de trop de gras ou de sucre qui surchargent ou stimulent l'organisme, et rendent la digestion plus difficile. À l'inverse, un appétit inassouvi ou une soif non étanchée créent un inconfort nuisant au sommeil ou à la détente de l'enfant.
- L'absence ou l'insuffisance de temps de récupération pendant la première partie de la journée entrave le rythme naturel de sommeil. Contrairement à ce qu'on serait porté à croire, le surmenage et l'excès de fatigue retardent l'apaisement chez l'enfant à l'heure de la sieste ou de la relaxation. En ce sens, il est recommandé de proposer une activité calme aux enfants entre les activités de plus grande dépense d'énergie qui ont lieu en matinée.
- La prise de certains médicaments, prescrits ou non, entraîne parfois de l'agitation : antibiotiques, bronchodilatateurs, décongestionnants, sirops contre la toux, antinauséeux. Il est essentiel que les éducatrices s'informent des effets secondaires possibles des médicaments que prennent les enfants.

Il est important de se montrer empathique envers les enfants qui ont des difficultés à faire le vide, à se laisser aller au sommeil ou à la détente. Ce n'est certes pas en étant stressé ou exaspéré ou encore en faisant des menaces telles que « Tu ne feras pas l'activité tantôt si tu ne dors pas maintenant », que l'on peut aider l'enfant nerveux ou agité à se détendre. On n'a qu'à penser à ses propres difficultés à se relaxer pour être plus compréhensif par rapport aux réticences de certains enfants à se laisser aller à la sieste.

5.2   LE SOMMEIL DES ENFANTS

Comme chez les adultes en général, le besoin de sommeil des enfants diffère en fonction de l'âge, du tempérament, du rythme biologique, de l'énergie dépensée, de la santé et même de l'hérédité. Aussi, le trait typique du petit ou du gros dormeur, du lève-tôt ou du lève-tard, est déjà décelable chez le jeune enfant.

Le sommeil se déroule en cycles distincts. Chez les enfants, la durée approximative de chaque cycle est de 90 minutes, et se répète durant la nuit autant de fois que l'organisme en a besoin pour récupérer, pour compléter la maturation de fonctions biologiques et psychiques qui permettent à l'enfant de grandir. Chaque cycle de sommeil est composé de cinq stades (figure 5.1).

I	II	III	IV	V	Phase intermédiaire
Phase de somnolence Endormissement	Sommeil lent léger	Sommeil lent profond (sécrétion de l'hormone de croissance et de la prolactine)	Sommeil paradoxal (rêves, grande activité cérébrale, disparition du tonus musculaire, petits mouvements involontaires des yeux et du visage)	Sommeil lent léger	Éveil ou début d'un autre cycle Le sommeil redevient léger

Figure 5.1 Les phases d'un cycle normal de sommeil

Avec les plus récentes découvertes dans le domaine du sommeil, nous savons plus que jamais que dormir contribue à la santé de l'enfant au même titre que l'alimentation et l'hygiène. Selon diverses phases, le sommeil participe à la récupération de la fatigue physique et nerveuse en plus de contribuer au développement de fonctions mentales comme la mémorisation et la concentration. « Dormir est aussi essentiel à l'enfant que d'être nourri et aimé selon Brigitte Langevin, auteure d'ouvrages et d'articles sur le sommeil de l'enfant ([En ligne] [http://www.brigittelangevin.com/sommeil-et-reves/chroniques/152-la-sieste-chez-les-enfants-est-essentielle], 2013). « Le sommeil, le bon sommeil, est indispensable à la fabrication du cerveau. » (Challamel et Thirion, 1999) Durant la phase du sommeil paradoxal, qui est assez longue, le système nerveux de l'enfant va se développer. Force est de constater que le sommeil et le repos participent non seulement à la croissance et à la santé de l'enfant mais qu'ils constituent la continuité de son développement global. L'encadré 5.2 reprend les principaux bienfaits du sommeil chez le jeune enfant.

Encadré 5.2   À quoi sert le sommeil chez le jeune enfant ?

- Récupération pour le corps et le cerveau.
- Élimination de toxines.
- Résolution des tensions cumulées durant le jour.
- Réparation des tissus (cicatrisation de plaies) et des cellules usées.
- Enregistrement et organisation des informations acquises au cours de la journée.
- Maturation du système nerveux central.
- Sécrétion de l'hormone de croissance.
- Renforcement du système immunitaire donc prévention des maladies.
- Adaptation émotionnelle, régularisation de l'humeur.

« Est-ce que cet enfant a assez dormi ? A-t-il besoin de se reposer cet après-midi ? » demeurent des questions que se posent souvent les éducatrices ou les parents. **Les seuls indices vraiment révélateurs d'un sommeil suffisamment long et réparateur sont la bonne forme de l'enfant pendant la journée et un réveil où il est alerte et bien disposé, et l'absence de fatigue dans l'heure qui suit.** ([En ligne] [http://sommeil.univ-lyon1.fr/articles/cfes/sante/rythmenf.php].)

Le besoin de sommeil des enfants pendant la journée en services éducatifs varie, comme on l'a vu, en fonction de l'âge, mais aussi de la durée du sommeil de nuit, de la dépense d'énergie physique durant la matinée et de la forme générale de l'enfant. Certains enfants, surtout à partir de 4 ans, cessent de dormir pendant la sieste de l'après-midi alors que d'autres en auront besoin jusqu'à 6 ans (Challamel et Thirion, 1999). Néanmoins, on peut estimer que le besoin de sommeil des enfants de 2 et 3 ans se situe entre 12 et 14 heures par jour, réparties sur une nuit et une sieste en début d'après-midi. Quant aux plus âgés, ceux de 4 à 6 ans, leur besoin de dormir se situe entre 10 ou 12 heures par jour, également étalées sur une nuit et une courte sieste ou une relaxation, selon le cas. Vers 10 ans, 9 ou 10 heures de sommeil quotidien suffisent généralement.

Précisons que ces données ne sont que des moyennes et ne constituent nullement des normes et des recommandations à appliquer comme telles. Enfin, ajoutons que le besoin de dormir diminue au fur et à mesure qu'on avance en âge pour se stabiliser à environ huit heures par jour à l'âge adulte.

Les enfants qui ne dorment pas suffisamment sont plus susceptibles d'être en mauvaise santé, d'avoir de mauvaises habitudes alimentaires et de devenir obèses. Les hormones qui activent l'appétit sont plus activées chez les enfants qui dorment moins (Centre d'excellence pour le développement des jeunes enfants, 2012). Des scientifiques ont remarqué que les tout-petits qui dormaient moins de huit heures par jour avaient deux fois plus de risques de devenir obèses ([En ligne] [http://naitreetgrandir.com/fr/nouvelles/fiche.aspx?doc=20140130-obesite-enfant-facteurs-determinants]).

A. La sieste des enfants qui dorment

Si l'enfant dort durant la sieste de l'après-midi, il est recommandé de le laisser dormir. Contrairement aux idées préconçues, la sieste faite durant la journée ne diminue généralement pas le temps de sommeil nocturne, surtout si elle a lieu aussitôt après le repas du midi et qu'elle ne se prolonge pas au-delà d'un cycle. Supprimer le sommeil de l'après-midi chez un enfant qui en a réellement besoin en croyant qu'il s'endormira plus tôt ou plus facilement le soir venu ou qu'il dormira plus tard le matin, entraîne l'effet contraire. **Dès lors qu'on habitue l'enfant à s'opposer à son besoin de dormir le jour, il est porté à agir de la même manière à l'heure du coucher, le soir.** Puisqu'il incombe à l'éducatrice de veiller au bon développement de l'enfant, elle doit permettre à l'enfant de dormir lorsqu'il en manifeste le besoin.

B. La sieste des enfants qui ne dorment pas

Même si l'on s'attend à ce que tous les enfants s'allongent au début de l'après-midi, et ce, jusqu'en maternelle, il ne peut être question de les obliger à rester éveillés et inoccupés pendant deux heures sur leur matelas. Après un temps de repos sans bruit d'une durée maximale de 45 minutes, les enfants qui ne dorment pas devraient être autorisés à s'occuper à des jeux tranquilles sous la supervision d'une éducatrice et, idéalement, dans un autre local. Cependant, l'éducatrice veillera à éviter qu'un privilège se crée à l'idée de ne pas dormir. «Afin de répondre à leur désir de jouer, certains enfants sont prêts à mettre tout en œuvre pour sauter la période de dodo de l'après-midi. Soyez vigilant», rappelle Brigitte Langevin [En ligne] [http://www.brigittelangevin.com/sommeil-et-reves/chroniques/152-la-sieste-chez-les-enfants-est-essentielle, 2013]).

Jusqu'à 3 ans et demi ou 4 ans, la plupart des enfants dormiront de une à deux heures pendant la sieste de l'après-midi; les plus âgés se contenteront de moins et souvent ne dormiront pas du tout. Cependant, ils apprendront à rester tranquilles pendant 30 à 45 minutes, attitude

Entre la fin du repas du midi et le début de la sieste, des jeux calmes sur le matelas sont tout désignés.

qui peut contribuer à développer leurs capacités d'attention, d'écoute et d'observation (Larose, 2008). Afin que la sieste remplisse efficacement son rôle, deux points sont à respecter, selon Brigitte Langevin ([En ligne] [http://www.brigittelangevin.com/sommeil-et-reves/chroniques/152-la-sieste-chez-les-enfants-est-essentielle] 2013). Premièrement, la sieste de l'après-midi doit suivre le repas du midi, sinon l'enfant dormira trop tard dans l'après-midi. Pour bien dormir la nuit, il faut un temps de veille suffisamment long entre la dernière sieste et le moment du coucher en soirée. Cette sieste devrait s'engager vers 12 h 30 à 13 h et se terminer au plus tard à 15 h. Deuxièmement, la sieste ne doit pas être associée à une punition avec des propos tels que « Si tu n'es pas sage, tu iras faire la sieste » ou encore qu'elle corresponde au statut d'être un bébé : « Tu te comportes en bébé, il est normal que tu fasses une sieste. » La sieste est alors mal vécue et ne représente plus une pause bénéfique dans l'activité de la journée.

La période de relaxation des enfants qui ne dorment pas gagne à être bien planifiée car « le seul fait de s'étendre ne procure pas nécessairement une détente » (Lauzon, 1990). Certains exercices amusants de respiration et de gymnastique douce adaptés aux enfants peuvent les amener à se relaxer avec efficacité. Dans cette perspective, on trouvera des idées au point 5.7 dans le présent chapitre ainsi qu'au chapitre 12 où il est notamment question de jeux d'étirement, de respiration et d'automassages susceptibles de favoriser une sieste agréable et récupératrice.

> Un enfant qui ne s'endort pas durant la première demi-heure de la sieste n'a probablement pas besoin de sommeil, ce qui est souvent le cas des enfants de 4 ans et plus et de ceux qui se sont levés tard le matin. On ne devrait pas l'obliger à rester plus longtemps sur son matelas, surtout s'il semble y être mal à l'aise, et lui offrir d'autres moyens de prolonger son temps de repos. Des « boîtes de jeu de réveil » peuvent lui être offertes pour l'occuper calmement avant le lever de ses compagnons.

Plusieurs services éducatifs préconisent une période de détente d'une durée d'une demi-heure à trois quarts d'heure entre 13 h et 14 h 30, pendant laquelle l'enfant éveillé demeure tranquille sur son matelas. Cette période est suivie de jeux calmes le plus souvent solitaires – dessin, casse-tête, lecture – dans un coin du local réservé à cet effet ou idéalement dans une pièce avoisinante où une éducatrice assure une surveillance appropriée. Certains autres services font faire une courte sieste aux enfants plus vieux seulement trois jours par semaine, soit au début, au milieu et à la fin de la semaine. Considérant le fait que les enfants sont généralement plus fatigués les lundis et les vendredis, certaines éducatrices font reposer les plus vieux seulement lors de ces journées.

On ne peut commander le sommeil des enfants ni obliger leur cerveau à dormir, mais on peut favoriser le sommeil grâce à des conditions gagnantes comme la pénombre, le calme, la tendresse, la stabilité, des consignes données avec douceur et conviction. Des ordres comme : « Couche-toi… Ferme tes yeux puis dors… Arrête de bouger… », des gestes qui cherchent à immobiliser l'enfant sur son matelas ou des massages brusques ou rapides sont inacceptables et n'aident certainement pas l'enfant à entrer dans un état de détente.

> Il est essentiel de comprendre la nature du sommeil et du repos de l'enfant pour établir une organisation appropriée de la sieste et pour adopter des attitudes qui permettront de répondre aux besoins de récupération de l'enfant. Il faut savoir que pour l'enfant le moment de dormir implique l'entrée dans un monde inconnu. Cela peut-être angoissant pour lui.

Certains symptômes pourront démontrer l'insuffisance de repos chez l'enfant. Contrairement à l'adulte dont le manque de sommeil se traduira par de la fatigue et une somnolence diurne, chez les enfants la somnolence n'est pas toujours le signe prépondérant. L'éducatrice sera attentive à des signes tels que l'hyperexcitabilité, l'irritabilité, les colères, l'intolérance à la frustration et au changement, les pleurs et une humeur changeante ([En ligne] [http://www.brigittelangevin.com/sommeil-et-reves/chroniques/152-la-sieste-chez-les-enfants-est-essentielle], 2013).

Comme la plupart des gens, les enfants d'âge scolaire auraient avantage à se relaxer en début d'après-midi avant la reprise des activités d'apprentissage officielles. Leur concentration serait certainement améliorée s'ils pouvaient profiter des bienfaits d'exercices de respiration et d'étirement qui aideraient à diminuer les tensions accumulées durant la première partie de la journée. En début d'après-midi, on devrait tout au moins proposer aux écoliers des activités ne demandant pas une attention soutenue, par exemple, une lecture de leur choix ou des révisions, en évitant le plus possible les acquisitions de nouvelles connaissances et les grandes dépenses d'énergie. Les soucis de performance, les examens et la productivité n'ont pas leur place à cette heure de la journée.

5.3 LES DEMANDES DES PARENTS

En raison de la difficulté qu'ils éprouvent lors du coucher de leur enfant le soir ou du lever le matin, il n'est pas rare de voir des parents exaspérés demander à l'éducatrice de supprimer ou d'écourter la sieste de leur enfant. L'éducatrice a avantage à en discuter avec eux afin de trouver une solution qui respecte avant tout le besoin vital de repos de l'enfant concerné. Il arrive aussi que des parents demandent à l'éducatrice de faire dormir leur enfant à la sieste alors qu'il n'en a pas l'habitude, parce qu'il s'est couché tard la veille ou qu'il a passé une mauvaise nuit. On peut proposer aux parents un compromis entre la suppression totale de la sieste et le *statu quo*. Par exemple, 30 minutes de repos sur le matelas suivies d'activités apaisantes pourraient satisfaire tout le monde tout en ne nuisant pas à l'enfant. Malheureusement, le sommeil ne se déplace ni ne se récupère. **C'est la forme générale de l'enfant au cours de la journée qui doit dicter la nécessité soit d'une véritable sieste soit d'un simple repos en après-midi.**

Il arrive que l'éducatrice cède à la demande du parent et réveille l'enfant ou le garde éveillé. Il se peut que le parent insiste auprès de son petit en lui exigeant de ne pas dormir. Par conséquent, l'enfant peut s'agiter pour combattre le sommeil et devenir anxieux. On sait qu'un enfant contrarié devient vite grognon et irritable. Les fins de journée deviennent alors difficiles tant au service éducatif qu'à la maison.

Est-ce qu'un parent demanderait à l'éducatrice de ne pas faire manger son enfant le midi pour qu'il ait un meilleur appétit au souper? Certainement pas alors que dormir est tout aussi important que manger. D'autant plus que l'enfant que l'on prive de sommeil l'après-midi risque de s'opposer également au sommeil le soir.

En tant que professionnel de l'enfance, il importe d'informer les parents de l'importance du sommeil chez l'enfant. Pour adopter les mêmes discours et prendre les mêmes mesures, tout le personnel doit se rallier aux mêmes prises de position qui auront été clairement établies dans un document officiel dont les parents prendront connaissance.

> Rien n'est plus utile qu'une entente écrite élaborée consciencieusement par les membres de l'équipe, pour prendre position devant les parents qui demandent de retirer ou de réduire la sieste de leur enfant. Les informations que l'on y trouve font valoir la primauté des besoins de l'enfant.

On doit user de beaucoup de discernement pour que les parents et l'ensemble du personnel concerné s'entendent clairement sur la durée de la relaxation d'un enfant qui ne dort pas. Si l'éducatrice juge qu'il a besoin d'une sieste traditionnelle, elle devra le dire aux parents clairement et avec délicatesse en invoquant les motifs réels et les besoins de l'enfant : « La sieste favorise la concentration et l'attention de votre enfant, régularise son humeur pour le reste de la journée, ce qui peut être très apprécié à l'heure du souper en famille, abaisse son niveau de frustration dans le contexte de la vie en groupe et évite un surmenage qui compliquerait le coucher du soir. »

Les suggestions de l'encadré 5.3 fournissent des pistes de réflexion intéressantes lorsque les éducatrices et les parents doivent prendre ensemble une décision éclairée sur l'attitude à adopter lors de la sieste d'un enfant dont le coucher ou le sommeil nocturne semble difficile. Quant à l'encadré 5.4, il propose aux parents des rituels de mise au lit dont la répétition soir après soir prédispose au sommeil.

Encadré 5.3 Attitudes à adopter avec les parents dont l'enfant tarde à s'endormir le soir

- Rassurer les parents sur le fait qu'il est normal d'éprouver des problèmes à faire dormir leur enfant. Plus du tiers des consultations en pédiatrie concernent des troubles de sommeil. Les problèmes sont influencés à la fois par des facteurs biologiques et par des facteurs environnementaux.
- Informer les parents sur le fait qu'il est normal qu'un enfant en bas âge refuse d'aller au lit. À deux ou trois ans, l'enfant devient particulièrement curieux quant à son environnement. Il est maintenant conscient que la vie continue même s'il dort, alors il ne veut rien manquer. C'est aussi l'âge des cauchemars qui débute et qui peut se prolonger jusque vers 8 ans. Une imagination débordante ou des peurs (du loup, des voleurs, des fantômes) font que l'enfant refuse d'aller se coucher et de se laisser aller au sommeil. Heureusement, dans la plupart des cas, ces problèmes de sommeil ne sont que passagers et négligeables.
- Écouter les parents et être empathique avec celui qui a de la difficulté à coucher son enfant le soir. La réalité quotidienne de plusieurs d'entre eux est très exigeante, comme en témoigne la journée-type d'une mère de famille monoparentale avec deux enfants.

Il est 6 h. Martine se lève. Elle prend sa douche à toute vitesse, prépare le déjeuner, réveille les enfants, fait le lunch pour elle et le plus vieux, fait ensuite les lits, donne la bouffe au chat, prend son déjeuner en rappelant aux enfants d'en faire autant, ramasse ce qui traîne, quitte la maison en s'assurant de ne rien oublier, va conduire le plus âgé au service de garde scolaire, amène la cadette au CPE, se sent coupable de la laisser en pleurs, se dépêche de se rendre au travail, affronte l'embouteillage de la circulation matinale, travaille sous pression une bonne partie de la journée. Ouf!... Pendant sa pause-café bien méritée, Martine prend un rendez-vous chez le dentiste pour les enfants. À 16 h 45, elle quitte son boulot en toute hâte, pense au souper et à tout ce qui l'attend à la maison pendant la demi-heure passée dans l'embouteillage, arrête chez le nettoyeur et à l'épicerie, reprend les enfants, prépare le souper tout en essayant d'écouter le récit de la journée des enfants, soupe en tentant de garder son calme malgré les disputes des enfants, ramasse et lave la vaisselle, aide le plus vieux à faire ses devoirs, fait prendre le bain de la petite tout en faisant une brassée de lavage, prépare les enfants à se coucher, perd patience auprès de sa cadette qui ne veut pas aller au lit, se sent coupable parce que sa fille pleure, répond aux courriels laissés en plan depuis trois jours, prend les messages laissés sur la boîte vocale, etc. Ouf! À 20 h 30, la journée n'étant pas encore terminée, Martine, à bout de souffle, espère avoir quelques minutes à elle seule avant d'aller au lit... à la condition que sa petite de trois ans cesse de réclamer bisous, toutous, doudous, pipi et verre d'eau comme elle le fait depuis une demi-heure. Elle souhaite aussi qu'aucun imprévu ne se pointe à l'horizon, car elle sent qu'elle ne peut en supporter davantage. Elle pense aux cauchemars répétitifs de son plus vieux qui l'inquiètent depuis deux semaines. Il est 21 h 30. Martine repense à sa journée... Elle se sent dépassée et incompétente de ne pas arriver à tout faire comme elle le souhaiterait. Entre deux réflexions, elle se rappelle qu'elle doit penser à apporter des vêtements de rechange au CPE comme l'a demandé l'éducatrice de sa fille. Voilà que son plus vieux se réveille en pleurs. Il a encore fait un cauchemar. Martine prend le temps de le rassurer. Puis, elle se rappelle de penser à remplir le formulaire de vaccination qu'il doit rapporter à l'école. Ouf!... Martine se met au lit. Le sommeil tarde à venir tellement elle est fatiguée.

De toute évidence, cette femme vit un stress constant en raison des mille et une tâches inhérentes à ses responsabilités professionnelles et familiales. Juger ce parent qui a de la difficulté à endormir son enfant le soir ne ferait qu'accroître son sentiment d'incompétence, qui pourrait dégénérer en méfiance envers l'éducatrice. Si le parent exaspéré se sent écouté et compris, il sera davantage disposé à considérer le point de vue qu'on veut lui faire valoir pour le bien de son enfant. S'ils sentent qu'on comprend leur réalité familiale, les parents apprécient le plus souvent qu'on les informe et acceptent mieux de collaborer dans la recherche de solutions. Plusieurs parents voient peu leur progéniture durant la journée en raison de leur travail et se sentent coupables d'être peu présents auprès d'eux, alors ils hésitent à utiliser une attitude ferme et constante lorsqu'arrive l'heure du coucher de leur enfant. Un endormissement difficile et un sommeil fragmenté à répétition est une source de stress pour toute la famille.

- Essayer de trouver un compromis raisonnable avec les parents, une solution de rechange lorsqu'ils vous demandent de réveiller leur enfant en cours de sieste en croyant que cela facilitera la mise au lit de l'enfant le soir. On peut leur proposer, par exemple, de raccourcir la période de repos de leur enfant s'il ne dort pas après une demi-heure ou tout au plus trois quarts d'heure passés sur son matelas. Des activités tranquilles, en solitaire, peuvent remplacer le reste de la sieste traditionnelle : regarder des livres, faire un casse-tête, dessiner, câliner des peluches. Pour l'enfant qui ne dort pas, deux heures d'attente passées sur son matelas à ne rien faire semblent interminables, ce qui peut l'amener à détester la sieste. Il est donc inconcevable d'obliger un enfant à demeurer ainsi au-delà d'une heure. On doit lui proposer autre chose qui respecte ses besoins.

- Pour aucune raison, l'éducatrice ne ment aux parents quant à la durée réelle de la sieste de leur enfant. Un mensonge découvert ne ferait que compromettre la relation de confiance du parent envers l'éducatrice.

- Expliquer aux parents que le temps de relaxation prévu à l'horaire de l'enfant ne sert pas à dégager l'éducatrice de sa tâche, mais bien à répondre au bien-être de l'enfant. Leur tracer un portrait d'une journée à la garderie : quantité de consignes, bruits fréquents, interactions avec plusieurs personnes, frustrations, nombreux apprentissages, participation à de nombreux jeux et

activités. Ainsi, les parents seront plus conscientisés à l'importance d'un temps de détente en mi-journée.
- Proposer de la documentation aux parents – livres, sites Internet, coordonnées d'associations, articles de revue affichés sur le babillard – portant sur le lien qui existe entre le repos de l'enfant, son bien-être et son bon développement. Les mécanismes qui régissent le sommeil sont souvent méconnus. Une meilleure connaissance du sujet permettra d'éviter les inquiétudes inutiles et le sentiment d'impuissance face aux difficultés rencontrées de la part des parents. Grâce aux divers renseignements recueillis sur le sujet, il y a fort à parier que le parent mieux renseigné trouvera lui-même des solutions au problème de son enfant qui ne veut pas aller au lit le soir ou qui tarde à s'endormir. En aucun temps, le fait d'aller au lit ne doit être vécu par l'enfant comme une punition mais comme quelque chose de bénéfique et de familier. En aidant son enfant à acquérir de bonnes habitudes de sommeil dès son jeune âge, le parent peut lui éviter de vivre des problèmes d'insomnie plus tard dans sa vie.
- Sans toutefois chercher à jouer à l'experte en la matière, suggérer aux parents de modifier les habitudes de l'enfant et de la famille pendant la soirée afin de favoriser le calme nécessaire avant d'aller au lit. Les informer sur les signes d'endormissement : bâillements, affaiblissement du tonus musculaire, frottement des yeux, irritabilité.
- Proposer aux parents d'installer, à la même heure et de façon régulière, un rituel empreint de douceur et de complicité : consacrer un peu de temps à l'enfant en début de soirée, éteindre le téléviseur et faire cesser les jeux vidéo une demi-heure avant le coucher, prévenir l'enfant du coucher dix minutes avant la mise au lit, tamiser la lumière ambiante, mettre une musique relaxante et agréable, aider l'enfant à faire sa toilette ou à prendre un bain, lire une histoire apaisante qui plaît à l'enfant dans son lit, baisser la voix, mettre soi-même son pyjama. À l'encadré 5.4, divers rituels de mise au lit sont proposés à l'intention des parents.

> - L'enfant peut vivre le moment du coucher comme une séparation que le parent peut adoucir en utilisant des moyens qui sécurisent l'enfant : la poupée, le nounours, la veilleuse, la couverture (doudou) ou le drap préféré, la porte entrouverte, le jouet familier non dangereux. Les médicaments ou les sirops pour dormir ne doivent être administrés que sur ordonnance. Certaines tisanes tièdes ou chaudes, pas trop concentrées et légèrement sucrées avec du miel, peuvent favoriser le sommeil. La camomille ou la fleur d'oranger sont parmi les plus réputées.

Encadré 5.4   Suggestions de rituels pour le coucher du soir à l'intention des parents

> ➤ Loïc, 4 ans. Début du rituel vers 19 h 45, fin à 20 h 15.
> - Bain supervisé par papa.
> - Pyjama.
> - Petite collation.
> - Brossage des dents supervisé par papa et toilettes.
> - Histoire apaisante avec maman dans le lit de l'enfant. Pour éviter les réveils nocturnes, il est important que l'enfant s'endorme dans son lit et non sur le sofa ou dans le lit des parents.
> - Câlins de papa et de maman.
> - Bisous et « Bonne nuit. Fais de beaux rêves mon beau garçon. »
> - Quitter la pièce.
>
> ➤ Simon, 8 ans. Début du rituel à 20 h, fin à 20 h 30.
> - Douche prise seul (quoiqu'un bain soit plus relaxant).
> - Pyjama.
> - Brossage des dents seul et complété par le parent et toilettes.
> - Lecture apaisante faite seul dans le lit de l'enfant.
> - Câlins de maman. Petites confidences (on se raconte un beau moment de la journée).
> - Bisous et « Dors bien, Simon. Je t'aime. »
> - Quitter la pièce.

> ➤ Laura, 2 ans et demi. Début du rituel environ à 19 h 15, fin à 19 h 45.
> - Bain et jeux d'eau calmes accompagnés de maman.
> - Brossage des dents fait par maman et toilettes ou mise de la couche-culotte.
> - Tournée de « Bonne nuit » aux autres membres de la famille et à une ou deux peluches ou à des jouets préférés.
> - Câlins et chanson favorite de l'enfant chantée par maman dans le lit de l'enfant.
> - Installation de l'animal en peluche dans les bras de Laura.
> - Bisous et « Bonne nuit, mon ange. Fais de beaux rêves. »
> - Quitter la pièce.

Le rituel du coucher marque la transition de l'éveil au sommeil et devient pour l'enfant une source de sécurité et de réconfort, rappelle Brigitte Langevin ([En ligne] [http://www.brigittelangevin.com/sommeil-et-reves/chroniques/148-lheure-du-dodo-est-infernale], 2013). « L'objectif d'une routine pour le coucher est de réduire progressivement la stimulation et de permettre à l'enfant de se détendre avant de trouver le sommeil. En fait, ce n'est pas tant la routine qui prédispose au sommeil, mais plutôt le réflexe conditionné créé par cette répétition de gestes et d'activités, dont l'ultime étape est l'endormissement. »

Il est inutile de faire un long cérémonial de préparation à la mise au lit. L'enfant ne doit pas considérer le rituel comme une façon de retarder le dodo mais bien comme un beau moment à passer avec son parent. Punir l'enfant pour un comportement désapprouvé en supprimant le rituel est à proscrire. Une attitude positive du parent est nécessaire au succès du rituel. Si l'enfant ressent de l'empressement ou du stress chez son parent, la mise au lit risque d'être difficile. Il est important de terminer le rituel dans le lit où l'enfant passera la nuit. Éviter de mettre l'enfant au lit trop tôt. Entre la fin de la sieste de l'après-midi et le coucher du soir, au moins quatre à cinq heures doivent s'écouler. Le rituel sera d'autant plus efficace s'il est répété et respecté tel quel de soir en soir.

Certains jeux comme faire semblant de se battre ou se chatouiller ne sont pas conseillés lors du rituel. Loin d'épuiser l'enfant, la surexcitation est même susceptible de le rendre plus nerveux.

La mise en place d'une nouvelle façon de mettre l'enfant au lit peut apporter des résultats concluants seulement après 10 à 15 jours de répétition constante du rituel. Les parents doivent alors faire preuve d'une grande patience.

Les rituels doivent grandir avec l'enfant. Il se peut qu'en apportant un changement dans le déroulement d'un rituel, que celui-ci devienne plus efficace.

L'éducatrice peut suggérer aux parents la lecture du texte *L'heure du dodo est infernale!* de Brigitte Langevin [En ligne] (*Ibidem*).

5.4 L'ORGANISATION SPATIALE

Les enfants qui dorment toujours bien pendant la sieste auront avantage à être installés près des murs ou éloignés du centre du local pour éviter qu'ils soient dérangés par ceux qui se lèveront en cours de sieste. Il arrive qu'un enfant fasse une meilleure sieste s'il est placé le long d'un mur, dans un coin de la pièce, avec la partie supérieure de la tête contre un mur ou entouré d'une étagère basse pour créer une sorte de petit nid. Plusieurs essais seront peut-être nécessaires pour arriver à offrir à l'enfant l'emplacement le plus approprié pour lui, lequel peut changer en cours d'année pour diverses raisons comme l'état de l'enfant.

S'assurer qu'aucun objet ne tombe sur l'enfant pendant la sieste, que ce soit un jouet dans une étagère, une punaise, la gommette d'une affiche ou une chaise qu'on aurait mise sur la table. Généralement, les enfants se sentent plus en sécurité s'ils prennent la même place d'une sieste à l'autre. L'éducatrice prend soin d'assigner le meilleur emplacement possible pour chaque enfant afin de lui offrir des conditions favorables pour créer le calme en lui. Le plan des places attribuées aux enfants devrait être affiché au mur pour la commodité des remplaçantes. Il n'est pas rare de voir des enfants de 4 ou 5 ans demander des changements de place à la sieste. L'éducatrice peut faire des essais et juger de la pertinence du maintien ou non du *statu quo*. Il n'y a pas de règle absolue à appliquer. Chaque situation fera l'objet d'une attention particulière.

Pour assurer un espace vital à chaque enfant et pour éviter la transmission de microbes, il est essentiel de respecter une certaine distance entre les matelas des enfants. Il importe de créer de la pénombre à l'heure de la sieste en éteignant les lumières et en abaissant les stores ou les rideaux opaques et en fermant la porte du local. Cela favorise la sécrétion de la mélatonine, une hormone qui intervient dans le sommeil. Une veilleuse de couleur bleue qui n'interfère pas avec cette hormone peut être utile pour circuler dans la pièce.

5.5 LE MATÉRIEL ET L'ÉQUIPEMENT

Il ne suffit pas d'adopter de bonnes attitudes pour aider les enfants à avoir une sieste réparatrice; il faut aussi offrir un matériel approprié comme un matelas confortable ainsi que des draps propres. En fait, il est primordial de leur fournir les meilleures conditions matérielles possibles pour aider les enfants à bien se relaxer.

On doit utiliser un matelas douillet avec une surface lisse et en bon état recouvert d'une housse lavable, le tout pouvant se transporter et se ranger facilement. Chaque matelas doit être identifié par le prénom ou le symbole attribué à l'enfant qui en fait usage. Si on ne peut ranger les matelas dans une armoire à compartiments individuels, ceux-ci doivent être soumis à la désinfection entre chaque utilisation. Dans pareil cas, les housses sont retirées d'une fois à l'autre et rangées dans un casier individuel ou dans le bac de l'enfant idéalement fermé hermétiquement. Quels que soient les effets personnels de l'enfant, ils ne devraient pas être mélangés à ceux des autres enfants. En plus de constituer une mesure d'hygiène des plus élémentaires, cette précaution s'inscrit dans un pro-

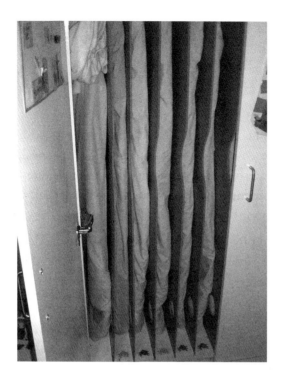

En plus d'assurer une meilleure hygiène, le rangement des matelas dans des casiers individuels facilite la tâche avant et après la sieste.

gramme d'intervention contre la propagation des punaises de lit[1]. Dans le cas où les matelas sont rangés dans des compartiments individuels, la désinfection hebdomadaire des matelas est requise; elle est aussi requise lorsqu'il y a changement d'utilisateur ou dès qu'un matelas est souillé.

On demande aux parents de fournir une couverture ou un drap par enfant pour que celui-ci puisse se couvrir confortablement. Il est souhaitable d'avoir de la literie de rechange en cas de besoin. La literie est réservée à l'usage exclusif de l'enfant et n'est pour aucune raison partagée avec les autres enfants. La literie doit être lavée une fois par semaine – ce qui relève habituellement de la responsabilité des parents – ou plus souvent si elle a été salie, et doit être rangée dans un casier individuel, un panier ou un sac hermétique pour éviter le contact direct avec les autres literies.

---

1. Pour plus d'informations sur la prévention des punaises de lit en service de garde, consulter en ligne le document Les punaises de lit-Guide d'intervention en service de garde (2012).

L'éducatrice recourt, le plus possible, à l'aide des enfants pour retirer et mettre les draps housse. Elle exécute la tâche debout pour éviter d'avoir à se pencher, ce qui réduit les flexions et les tensions exercées sur le dos. Elle demande aux enfants de sortir, d'installer et de ranger leur matelas de sieste.

En maternelle où l'on ne dispose pas toujours de matelas pour la sieste, une grande serviette en ratine, même si ce n'est pas l'idéal, permet à l'enfant de s'étendre au sol pendant une quinzaine de minutes. Un confort accru assurerait cependant un meilleur repos à l'enfant et l'amènerait à être plus alerte pour l'après-midi.

En ce qui a trait à l'armoire de rangement des matelas, elle doit être munie d'une porte pour la garder fermée. Les séparateurs du meuble doivent être amovibles pour faciliter le nettoyage. L'armoire est dotée au bas de cases individuelles pour y ranger les couvertures. Le nettoyage du meuble doit être fait régulièrement.

Une chaise berçante confortable peut être utile à l'éducatrice pour bercer un tout-petit ayant de la difficulté à se calmer.

5.6 LA PRÉPARATION ET LE DÉROULEMENT

Entre le réveil des enfants, le matin, et le début de la sieste[2] vers 13 h, six ou sept heures se sont écoulées pendant lesquelles les enfants ont été sollicités de toutes parts. Au-delà de la planification du déroulement de la sieste, il est conseillé de revoir l'organisation des activités dans leur ensemble pour offrir aux enfants les meilleures conditions qui soient pour favoriser une bonne récupération au moment de leur sieste.

Durant la première partie de la journée, l'éducatrice met en place un horaire d'activités avec des repères prévisibles et sécurisants pour les enfants. Elle soigne le climat affectif du groupe et les relations qu'elle a avec chacun des enfants: confiance, humour, plaisir, tendresse. Il est

---

2. L'étymologie du mot sieste correspond à *siesta* qui veut dire la sixième heure après le réveil.

essentiel de prévoir des jeux physiques qui intéressent les enfants, idéalement lors d'une période à l'extérieur. Les enfants ont besoin de bouger à leur guise au grand air dans un espace sécuritaire et adapté à eux et ce, pendant une période minimale de 45 minutes.

En tout temps, proposer un endroit de détente dans le local principal, dans un coin ou près d'un mur garni de coussins douillets où les enfants peuvent prendre une pause et s'éloigner temporairement des autres, au besoin. Ces arrêts régénèrent tant le corps que l'esprit, déchargent la tension au fur et à mesure tout en prévenant l'accumulation de fatigue qui constitue un obstacle à la qualité de la sieste, l'après-midi.

Planifier une période de transition entre le dîner et la sieste en prévoyant des jeux libres calmes qui plaisent aux enfants. Après avoir passé près de 45 minutes assis à la table pour le repas du midi, les enfants ont besoin de se dégourdir un peu avant de s'immobiliser sur leur matelas. C'est ce que leur permettent, entre autres, les tâches reliées à l'hygiène personnelle : aller aux toilettes, se brosser les dents, se laver les mains, se déchausser. **Toutefois, il vaut mieux ne pas étirer indûment la période avant le début de la sieste pour profiter des conditions optimales de récupération offertes par l'assouvissement de la faim et de la soif et un niveau de fatigue suffisant, ce qui vaut particulièrement pour les plus jeunes.**

Instaurer une routine prévisible et stable pour la période de préparation à la sieste afin de créer un climat de confiance et de sécurité nécessaire pour que les enfants se laissent aller au repos. Les enfants doivent saisir clairement ce qu'on attend d'eux à ce temps de la journée : être calme, aller aux toilettes, installer son matelas, s'occuper avec des boîtes à jeux de dodo (figurines, jeux de dextérité manuelle, mandalas à colorier, etc.), aller chercher son animal en peluche. Au besoin, il faut leur rappeler les consignes d'une voix posée et convaincante sans chercher à les culpabiliser. Une affiche attrayante placée à la vue des enfants peut les aider à se retrouver dans l'exécution des tâches durant cette période de préparation à la sieste. Il peut être nécessaire de leur rappeler de la regarder et de les aider à bien la décoder.

Quarante-cinq minutes peuvent être nécessaires pour aider les enfants à se préparer à la sieste et à s'endormir. Avec un groupe multiâge, l'éducatrice planifie le début de la sieste de manière à répondre aux différents besoins des enfants. Les plus jeunes prennent place sur leur matelas en premier. Le plus souvent, ils ne tardent pas à s'endormir. Quant aux plus âgés, ils ont le privilège d'utiliser sous la supervision de l'éducatrice du matériel auquel ils ne peuvent avoir accès lorsque les plus petits sont éveillés – petits blocs, activité de peinture plus élaborée avec l'aide de l'éducatrice – après quoi, ils se préparent à se coucher.

Durant la première moitié de l'année, il est préférable de s'en tenir aux mêmes gestes pour préparer les enfants à la sieste. Par la suite, l'éducatrice juge de la pertinence d'y apporter de petites variations en tenant compte de la réceptivité des enfants.

Chez les enfants d'âge préscolaire, on commence le temps de repos sur le matelas au plus tôt entre 12 h 30 et 13 h. Dans le but de faciliter le temps de pause de quelques éducatrices, quelques CPE ou garderies choisissent malheureusement de faire commencer la sieste trop tôt, sans tenir compte des signes d'endormissement des enfants. Le repos des enfants plus âgés ne devrait pas débuter avant 13 h ni durer plus d'une heure pour ceux qui ne dorment pas.

L'éducatrice élimine les sources de stimulation sensorielle : éclairage, bruit de la radio ou de la télévision, circulation et déplacement, jouets sonores, fortes voix, y compris celles des adultes, nombre élevé d'enfants dans une même pièce, bruits à proximité du lieu de repos. Placer sur la porte d'entrée principale une note indiquant aux visiteurs de frapper au lieu de sonner et baisser la sonnerie du téléphone. L'éducatrice reste à l'affût de ce qui pourrait perturber l'endormissement ou le sommeil des enfants : bavardage des adultes, nez bouché, faim ou soif, sensation de froid ou de chaleur, vêtements serrés.

Installer les matelas et la literie avec la participation des enfants tout en respectant une distance confortable entre chaque matelas, soit un minimum de deux pieds (0,6 m), mesure qui évite également la

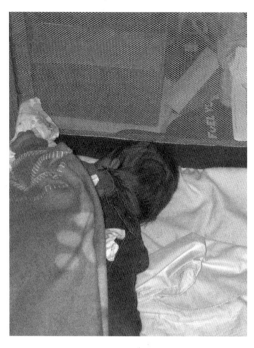

En milieu familial, un parc sécuritaire peut faciliter la sieste d'un tout-petit.

propagation des infections. Autant que possible, assigner le même endroit à chaque enfant chaque jour. Un endroit spécial, par exemple, dans un coin favori des enfants peut être attribué à chaque enfant à tour de rôle. Il peut arriver que l'enfant d'une éducatrice en milieu familial préfère dormir dans sa propre chambre à coucher et non dans la pièce où se trouvent les autres enfants. En milieu familial, installer les tout-petits en lieu sûr et éviter les grands lits.

Aérer la pièce entre la période du dîner et du début de la sieste pour assurer une meilleure qualité de l'air ambiant. Cependant, il faut éviter les courants d'air et les planchers froids ainsi que la ventilation dirigée directement sur les enfants.

Respecter les habitudes de réconfort propres à chaque enfant au début de la sieste: se bercer, se balancer en rythme, enrouler une mèche de cheveux autour de son doigt, s'autostimuler (se masturber), jouer avec ses mains, se blottir contre son toutou personnel, se retourner plusieurs fois, à condition que ce soit sécuritaire et hygiénique et non dérangeant pour les autres enfants.

L'éducatrice permet le recours à des objets transitionnels qui devront être faciles à laver et à ranger dans les casiers personnels. Faire en sorte que l'objet de réconfort de l'enfant – doudou ou animal en peluche – demeure au service éducatif, car, en son absence, l'enfant aura de la difficulté à profiter de la sieste. Elle pourrait remettre à l'enfant son objet fétiche seulement lorsqu'il se trouve bien installé sur son matelas dans le but de l'inciter à se préparer dans un délai raisonnable.

Pour favoriser le calme, suggérer aux enfants de se masser le visage, les mains ou les pieds, selon leur préférence. Montrer aux enfants des moyens de se détendre par eux-mêmes pour éviter de les rendre dépendants des gestes de l'éducatrice ou d'un pair. Le massage du dos des enfants en début de sieste ne devrait être utilisé qu'occasionnellement et non comme le seul moyen de détente pour l'enfant.

Il vaut mieux aider l'enfant à apprendre à se détendre par lui-même que de le conditionner à une habitude d'endormissement exigeant chaque fois une intervention directe et systématique de l'adulte.

Si l'éducatrice juge nécessaire d'endormir l'enfant en le caressant, elle évite toutefois de le faire en position fléchie ; elle s'assoit confortablement à ses côtés avec le dos bien en appui ou demande à un enfant plus vieux de le faire. En massant le dos d'un enfant, elle doit rester à l'écoute de ses réactions verbales et non verbales, car la sensibilité et le besoin d'être touché diffèrent de l'un à l'autre. Certains enfants n'apprécient pas ce type de contact, qui les empêche même de se laisser aller au sommeil. Parfois, tenir la main de l'enfant ou assurer une présence calme à ses côtés suffisent.

L'éducatrice contribue à l'ambiance générale de relaxation en posant elle-même des gestes délicats, en prenant une voix douce, en chantant une berceuse.

> Les voix autoritaires ou culpabilisantes, les menaces ou l'humiliation, les bavardages excessifs entre éducatrices n'ont pas leur raison d'être en services éducatifs, encore moins à l'heure de la sieste. L'utilisation du téléphone cellulaire pour usage personnel n'a pas sa place non plus, car il ne s'agit pas ici de la pause de l'éducatrice.

Il est coutume de faire entendre un fond musical durant la sieste. Tout comme la pénombre lui est bénéfique, le cerveau a aussi besoin de silence pour bien se reposer. Même si l'enfant dort, la musique qui joue fatigue les fonctions cérébrales. Que penser alors de la musique qui joue pendant la sieste ? À cette question, des réponses sont apportées dans l'encadré 5.5.

Encadré 5.5 Informations et recommandations concernant le fond musical à la sieste

- Les bruits ambiants distants auxquels les enfants sont habitués sont nettement moins nuisibles pour leur cerveau que la musique de fond de longue durée à proximité.
- On peut faire entendre une musique douce pour marquer la fin de la préparation à la sieste et le début de celle-ci, pour une durée d'au plus 15 minutes. Cela devrait calmer les enfants et l'éducatrice. Dans le cas contraire, interrompre la musique. La pénombre dans le local aidera aussi à l'endormissement.
- Choisir une musique sans paroles, douce mais sans être mélancolique. Un fond sonore composé de gazouillis d'oiseaux, de sons de ruisseaux peut remplacer la musique. Observer les réactions des enfants pour s'assurer que la musique ou les sons n'aggravent pas un état émotif fragile chez un enfant.
- Il n'est pas nécessaire de faire entendre la même musique ou les mêmes sons d'une fois à l'autre. On peut apporter une variété parmi 2 ou 3 choix.
- Certains enfants conditionnés au fond musical se réveilleront peut-être à son interruption, car leur cerveau au tout début percevra le silence comme une nouvelle donnée. Cela est tout à

> fait normal et l'éducatrice doit persévérer dans la mise en place des nouvelles mesures.
> - Le silence complet n'est pas souhaitable mais une ambiance calme, détendue et le plus possible exempte de bruits prédispose les enfants à un meilleur sommeil.
> - En aucun temps, le fond sonore même de courte durée ne devrait masquer les bruits ou les silences suspects qui avertiraient l'éducatrice que la sécurité d'un enfant serait compromise.
> - Pour éviter des problèmes orthopédiques ultérieurs chez les enfants, tourner sur le côté ceux qui dorment toujours sur le ventre, les pieds tournés vers l'extérieur ou l'intérieur.

L'éducatrice assure une surveillance directe et constante des enfants pendant tout le temps de la sieste. Elle veille à respecter le ratio en vigueur dans les règlements gouvernementaux au cas où une situation d'urgence exigerait l'intervention expresse des éducatrices. Qu'arriverait-il avec 30 enfants dans un même local s'il n'y avait qu'une seule éducatrice lors d'une situation d'urgence (détresse respiratoire d'un enfant, évacuation forcée, évanouissement de l'éducatrice)?

L'éducatrice adopte des mesures de sécurité rigoureuses en tout temps lors de la sieste : pendant la préparation, l'installation des enfants, le repos, le lever et le rangement du matériel. Elle porte une attention particulière afin de prévenir les chutes dues aux chaussettes glissantes et contrer le risque d'étouffement causé par des bijoux portés par les enfants ou des boutons décoratifs sur les vêtements et sur des objets transitionnels des enfants, que les enfants porteraient à leur bouche. Elle met un vêtement par-dessus la couche ou la couche-culotte pour éviter qu'un enfant mette dans sa bouche un morceau de bourrure. Il est primordial que l'éducatrice circule régulièrement dans le local pendant la sieste des enfants.

Le rituel de la sieste doit être confié à une éducatrice connue et appréciée des enfants et capable de satisfaire leur besoin de sécurité affective. Il peut arriver que l'on fasse faire la sieste d'un enfant qui dérange dans un autre local, mais cela ne doit pas être une punition. Un changement peut amener l'enfant à cesser son comportement dérangeant tout en accordant un répit à l'éducatrice.

L'éducatrice profite de la sieste pour remplir les carnets de bord des enfants tout en assurant une surveillance adéquate. Dans le cas d'un enfant qui présente une difficulté importante – autostimulation excessive, enfant inconsolable, surexcitation persistante – il est essentiel de préparer un plan d'intervention éclairé. Il est important de noter et de communiquer aux parents les problèmes particuliers qui surviennent durant la sieste de leur enfant : nervosité, changement dans les habitudes de sommeil ou de repos, pleurs inhabituels, pipi fréquent sur le matelas, congestion nasale ou ronflements persistants. Les parents informés pourront aider l'éducatrice à comprendre ce qui se passe et assurer un suivi à la maison, au besoin.

5.7 JEUX POUR FACILITER ET AGRÉMENTER LE DÉBUT DE LA SIESTE

Une fois passée la période d'adaptation des premiers mois, de nouveaux procédés peuvent venir se greffer à la routine habituelle de la sieste, question de renouveler l'intérêt des enfants et de briser la monotonie qui a pu s'installer. Puisqu'il faut que les conditions indispensables à un repos régénérateur soient présentes dès le début de la période de la sieste ou de la relaxation, il est important d'y réfléchir afin que les moyens utilisés soient réellement bénéfiques pour tous. En voici quelques-uns.

1) Objectif : raconter une histoire

a) Raconter une histoire à partir de livres destinés aux enfants qui proposent des récits ludiques ou informatifs propices au dodo. Certaines histoires proposent même des idées pour aider les enfants à se réconcilier avec la sieste.

N. B. Si un enfant a de la difficulté à rester tranquille pendant l'histoire précédant la sieste, lui laisser le choix : « Tu écoutes l'histoire avec nous ou tu regardes un livre calmement sur ton matelas. »

2) Objectif : proposer des jeux ou des moyens de détente

a) Avec un ballon, faire un petit massage dans le dos des enfants étendus calmement sur leur matelas. L'effet devrait être apaisant et non stimulant. Certains enfants n'aiment pas être touchés de cette manière. L'éducatrice doit demeurer attentive à leurs réactions.

b) Proposer des exercices d'étirement légers que les enfants font sur leur matelas.

c) Avec une petite lampe de poche, circuler doucement parmi les enfants en illuminant une partie du corps que chaque enfant doit « faire dormir ».

d) Accorder aux enfants étendus calmement sur leur matelas la faveur de recevoir une petite caresse de la part d'une marionnette fétiche, *Douce Câline*. C'est un moyen qui incite les autres à se calmer. Autre moyen : « Quand tu seras bien allongé sur ton matelas, j'irai te faire un peu de vent avec ta petite couverture. »

3) Objectif : murmurer des mélodies

Murmurer des mélodies douces au lieu de chanter les paroles qui stimulent davantage qu'elles apaisent. Se laisser aller à improviser au gré de son imagination.

4) Objectif : utiliser un élément de décor

a) Au plafond du local où se déroule la sieste, fixer des étoiles brillantes et personnalisées pour veiller sur chaque enfant pendant le repos. L'étoile peut être fabriquée et décorée par l'enfant lui-même.

5) Objectif : exploiter l'imagination

a) Improviser une histoire pour amener les enfants à transformer leur matelas en train imaginaire qui les fait voyager dans des lieux à la fois fascinants et rassurants ou bien s'imaginer être sur un petit nuage.

5.8 LE LEVER

Après une sieste, les enfants ont besoin de temps pour retrouver leurs « esprits » avant de poursuivre des activités libres, de préférence calmes. La meilleure façon pour l'enfant de s'éveiller est de le faire spontanément au moment où son sommeil redevient léger. L'idéal est de laisser les enfants se réveiller spontanément et de se lever par eux-mêmes et à leur propre rythme. Certains auront besoin d'un peu d'aide pour passer d'un état de conscience à un autre, retrouver leurs effets personnels et remiser leur matelas au bon endroit. Si l'on doit réveiller un enfant en de très rares occasions pour une raison jugée valable, il vaut mieux le faire progressivement en employant une voix douce et des gestes calmes. Dans le but de susciter sa collaboration, on peut lui offrir diverses possibilités : se lever tout seul, accepter de l'aide, commencer par telle tâche.

Le réveil échelonné donne l'occasion à l'éducatrice d'accorder de l'attention et de l'aide à chaque enfant. À moins d'une situation particulière, il n'est pas souhaitable de laisser un enfant dormir après 15 h, ce qui pourrait perturber son sommeil de nuit. Dans l'encadré 5.7, quelques moyens sont suggérés pour faciliter et agrémenter le lever.

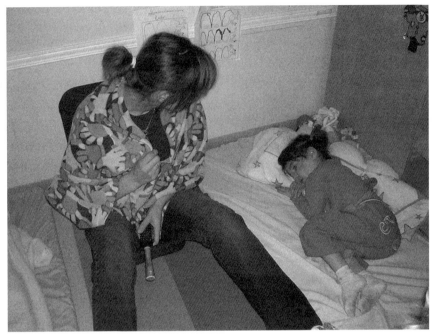

« Je suis encore tout endormi. Heureusement que mon éducatrice me laisse me réveiller à mon rythme. »

Encadré 5.7   Moyens pour faciliter et agrémenter le lever

- Favoriser un réveil spontané.
- Permettre un lever graduel échelonné sur 30 à 45 minutes.
- Laisser le choix à l'enfant de prendre ou non la collation.
- Accorder une attention affectueuse à chacun des enfants à leur réveil.
- Inviter l'enfant qui a de la difficulté à assumer les petites tâches à consulter les images au mur qui les lui rappellent : aller à la toilette, ranger son matelas et sa couverture (doudou), enfiler ses chaussures, etc. Soutenir les enfants dans la compréhension des images.

> - Inviter les enfants à retrouver dans une boîte le soulier qui leur manque pour faire la paire. Faire une chasse aux trésors plus élaborée de temps en temps.
> - Utiliser des chansons pour agrémenter le lever (voir la chanson *Un petit son doux* sur le CD).
>
> N. B. Une musique apaisante intitulée *Dentelle de lune* se trouve sur le CD. Celle-ci peut accompagner le début ou la fin de la sieste.

Voici deux chansons pour agrémenter le lever.

1
Es-tu prêt à te lever?

<small>Paroles : éducatrices en CPE
Air traditionnel : Le petit prince ou Lundi matin</small>

Bonjour… (prénom de l'enfant)
As-tu fait une belle sieste?
Bonjour… (prénom de l'enfant)
Es-tu prêt à te lever?
T'es-tu bien reposé?
Es-tu bien réveillé?
Bonjour… (prénom), as-tu fait une belle sieste?

2
Un petit son doux

<small>(Se trouve sur le CD)
Paroles : Nicole Malenfant
Musique : Monique Rousseau</small>

Qu'est-ce qui fait X X X X X X?
Est-ce le tonnerre ou la trompette?
Qu'est-ce qui fait X X X X X X?
Le robinet, l'oiseau ou la sonnette?

Non…
C'est un petit son doux qui dit : la sieste est finie.
C'est un petit son doux qui dit : debout les amis.

Chapitre 6

L'habillage et le déshabillage

CONTENU DU CHAPITRE

6.1 L'équipement et l'aménagement du vestiaire 240
6.2 La durée de l'habillage 245
6.3 À l'arrivée et au départ et lors des entrées et des sorties .. 246
6.4 Des vêtements adaptés 248
6.5 Des interventions sur mesure 251
6.6 Astuces, jeux et chansons 260
    1) Objectif: aider les enfants à se retrouver dans les divers gestes à faire et les étapes à suivre 260
    2) Objectif: entretenir de bons liens avec les enfants 261
    3) Objectif: développer le langage des enfants 261
    4) Objectif: développer les habiletés sociales 261
    5) Objectif: souligner les réussites des enfants 261
    6) Objectif: occuper les enfants qui ont terminé de s'habiller 262
    7) Objectif: chanter 262

Mettre son manteau, lacer ses chaussures, déboutonner sa veste, différencier l'endroit et l'envers de son chandail, enfiler ses gants sont des tâches simples que l'adulte exécute de manière automatique. Pour un enfant de 2 ans, ces gestes de la vie courante constituent un défi de taille qu'il doit surmonter par un apprentissage systématique demandant des efforts et beaucoup de répétition. Si cela n'est pas déjà fait vers 3 ans, il est temps de commencer à montrer à l'enfant à se dévêtir et à s'habiller seul. Dès l'âge de 18 mois à 2 ans, les enfants peuvent se dévêtir seuls en grande partie comme retirer leurs chaussures, enlever leur manteau déboutonné. Ce n'est que vers l'âge de 6 ou 7 ans que l'enfant est en mesure d'exercer avec aisance l'art du déshabillage et de l'habillage dans un temps relativement court.

Dans les activités journalières en services éducatifs, nombreuses sont les occasions qui exigent de mettre ou d'enlever des vêtements ou des chaussures : à l'arrivée et au départ, avant et après les temps de jeux à l'extérieur, lors de la préparation à la sieste, de la routine des toilettes ou du lever. Ces activités demandent beaucoup de temps et de concentration, surtout pour les débutants. Pour enfiler son pantalon, mettre ses bas, boutonner son chandail, engager la fermeture éclair de son manteau, mettre le bon pied dans le bon soulier, refermer la bande-velcro de son chapeau, enfiler son tablier, l'enfant doit faire appel à des habiletés précises qui exigent un entraînement continu dans le but d'accroître la dextérité manuelle et l'autonomie.

L'habillage comme toute autre activité rejoint principalement deux des principes de base du programme éducatif *Accueillir la petite enfance*. Premièrement, « L'enfant est le premier agent de son développement » suppose que l'enfant doit faire lui-même les choses pour apprendre, et deuxièmement « Le développement de l'enfant est un processus global et intégré » signifie que l'enfant se développe dans toutes ses dimensions : affective, physique et motrice, cognitive, langagière, sociale et morale.

Comme pour les autres activités de routine, l'éducatrice doit penser à la santé, à la sécurité et au bien-être des enfants pendant la supervision de l'habillage et du déshabillage. Le bon déroulement de cette routine dépend de plusieurs conditions notamment de l'environnement physique et du savoir-faire de l'éducatrice.

6.1 L'ÉQUIPEMENT ET L'AMÉNAGEMENT DU VESTIAIRE

Comme dans plusieurs autres situations, les lieux et le matériel utilisés influencent largement le déroulement de l'activité d'habillage et de déshabillage. Notamment, l'emplacement, la dimension et l'aménagement du vestiaire jouent un rôle important dans le déroulement de cette routine. On retrouve divers types de vestiaire dans les services éducatifs et chacun d'eux comporte des avantages et des inconvénients. On sait, par exemple, qu'un vestiaire central situé près du local principal et à proximité de la sortie donnant sur la cour extérieure diminue considérablement les attentes et les déplacements, sources fréquentes d'agitation et de fatigue chez les enfants. Si le vestiaire se trouve dans une aire achalandée, l'espace disponible doit à tout le moins permettre aux enfants de se vêtir et de se dévêtir sans être constamment bousculés par les passants. La figure 6.1 propose un bon exemple d'aménagement d'un vestiaire.

Idéalement, **le vestiaire devrait se situer au rez-de-chaussée** afin d'éviter les chutes dans l'escalier. Un vestiaire au mur dans le corridor, près de chaque local, facilite la surveillance et diminue le bruit. Cependant, il y a davantage de déplacements, ce qui agrandit la surface de plancher souillé. Quant au vestiaire communicant dans le local, il a l'inconvénient d'y réduire l'espace disponible mais permet aux enfants de s'habiller dans le local ; la surveillance des enfants s'en trouve accrue.

Lors de la saison froide, les éducatrices peuvent opter pour un habillage partiel dans le local où des crochets au mur permettent aux enfants de prendre et de ranger une partie de leurs effets personnels,

Grâce à la présence de crochets dans le local, les enfants ont accès à leurs vêtements et peuvent alors commencer à s'habiller dans leur local, ce qui réduit considérablement le temps au vestiaire où ils n'auront que les bottes et le chapeau à mettre.

dont le pantalon extérieur et le manteau ; le reste de l'habillage se faisant alors au vestiaire.

Un vestiaire assez grand pour recevoir un groupe d'enfants et leurs parents et un espace vital pour chacun d'eux permettent d'effectuer plus calmement les tâches demandées : trouver ses effets personnels, enfiler ses bottes, mettre son manteau, retirer ses bottes. De plus, **un vestibule qui sépare le vestiaire** de l'extérieur a l'avantage de protéger les enfants des écarts de température par temps froid. Le casier de l'éducatrice devrait être situé à proximité des casiers des enfants pour faciliter la surveillance.

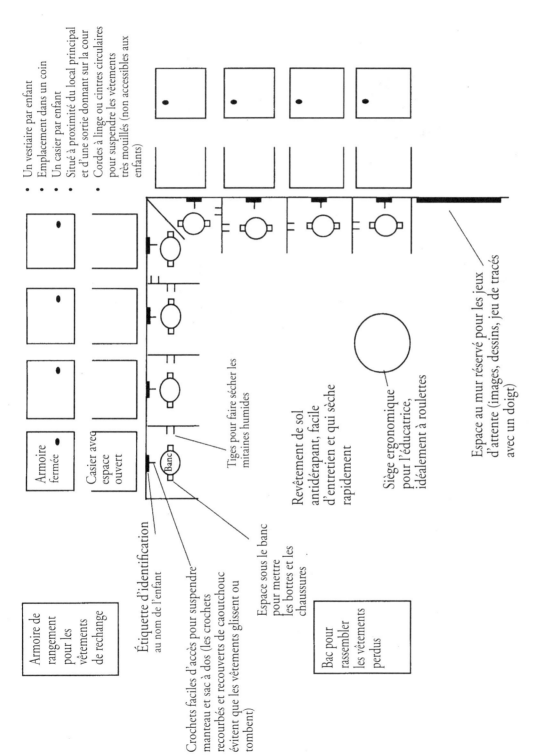

Figure 6.1 Plan d'un aménagement idéal d'un vestiaire en installation CPE et en garderie

> Pour prévenir les blessures au dos lorsqu'elle prête assistance aux enfants, l'éducatrice s'assoit sur un banc ou sur un tabouret et habitue les enfants à venir la trouver pour s'épargner de nombreux déplacements. Pour attacher les souliers ou aider à enfiler les bottes, elle invite les enfants à lever le pied vers elle, ce qui lui évitera de se pencher. Elle évite les postures accroupies ou à genoux, les soulèvements et les torsions.

Des **cases individuelles facilement repérables** tant par les parents que par les enfants sont accessibles aux enfants et suffisamment grandes pour faciliter le séchage des vêtements humides. On y trouve aussi des bancs ou des chaises pour mettre ou enlever ses chaussures ou ses bottes, une table pour déposer les poupons sur laquelle les parents peuvent les vêtir ou les dévêtir pendant que l'aîné met ou enlève ses vêtements d'extérieur, un **revêtement de sol antidérapant et facile à entretenir** quotidiennement, un plancher le plus souvent sec et propre, une **aération suffisante** pour le séchage rapide des vêtements humides, un **système pour le séchage des mitaines mouillées**. Avant de faire sécher les habits de neige dans la sécheuse ou le sèche-linge, il faut bien lire l'étiquette du fabricant, car plusieurs marques exigent un séchage à l'air libre.

L'éducatrice organise le déshabillage de telle manière que les enfants puissent garder les pieds au sec entre le moment où ils retirent leur bottes et celui où ils mettent leurs chaussures. Elle fait en sorte que les enfants ne s'assoient pas par terre si le sol est mouillé, humide ou sale.

Chaque enfant a besoin d'un **crochet** à lui au vestiaire pour suspendre son manteau et son pantalon de neige ou de pluie. Il peut également y accrocher un sac en tissu contenant des vêtements de rechange. On prévoit aussi un **espace pour ranger le sac à dos**, **un endroit sous le banc** suffisamment haut pour y mettre les bottes, **une tablette** pour déposer le chapeau ou la casquette, les mitaines et le cache-cou. Une tablette en treillis a l'avantage de laisser passer l'air, ce qui accélère le séchage des accessoires vestimentaires mouillés. Pour éviter que les chapeaux et les mitaines se retrouvent au fond de la tablette et qu'ils deviennent difficiles d'accès par les enfants, prévoir un **panier troué** dans lequel les déposer. L'enfant n'aura alors qu'à descendre le panier pour y prendre ce dont il a besoin. L'accès au casier et aux crochets devrait pouvoir se faire sans que l'enfant ait à monter sur le banc afin de prévenir le risque de chute.

Dans un groupe multiâge, il est souhaitable que les casiers des plus jeunes soient près d'une extrémité, car souvent ces derniers supportent mal d'être bousculés ou entassés.

Pour plus de commodité, des éducatrices utilisent **un bac pour rassembler les chaussures des enfants** au moment de l'habillage. Cette mesure empêche leur contact avec les bottes mouillées au retour de l'extérieur.

Le casier constitue souvent le seul endroit où l'enfant peut trouver ses effets personnels; il devrait pouvoir le personnaliser à sa guise avec sa photo ou l'un de ses dessins. On conseille de laisser à l'enfant d'âge scolaire la responsabilité de garder son casier propre et ordonné mais sous la supervision de l'adulte. Pour l'enfant qui fréquente à la fois l'école et le SGMS, on recommande l'utilisation d'un même casier.

Les effets personnels de l'enfant devraient être clairement identifiés par une étiquette résistante. Les parents auront probablement besoin de quelques rappels pour penser à bien identifier les vêtements de leur enfant. On peut rassembler dans un endroit déterminé (bac, tablette, panier) les articles vestimentaires qui se perdent inévitablement en cours d'année. Ainsi, les enfants et les parents pourront les retrouver plus facilement. Pendant les mois froids, il vaut mieux laisser les chaussures des enfants au service éducatif au lieu de les rapporter à la maison chaque jour, ce qui risque d'occasionner des oublis.

> Les déplacements des enfants sans chaussures que ce soit au vestiaire, dans le corridor ou dans le local sont déconseillés pour des raisons d'hygiène et également pour le risque de blessure aux pieds qu'ils représentent.

Pour des raisons d'hygiène, le mobilier du vestiaire doit être régulièrement désinfecté. En période de prolifération des poux de tête[1], on a intérêt à opter pour le rangement du chapeau, de la casquette et du cache-cou dans la manche du manteau de l'enfant pour éviter le contact avec les accessoires vestimentaires des autres enfants.

6.2 LA DURÉE DE L'HABILLAGE

L'habillage est l'une des activités de routine où il y a le plus d'attente qu'il est cependant possible de limiter grâce à quelques astuces. Un bon fonctionnement du déshabillage ou de l'habillage exige de prendre le temps nécessaire pour effectuer les tâches sans toutefois presser les enfants ni les laisser à eux-mêmes. Si la durée est trop courte, les enfants se sentiront bousculés, tendus ou incompétents alors que si elle est trop longue, les enfants se démotiveront ou deviendront impatients à force d'attendre. Évidemment, les débutants auront besoin d'aide et d'entraînement et cela exigera davantage de temps.

> Qu'ils soient novices ou initiés, l'idéal est que lors de l'habillage ou du déshabillage les enfants n'aient ni à attendre ni à se dépêcher.

Aviser gentiment les enfants de ce qu'on attend d'eux pendant l'habillage les incite à collaborer et réduit les pertes de temps : « Allez, habille-toi » ne suffit pas pour amener un enfant à passer à l'action. Il est préférable d'être plus précis : « Monte ton pantalon de neige, Anthony, et après je vais t'aider à enfiler ton manteau » ; « Tiens Baptiste, voici tes

---

1. Consulter la brochure *Tout savoir sur les poux de tête* [En ligne] [http://publications.msss.gouv.qc.ca/acrobat/f/documentation/2013/13-276-01F.pdf], 2013.

bottes. Assieds-toi pour les mettre » ; « Alexia, je veux que tu mettes ton chapeau en dernier pour ne pas avoir chaud ». Pour motiver les enfants à s'habiller, l'éducatrice leur rappelle l'activité à venir : « Quand tu auras terminé de t'habiller Tommy, tu pourras aller dehors et sortir les tricycles du cabanon. Je vais avoir besoin de ton aide. »

> Aucun enfant n'arrive à apprendre à s'habiller en étant stressé. Pour l'aider au mieux à faire cet apprentissage, il faut réduire les facteurs anxiogènes : bruit, manque d'espace, surpopulation, exigences élevées, cris et attitudes négatives des éducatrices, horaire rigide.

6.3 À L'ARRIVÉE ET AU DÉPART ET LORS DES ENTRÉES ET DES SORTIES

À l'arrivée et au départ du service éducatif, l'éducatrice demande la collaboration des parents pour aider les tout-petits à se déshabiller et à s'habiller afin de permettre à l'éducatrice de demeurer disponible pour les autres enfants et leurs parents. Il convient donc de conclure une entente claire et précise avec les parents pour qu'ils sachent ce qu'on attend d'eux et à partir de quel moment ils doivent prendre la relève auprès de leur enfant en fin de journée. Rien n'est pire que la confusion ou les malentendus pour compliquer l'habillage et le départ de l'enfant à un moment où la fatigue des enfants, et celle des éducatrices et des parents peuvent occasionner des tensions.

Si les parents doivent circuler dans le CPE ou la garderie, ils devraient avoir accès facilement à des couvre-bottes ou à des pantoufles par temps de pluie ou de neige pour ne pas salir les planchers. La très grande majorité des services éducatifs exigent que les parents se conforment à cette pratique et prennent des mesures nécessaires afin qu'elle soit respectée : affiche, rappel verbal, disposition des couvre-bottes à proximité.

Lorsque le plancher du vestiaire est mouillé, il est préférable que les enfants enfilent leurs chaussures dans le vestiaire et non dans le local pour éviter que leurs chaussettes soient trempées pendant le déplacement vers le local.

Boire de l'eau, aller aux toilettes peut se faire parallèlement à l'activité de déshabillage et de l'habillage si les installations requises se trouvent à proximité. Cette mesure minimise l'achalandage du vestiaire. Lorsqu'ils sont habillés, les enfants devraient idéalement pouvoir sortir à l'extérieur en petits groupes avec une éducatrice. Le cas échéant, l'éducatrice fait en sorte que les enfants aient à attendre le moins possible sans rien faire et qu'ils soient occupés avec des jeux calmes. Il peut s'agir d'un tableau au mur avec des crayons retenus par une corde sécuritaire, des albums à images faciles à utiliser et à ranger, des tracés sur une surface plastifiée que l'enfant suit avec un doigt. De simples photos des enfants prises lors des activités et apposées au mur réussissent également à retenir l'attention des enfants pendant cette attente. Le but de ces jeux n'est pas tant de ne jamais faire vivre à l'enfant des moments d'attente, que d'éviter de créer des tensions et de l'inconfort inutiles. Si les enfants ont tendance à s'agiter et à s'éparpiller une fois habillés, il vaut mieux les faire asseoir le long d'un mur où sera indiquée la place de chacun d'eux. L'éducatrice les occupe alors avec des livres ou des peluches.

Une organisation accrue s'impose lorsque le déshabillage et l'habillage notamment en hiver sont suivis ou précédés d'obstacles à franchir comme des escaliers à monter ou à descendre.

Pour faciliter le déplacement lors des sorties à l'extérieur, on peut confier à un enfant la responsabilité d'apporter le matériel nécessaire : ballon, cordes à danser, pelles, craies. À la vue des objets de jeu, les enfants ont hâte d'aller jouer dehors et s'empressent de s'habiller.

6.4   DES VÊTEMENTS ADAPTÉS

L'habillage et le déshabillage peuvent se dérouler de manière très différente d'un enfant à l'autre, d'un groupe à l'autre, d'une saison ou d'une température à l'autre ou selon le contexte qui dépend de divers facteurs pas toujours simples à maîtriser. Néanmoins, il existe des conditions qui facilitent le déroulement de la tâche et qui préviennent plusieurs difficultés.

Il est plus facile d'effectuer rapidement l'habillage et le déshabillage avec des vêtements sécuritaires, sans cordon ni ceinture, des cols ou des cache-cou au lieu de foulards, des bottes ou des chaussures avec attaches en velcro, des vêtements ni trop amples ni trop serrés, des mitaines au lieu de gants, qui sont plus chaudes mais aussi plus faciles à enfiler que des gants et de gros boutons faciles à manier.

Chaque saison exige des vêtements particuliers pour assurer le confort des enfants : un chapeau chaud pour se protéger du froid, l'hiver, un chandail léger pour éviter la transpiration, l'été, des bottes imperméables par temps de pluie, un chapeau très léger pour se protéger du soleil en saison chaude. Un habit de neige, des bottes et des mitaines imperméables garderont les pieds et les mains au chaud et au sec et empêcheront le refroidissement du reste du corps. Pour éviter l'exposition de la peau au vent froid, les vêtements des enfants doivent être bien attachés : cache-cou bien remonté, capuchon bien en place, chapeau couvrant bien les deux oreilles, bas de pantalon bien rentrés dans les bottes, chandail à l'intérieur du pantalon, revêtement intérieur des salopettes recouvrant bien les bottes. Il faut savoir que la grande partie de la chaleur corporelle s'évacue par la tête et que les oreilles sont très sensibles aux engelures. Il importe de surveiller la température des mains et des pieds des enfants, car ce sont les extrémités du corps qui gèlent en premier. Les sorties à l'extérieur sont annulées si la température est inférieure à -25 °C en considérant le facteur de refroidissement.

Il faut prévoir plusieurs vêtements de rechange qu'on laisse au vestiaire en tout temps.

> Les enfants sont davantage influencés par les comportements de l'adulte que par ses directives. L'éducatrice doit donner l'exemple en s'habillant comme les enfants en fonction de la température et de l'activité. Il est difficile de demander aux enfants de mettre leur chapeau si on ne le fait pas soi-même. De plus, une éducatrice chaudement vêtue par temps froid sera portée à jouer avec les enfants et n'aura probablement pas le réflexe de les faire rentrer hâtivement parce qu'elle a froid.

Les vêtements d'une seule pièce comme les salopettes sont difficiles à enfiler pour les petits. Des pantalons à taille élastique simplifient la tâche de même que des fermetures éclair munies d'anneaux ou de petites tiges à leur extrémité, des chaussettes sans talon, des chaussures avec velcro. Il importe d'en informer les parents. Même si parfois plusieurs rappels leur seront nécessaires, la plupart d'entre eux accepteront de collaborer et de fournir à leur enfant des vêtements appropriés. Une affiche, un petit mot dans le carnet de l'enfant, une lettre ou un feuillet seront utiles pour les sensibiliser au bien-fondé de la demande de fournir à leur enfant des vêtements adaptés à leur taille et à leurs capacités motrices. Par contre, si c'est par manque d'argent ou par négligence que certains parents ne fournissent pas les vêtements appropriés demandés, il faut discuter du problème avec les membres de la direction.

Tableau 6.1 Des chaussures et des vêtements appropriés et leurs avantages

Chaussures et vêtements	Avantages
Confortables Ni trop amples ni trop serrés. Légers. Bottes assez grandes pour y mettre une paire de chaussettes par temps froid (s'assurer que les orteils bougent bien)	Permet une meilleure mobilité et plus de confort.
Adaptés à la saison et aux écarts de température Vêtements imperméables de la tête aux pieds incluant les mains. Changer sans tarder les mitaines, les chaussettes ou les chapeaux mouillés.	Un corps qui n'a pas à lutter contre la chaleur ou le froid risque moins de s'épuiser et d'affaiblir son système immunitaire. Évite que l'enfant se mouille dans les flaques d'eau froide.
Sécuritaires Sans cordon qui dépasse Cache-cou ou col au lieu de foulard ou d'écharpe	Sans risque d'étouffement par strangulation.
Chapeau qui permet de bien voir. Attention au chapeau ample ou à la casquette qui obstrue la vue des enfants Chapeau bien ajusté pour conserver la chaleur du corps dont 40 % se perd lorsque la tête n'est pas bien couverte	Prévient les chutes et les collisions dues à une mauvaise vision.
Des sandales fermées ou des chaussures fermées	Diminuent les risques de blessure (éraflure, foulure, contusion).
Faciles à enfiler Pantalon, survêtement et pantalon de neige avec taille élastique	Plus faciles à enfiler et à enlever que des salopettes et des robes.
Fermoir muni d'une tige ou d'un anneau à son extrémité	Plus facile à manier que des boutons ordinaires ou à pression.
Chaussures et bottes avec bandes velcro	Plus faciles à manier que des lacets avant l'âge de 5 ans.
Mitaines au lieu de gants	Plus faciles à enfiler, plus chauds aussi.
Avec étiquettes d'identité résistantes. N.B. On peut fournir aux parents des adresses de fournisseurs d'étiquettes d'identité.	Permet de mieux retracer les vêtements égarés Évite l'échange de vêtements entre enfants.
Deux paires de chaussures	Une paire est réservée aux jeux extérieurs et l'autre pour circuler dans le service éducatif. Cette mesure est plus hygiénique.

L'habillage pour un jeune enfant représente un apprentissage complexe.

6.5 DES INTERVENTIONS SUR MESURE

Aussi étonnant que cela puisse paraître, le jeune débutant oublie parfois pourquoi il doit s'habiller. Il faut donc le lui rappeler avec patience et tact. Ainsi, on en vient à réduire le manque de motivation qui n'est, la plupart du temps, que temporaire : « Tu seras plus au chaud pour jouer dehors avec tes pantalons de neige » ; « Tes oreilles n'auront pas d'engelures si tu les recouvres avec ton chapeau » ; « Tu n'auras pas de coup de soleil sur tes épaules si tu mets ton chandail ».

Le déshabillage étant plus facile à accomplir que l'habillage, l'éducatrice invite les débutants à concentrer leurs efforts tout d'abord sur cette habileté. « Le déshabillage marque la première étape vers l'autonomie en matière d'habillage. » (Martin, Falardeau et Poulin, 2008) Les petites réussites motivent l'enfant à relever d'autres défis. Une fois une habileté acquise, on peut passer à une autre. En période d'apprentissage à la propreté, certains enfants prennent plaisir à se dévêtir au complet pour aller sur le pot ou sur la toilette. Ils auront alors besoin de quelques rappels pour se limiter à abaisser leur pantalon.

Certains enfants vivent un tel découragement devant la tâche à accomplir qu'ils abandonnent vite la partie. Il existe des astuces qui peuvent être de bon secours pour soutenir l'enfant dans son apprentissage : « On va le faire ensemble, d'accord » ; « Mets ton bras dans la manche... Je vais attraper ta main... ». Rappelons que l'enfant apprend essentiellement par le jeu.

Il est essentiel que l'enfant soit dans une posture stable comme en position assise au sol pour enfiler son pantalon de neige, par exemple. L'éducatrice peut s'asseoir près de l'enfant et lui montrer comment relever la languette de sa chaussure avant d'y insérer le pied. Puis, elle observe attentivement comment l'enfant s'y prend. Pour favoriser l'apprentissage de l'habillage chez les tout-petits, l'éducatrice décrit à voix haute les vêtements à mettre et les gestes à accomplir. Maintenant, qu'est-ce que tu dois mettre ? » ; « Où est ton chapeau Laurent ? Regarde bien sur ton crochet... » ; « Montre-moi, Anthony que tu es capable de mettre tes jambes dans ton pantalon... » Par un jeu de rythmes et d'intonations, l'éducatrice peut même créer un attrait supplémentaire pour l'activité : « Tu mets ta salopette, oui, ta salopette... Je vois Éliane qui met sa salopette... Henri, Pierrick, aussi... Voilà pour les salopettes ! » Si l'espace le permet, l'éducatrice dispose les vêtements au sol dans leur position d'enfilage. Ces tactiques appliquées jour après jour avec douceur aboutissent le plus souvent à plus d'autonomie de la part des enfants. Une observation attentive de la part de l'éducatrice lui permettra d'évaluer l'apport de ses interventions sur l'enfant.

> Pendant l'habillage et le déshabillage, l'éducatrice profite de l'occasion pour créer ou enrichir le lien avec l'enfant, mettre des mots sur ses émotions, le féliciter et l'encourager dans le but de renforcer son estime personnelle.

On évite d'accourir à la moindre sollicitation de l'enfant et on l'encourage pour ses efforts : « Wow ! Tu as placé tes mitaines sur le sèche-mitaines comme je te l'avais demandé » ; « Je sais que tu es capable de mettre tes bottes... Mets une botte et je vais t'aider à mettre l'autre » ; « Tu as presque terminé... Encore un effort et tu auras fini ».

> Comment agir avec un enfant qui refuse de s'habiller pour aller dehors malgré sa capacité à le faire? Rien ne sert de réagir avec obstination ou de recourir aux menaces. Mieux vaut lui rappeler ce qu'on attend de lui avec une fermeté calme. Si l'enfant refuse toujours de se vêtir après trois rappels, l'éducatrice l'habille sans toutefois lui donner de l'attention. Répéter la même intervention la fois suivante, s'il y a lieu. Dès que l'enfant participe à son habillage, le féliciter. Certaines éducatrices appliquent la conséquence suivante: l'enfant qui retarde la sortie à l'extérieur en refusant de s'habiller, ou en le faisant lentement de manière intentionnelle, demeure en retrait du groupe une fois dehors, et ce, sans jouer, pendant une durée équivalente au temps perdu. Dans ce cas-ci, il importe d'expliquer à l'enfant la raison de son retrait et ce qu'on attend de lui lors du prochain habillage.

Les enfants plus habiles peuvent aussi avoir besoin d'un petit coup de pouce pour certains aspects de l'habillage, comme rouler les manches trop longues d'un tablier ou relever le fermoir arrière d'un chandail. Ce n'est pas tout d'être capable d'enfiler ses vêtements, il faut savoir par lequel commencer et ainsi de suite. C'est pourquoi l'éducatrice rappelle aux enfants l'ordre des vêtements à enfiler et les amène à le mémoriser le plus rapidement possible. Pour ce faire, elle recourt à des images, à une chanson ou à une démonstration.

La routine de l'habillage et du déshabillage peut se dérouler de façon très différente d'un enfant à l'autre selon l'expérience qu'il en a et selon son âge. Plusieurs n'ont pas l'habitude de cette routine, car les parents l'appliquent souvent pour eux. On peut leur demander de collaborer pour aider leur enfant dans cet apprentissage et leur faire comprendre qu'il doit savoir s'habiller seul à la garderie vu le contexte de groupe.

Les « Dépêche-toi » à répétition pas plus que les rapports de force durant l'activité de l'habillage ne servent à rien; ils ne font qu'accroître le stress de l'enfant. Quant au procédé « Qui sera prêt le premier? », il vaut mieux y recourir avec parcimonie pour prévenir les incidents et éviter le sentiment d'échec chez les moins performants. De même, faire à la place de l'enfant pour aller plus vite pour lui rendre service pourra être interprété par l'enfant comme de la non-confiance en ses capacités. Faire de l'activité d'habillage et de déshabillage un moment agréable est ce qui engendrera le plus de coopération de la part de l'enfant.

L'éducatrice aide le jeune apprenti en suscitant le plus possible sa participation : monter un bout de la fermeture éclair et l'inciter à faire le reste, lui montrer à détacher les boutons-pressions en lui suggérant une technique efficace.

> Pour aider l'enfant à repérer la chaussure qui va dans le bon pied, on trace un point au crayon feutre indélébile sur la partie intérieure de chaque chaussure correspondant à la partie interne des pieds. L'enfant saura qu'il faut mettre les deux points de la paire l'un contre l'autre avant d'enfiler ses chaussures. On peut lui dire aussi que les languettes de velcro doivent se toucher. Pour l'enfilage des bottes dans les bons pieds, placer les bottes contre un mur, la botte gauche à gauche et la droite à droite. L'enfant, debout, n'a qu'à mettre le bon pied dans la bonne botte tout en s'appuyant contre le mur.

L'habileté vestimentaire se développe parallèlement aux autres expériences motrices telles la dextérité manuelle, la force et la coordination qui s'améliorent à force de répétition et de persévérance. D'étape en étape, d'une semaine à l'autre, les progrès se feront remarquer. L'éducatrice prendra soin de les mentionner à l'enfant et aussi à ses parents. Sauf exception, les enfants d'âge scolaire maîtrisent les tâches de l'habillage et du déshabillage.

Il existe sur le marché du matériel servant à entraîner l'enfant à certains gestes nécessaires dans l'habillage et le déshabillage : boutonner et déboutonner, monter et descendre un fermoir, appuyer et tirer sur des boutons à pression. Qu'il s'agisse de poupées ou de planchettes, ces outils d'apprentissage ont tout avantage à faire partie des jeux offerts aux enfants. Pensons aussi aux vêtements et chaussures qui peuvent garnir le coin déguisements et qui constituent un excellent matériel pour l'exercice des habiletés associées à l'habillage et au déshabillage.

> Les périodes consacrées à l'habillage et au déshabillage constituent des activités à part entière. L'éducatrice y voit là des occasions propices pour l'enfant d'exercer sa motricité fine et globale et son schéma corporel et de développer ses capacités cognitives ainsi que son sens de l'effort.

Les voix autoritaires et les menaces n'ont pas leur place lors de la routine de l'habillage et du déshabillage. Pour créer une ambiance agréable lors de ce moment, on parle avec une voix douce en suggérant aux enfants de faire pareil. Une affiche au mur peut inciter les parents à faire de même. Plus que tout autre moyen, la patience et l'encouragement de l'éducatrice soutiennent l'enfant dans la création d'une atmosphère détendue.

Dans le cas où l'éducatrice doit habiller l'enfant en partie ou en totalité, il est recommandé de se concentrer sur le même vêtement pour chacun des enfants au lieu de s'occuper de chacun d'eux de la tête aux pieds. De cette façon, tous seront vêtus en même temps et aucun ne risquera de souffrir de chaleur en attendant que les autres soient vêtus. Pour les enfants de 5 ans et plus, la routine de l'habillage ou du déshabillage est généralement facile. Leurs habiletés motrices accrues et leur grand besoin d'autonomie favorisent cette étape et le soutien de l'éducatrice demeure nécessaire pour les encourager et les guider, au besoin. Par temps froid où l'habillage requiert plus de temps, les enfants plus âgés peuvent aider les plus jeunes à se vêtir. En ce sens, il est intéressant de jumeler un groupe d'enfants de 4-5 ans avec un groupe d'enfants de 2 ans où les plus habitués assisteront les novices. Il ne s'agit pas d'habiller les débutants mais de les soutenir dans leur apprentissage.

En présence de difficultés persistantes à s'habiller chez un enfant, le recours à un petit carnet d'autocollants ou d'étampes peut améliorer sa performance, mais tous les enfants devraient pouvoir obtenir le même privilège lorsqu'ils ont accompli la tâche demandée.

Il est utile pour l'éducatrice de connaître l'ordre dans lequel se développent les habiletés en matière d'habillage et de déshabillage. Les âges indiqués dans le tableau 6.2 ne sont que des points de référence, car chaque enfant progresse selon certaines particularités.

Lacer ses chaussures est un apprentissage qui correspond aux capacités de l'enfant de 4 ans et demi à 5 ans. Avant cet âge, il vaut mieux fournir à l'enfant des chaussures avec bandes velcro, plus faciles à enfiler et à retirer. La meilleure façon de montrer à l'enfant d'âge préscolaire à attacher les lacets est de lui fournir des chaussures à lacets. Faire valoir l'importance de cet apprentissage aux parents à l'approche de l'entrée à la maternelle pour permettre à leur enfant de gagner en autonomie. À l'ère du velcro, les lacets ont été mis un peu de côté dans les chaussures pour jeunes enfants, Toutefois, les enfants auront un jour ou l'autre à manipuler nœuds et boucles. Savoir faire des nœuds et des boucles est nécessaire, notamment pour attacher certains chapeaux d'hiver, des tabliers de bricolage, un ruban pour un cadeau et faire des cabanes de couvertures.

Lacer ses souliers est un apprentissage qui correspond aux capacités de l'enfant de 4 ans et demi et 5 ans.

Tableau 6.2 Le développement des habiletés des enfants en matière d'habillage et de déshabillage

	Chaussures	Vêtements	Suggestions pour soutenir l'apprentissage des enfants
2 ans S'intéresse de plus en plus à l'habillage. Est plus habile à se dévêtir qu'à s'habiller. La phase du « non » peut rendre l'enfant réfractaire à participer à la tâche. A besoin de faire des essais et des erreurs pour apprendre.	Peut mettre son pied dans la chaussure qu'on lui présente. Peut retirer ses chaussures si elles sont délacées ou détachées. Peut retirer seul ses bottes.	Peut trouver la manche pour enfiler son bras ou sa jambe. Peut enfiler le bras. Peut monter et descendre sa culotte. Peut enlever quelques vêtements comme son chapeau, ses mitaines, ses chaussettes. Peut monter une partie de la fermeture éclair de son manteau si elle est bien engagée.	Aider l'enfant à reconnaître les vêtements et leur usage, à connaître leur nom spécifique ainsi que le nom des parties du vêtement : chandail, manches, chapeau, col, etc. Bien étiqueter les vêtements pour faciliter le repérage. En premier, montrer à l'enfant comment se dévêtir. Donner régulièrement l'occasion de se déguiser pour exercer les habiletés propres à l'habillage et au déshabillage. Offrir des déguisements de toutes saisons pour les jeux de rôles. Faire glisser des fermetures éclair, enfiler des manches à partir de jeux. Permettre à l'enfant de faire des essais et des erreurs lors de l'habillage. Avoir des attentes réalistes et encourager les progrès et les efforts de l'enfant. Allouer assez de temps pour l'habillage.
3 ans Les gestes de la main se raffinent et la coordination est en évolution. Le besoin d'autonomie se manifeste davantage.	Peut mettre son pied dans la mauvaise chaussure. Peut mettre ses bottes seul. Est capable de détacher les lacets de chaussures et la boucle de ses sandales. Est capable de se chausser avec des chaussures à fermeture à velcro. Met seul ses chaussettes mais peut avoir du mal à placer le talon au bon endroit.	Peut enfiler des vêtements seul surtout s'ils sont amples, mais a besoin d'aide pour les chandails et les chemises. Connaît l'ordre des vêtements à enfiler. Peut déboutonner de gros boutons sur le côté et à l'avant. Peut détacher la fermeture éclair d'un manteau. Peut se tromper en mettant ses vêtements sens devant derrière.	Faire des jeux : entrer le bras dans un tunnel (manche). Se placer derrière ou à côté de l'enfant pour lui enseigner les techniques. Pendant les jeux libres, offrir des jeux qui exercent le boutonnage et le déboutonnage, la manipulation de fermoirs à glissière*. Utiliser les termes exacts : à l'endroit, à l'envers, devant, derrière, enfiler, retirer, etc. Avoir des attentes réalistes et encourager les progrès et les efforts de l'enfant. Allouer assez de temps pour l'habillage. * Pour faire glisser aisément les fermoirs, les enduire de savon sec en pain.

4 ans La motricité fine est de plus en plus développée.	Attache la boucle d'une ceinture ou d'une sandale. Commence à faire des nœuds aux lacets.	Distingue le sens des vêtements et les enfile correctement. Peut s'habiller seul sauf si les attaches et les vêtements sont trop serrés. Peut engager la fermeture éclair de son manteau. Peut enfiler seul ses mitaines. Peut attacher et détacher un bouton de grosseur moyenne.	Encourager les enfants à s'entraider, ce qui suppose l'accord des deux personnes concernées. Encourager les progrès et les efforts de l'enfant. Allouer assez de temps pour l'habillage.
5 ans La dextérité manuelle se raffine.	Met le bon pied dans la bonne chaussure, avec quelques erreurs à l'occasion. Commence à faire des boucles lâches aux lacets.	S'habille et se déshabille avec soin. Attache les boutons-pressions et de fantaisie. Peut engager et monter une fermeture éclair au complet. Enfile par-dessus la tête des vêtements serrés. A encore besoin d'aide pour attacher des boutons aux poignets, au cou et au dos.	Faire des jeux de laçage avec du matériel conçu à cet effet. Demander aux parents d'acheter des chaussures avec des lacets plats plus faciles pour l'exécution des boucles.
6 ans et plus La rapidité et la précision augmentent.	Est capable d'attacher ses lacets. Distingue à coup sûr la chaussure droite de la chaussure gauche.	S'habille avec plus de rapidité. Peut faire deux choses à la fois : parler et s'habiller.	

Faire un nœud ou une boucle n'est pas une habileté innée chez l'enfant et doit faire l'objet d'un apprentissage pour qu'il puisse la maîtriser. L'enfant est prêt à commencer l'apprentissage du nœud en moyenne entre 4 et 5 ans et le réussit au cours de sa cinquième année de vie. C'est aussi pendant cette année qu'il commence à faire des boucles lâches avec des lacets.

Nouer et lacer sont des activités qui demandent plusieurs habiletés : coordination bilatérale (je dois utiliser mes deux mains et elles doivent effectuer des tâches différentes), planification (je dois planifier et exécuter une série d'étapes et de mouvements pour arriver à la boucle finale), dextérité manuelle et coordination oculomanuelle (je dois manipuler les lacets avec mes doigts tout en traitant les perceptions visuelles), organisation spatiale (je place le lacet par-dessus l'autre puis ensuite à intérieur d'un trou, etc.). Patience ! L'enfant a besoin de faire plusieurs essais et erreurs avant d'arriver à maîtriser l'ensemble de ces habiletés. Il importe de choisir un moment où l'enfant est motivé et dispos pour lui montrer comment faire. Voici quelques trucs pour faciliter l'apprentissage de boucles :

- Commencer avec des lacets de couleurs différentes pour bien les différencier.
- Utiliser des lacets longs et plats en coton qui sont plus faciles à manipuler et qui font des boucles plus solides.
- Pour donner des instructions ou faire une démonstration à l'enfant, tenir compte de sa prédominance latérale, droite ou gauche, généralement mise en place à partir de l'âge de 4 ans.
- Pourquoi pas une histoire pour rendre les boucles plus amusantes ! Suggestion : L'histoire de *Lapi, le petit lapin* [2].

---

2. [En ligne] [http://www.lizetleo.com/static/advice/apprendre_a_faire_ses_lacets].

6.6 ASTUCES, JEUX ET CHANSONS

Les petites animations devraient donner le goût aux enfants de s'habiller et non les décourager ou les distraire de leur tâche. Avec certains enfants, il est préférable de ne pas leur parler afin de ne pas les déconcentrer. À l'éducatrice de juger de la meilleure attitude à adopter pour atteindre les objectifs visés tout en considérant les besoins de chaque enfant.

1) Objectif : aider les enfants à se retrouver dans les divers gestes à faire et les étapes à suivre

a) Décrire les gestes de l'habillage de façon très précise. Par exemple, pour le pantalon : « Tu le poses devant toi pour voir la fermeture éclair ; tu enfiles une jambe dans un trou et l'autre dans l'autre trou et tu tires. »

b) Afficher au mur ou sur une corde à linge à la vue et à la hauteur des enfants des pictogrammes ou mieux, des photos, illustrant dans l'ordre les vêtements à enfiler lors d'un habillage élaboré comme pendant l'hiver : chandail, pantalons à neige, bottes, cache-cou, manteau, chapeau, mitaines. Inviter l'enfant à s'y référer pour savoir quel vêtement enfiler dans le bon ordre. On peut aussi y accrocher de vrais vêtements.

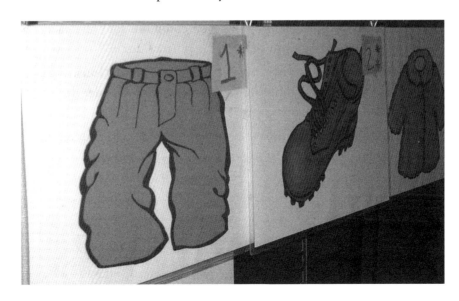

c) Jouer à « Jean dit » : « Jean dit de mettre tes bottes. Il dit d'enfiler tes mitaines. » Les enfants mettent leur vêtement seulement si la phrase comprend le mot Jean.

d) Chanter une chanson qui rappelle l'ordre et le nom des vêtements à mettre. Quelques chansons que l'on trouve aux pages suivantes sont désignées pour ce faire.

2)   Objectif : entretenir de bons liens avec les enfants

Parler avec les enfants, les encourager dans leur effort, s'intéresser à ce qu'ils font, leur permettre d'exprimer leurs émotions ou leurs besoins.

3)   Objectif : développer le langage des enfants

Enseigner de nouveaux mots (ex. : bouton-pression, fermeture éclair au lieu de *zipper*, visière de casquette, etc.), reformuler, faire des rimes.

4)   Objectif : développer les habiletés sociales

Amener l'enfant à s'intéresser aux autres enfants de son groupe, à développer une empathie envers un enfant qui présente des difficultés et à apporter son aide.

5)   Objectif : souligner les réussites des enfants

a) Nommer les enfants qui sont en train de s'habiller : « Je vois Nadia qui met son manteau. Je vois aussi William qui est prêt à sortir. »

b) Offrir un privilège aux enfants qui ont terminé de s'habiller ou de se déshabiller, par exemple, en apposant un autocollant sur une main ou un tampon encreur. Ce moyen ne devrait cependant pas pénaliser les plus lents ; chaque enfant devrait pouvoir obtenir le privilège lorsqu'il a terminé sa tâche.

c) Lancer un défi : « Qui est capable de mettre ses bottes ? » ; « Qui peut ranger son manteau à sa place ? »

6) Objectif : occuper les enfants qui ont terminé de s'habiller

Une fois que les enfants sont habillés, les faire asseoir contre un mur et leur offrir de s'occuper en attendant les autres avec des jeux simples : chansons, devinettes, figurines, tableau avec crayons solubles à l'eau munis de cordes élastiques pour éviter de les perdre.

7) Objectif : chanter

1
Le bonhomme, le joli bonhomme

(sur l'air de Alouette, gentille alouette)

Le bonhomme, le joli bonhomme
Le bonhomme que j'habillerai.
Je lui mettrai une salopette (bis)
Une salopette (bis)
Joli bonhomme (bis)

Continuer la chanson en désignant d'autres vêtements :
des bottes, un manteau, un cache-cou, un chapeau,
des mitaines.

2
J'ai de beaux vêtements

(sur l'air de J'ai un beau château)

J'ai de beaux vêtements
Matantirelirelire
J'ai de beaux vêtements
Matantirelirelo.

J'ai un beau chapeau
Matantirelirelire
J'ai un beau chapeau
Matantirelirelo.

J'ai un beau manteau
Etc.

3
Tout plein de vêtements

(sur l'air de Dans la ferme à Mathurin)

Dans le groupe des Petits Chats (nom du groupe d'enfants)
I a i a o
Il y a tout plein de vêtements
I a i a o
Un manteau par ci, un manteau par là
Des manteaux, plein de manteaux.
Dans le groupe des Petits Chats
I a i a o.

4
Mets-le donc!

Si le chapeau te fait
Mets-le donc, mets-le donc
C'est le tien.
Si le chapeau te fait
Mets-le donc, mets-le donc
C'est le tien.
Etc.

5
J'ai tout ce qu'il faut

Paroles : origine inconnue
(sur l'air de La peinture à l'huile et Un éléphant, ça trompe)

Ma salopette
Mes bottes
Mon manteau
Mes deux mitaines
Mon cache-cou
Mon chapeau.

J'ai tout ce qu'il faut
Pour être bien au chaud
Je vais vite m'habiller
Pour aller m'amuser.

Chapitre 7

Le rangement et le nettoyage

CONTENU DU CHAPITRE

7.1 Un système de rangement pratique 269
    A. L'environnement et l'équipement 269
    B. La participation des enfants 275
    C. Le rangement à l'extérieur 276
    D. L'étiquetage 276
7.2 Le nettoyage 277
7.3 Les attitudes de l'éducatrice 280
    A. Planifier la disposition du matériel de jeu 280
    B. Avoir des attentes réalistes 281
    C. Favoriser divers apprentissages 283
    D. Prévenir les enfants 285
    E. Gérer le temps 285
    F. Faire du renforcement positif 286
    G. Faire vivre les conséquences naturelles 287
    H. Être soi-même active 287
    I. Favoriser le rangement progressif 288
7.4 Astuces et jeux pour s'amuser à ranger 289
    1) Objectif: attribuer des tâches aux enfants 289
    2) Objectif: faire effectuer le rangement avec une touche d'imaginaire 290
    3) Objectif: décrire les objets qui se font ranger 293
    4) Objectif: donner des choix 294
    5) Objectif: proposer des défis 294
    6) Objectif: égayer le rangement avec de la musique 295
    7) Objectif: montrer aux enfants des photos d'eux en train de ranger 295
7.5 Chansons 296

Les éducatrices en conviendront : le rangement et le nettoyage ne figurent certes pas au palmarès des activités préférées des enfants. Pourtant, c'est la transition qui revient le plus fréquemment et qui monopolise le plus de temps dans une journée en services éducatifs. Le rangement et le nettoyage méritent donc qu'on leur accorde toute l'attention nécessaire pour en faire une période charnière satisfaisante. Certaines éducatrices appréhendent la tâche du rangement et du nettoyage en voyant souvent dans ces moments des causes de désorganisation et d'agitation du groupe d'enfants, qui viennent briser l'harmonie installée durant la période de jeux précédente. Pour cette raison, il est nécessaire de comprendre les enjeux liés au rangement et au nettoyage afin d'en faire des activités profitables tant pour les enfants que pour les éducatrices.

Il est de toute première importance de prévoir un **système efficace** qui permet de ranger et de trouver le matériel rapidement tout en encourageant l'autonomie des enfants selon leur niveau de développement. Ensuite, on doit faire preuve de souplesse pour minimiser le stress inhérent au rangement et au nettoyage. Certaines attitudes peuvent nuire au déroulement harmonieux de cette tâche : demander aux enfants de se dépêcher afin de respecter l'horaire prévu, dépenser beaucoup d'énergie et de temps pour des interventions disciplinaires, s'impatienter devant les difficultés, laisser voir aux enfants qu'il vaut mieux faire vite pour passer à quelque chose de plus important. Par ailleurs, on peut favoriser l'enchaînement en douceur de cette activité en fonctionnant selon un **horaire flexible**. Il est sage de prévoir quelques minutes supplémentaires pour effectuer le rangement et le nettoyage dans le calme. Pour faciliter le déroulement de ces transitions, on peut présenter les activités de rangement et de nettoyage aux enfants sous forme de jeu et leur permettre ainsi de faire des apprentissages en s'amusant. Plusieurs astuces et idées de jeux sont proposées à la fin du chapitre.

Après avoir cerné les besoins en matière de rangement, l'éducatrice utilisera sa créativité pour concevoir un plan afin d'organiser les lieux de manière efficace et sécuritaire. C'est ainsi qu'une éducatrice en milieu familial fera preuve d'ingéniosité pour effectuer le rangement du matériel de telle sorte qu'il n'envahisse pas la vie familiale le soir et les fins de semaine. Elle mettra alors des boîtes de rangement derrière le sofa, empilera des coussins sur une penderie, prévoira des contenants faciles à transporter, aménagera un vestiaire ailleurs que dans le placard de l'entrée. Dans les services de garde en milieu scolaire, où parfois un seul local est mis à la disposition des usagers, le manque d'espaces de rangement peut vite devenir un problème crucial pour tout le monde. Pour toutes ces raisons, l'éducatrice doit penser à des stratégies pouvant alléger les périodes de rangement qui ont lieu plusieurs fois par jour.

Une étagère basse exposant le matériel de façon aérée et ordonnée aide l'enfant à retrouver le jeu désiré.

7.1 UN SYSTÈME DE RANGEMENT PRATIQUE

La réussite des activités de rangement ou de nettoyage dépend inévitablement de l'environnement où elles se déroulent et du type de matériel utilisé. Une aire de jeu de petite superficie, un espace de rangement peu accessible pour les jeux extérieurs, un mobilier difficile à entretenir ne sont que quelques-uns des obstacles qui entravent un bon rangement. Une organisation efficace des activités de rangement exige de l'éducatrice qu'elle précise les conditions qui permettent leur bon déroulement. Souvent, l'éducatrice aura besoin de temps, de réflexion et de plusieurs tentatives pour arriver à trouver la façon la plus appropriée de placer et de ranger le matériel ainsi que pour aménager les lieux en conséquence.

A. L'environnement et l'équipement

Il est essentiel que l'aménagement des lieux favorise l'ordre : casiers et crochets pour les vêtements et les effets personnels de chaque enfant, placards à tablettes amovibles, armoires basses placées contre le mur ou idéalement utilisées comme cloisons et séparateurs, modules sur roulettes (prévoir des roulettes à barrure sécuritaire pour immobiliser le module) faciles à déplacer, meubles fixes à tiroirs en plastique robustes et empilables, meubles à étagères réglables avec casiers et bacs de rangement transparents. Pour mettre les livres à la vue des enfants, une murale à pochettes en plastique transparentes est très utile en plus de préserver la qualité du matériel. On peut se servir d'un matériel semblable pour y insérer des figurines, ou utiliser des bandes velcro fixées au mur pour y accrocher des marionnettes. Un endroit pour faire sécher et exposer les œuvres des enfants sera des plus utiles ainsi qu'une place pour déposer temporairement les productions inachevées, par exemple, sur une corde à linge ou un cintre circulaire à pinces en hauteur. Pour retracer rapidement le matériel recherché dans les armoires, on doit prévoir un éclairage suffisant.

Si le manque d'espace est un problème, on cherche des solutions non pas à l'horizontale, mais à la verticale : des crochets au-dessus d'une étagère, une armoire murale, un rangement suspendu avec poches en tissu. Le plafond peut aussi être mis à contribution : un hamac suspendu fera un nid douillet pour les poupées et les toutous oubliés, un support circulaire à pinces accueillera des images plastifiées qui serviront aux activités de chansons ou au séchage des oeuvres des enfants.

> Puisque les enfants apprécient la nouveauté, une rotation régulière des objets de jeu est souhaitable. Un échange de jeux entre groupes ou un emprunt fait à une ludothèque apporte de la variété dans les explorations des enfants, en plus de réduire les frais d'achat. Ainsi, on évite de surcharger l'espace souvent restreint en services éducatifs.

Pour sensibiliser les enfants à l'importance du recyclage, un bac accessible servira à récupérer les retailles de papier après une activité de découpage. Quant aux papiers servant à essuyer les mains, les enfants peuvent les déposer dans un petit panier de récupération situé près du lavabo, dont le contenu sera versé dans le plus grand bac de recyclage plus tard.

Un présentoir à pochettes pallie le manque d'espace de rangement en plus de permettre de repérer rapidement les objets.

Avec des enfants d'âge différents, l'éducatrice doit disposer les jeux en fonction de leurs niveaux de développement. Par exemple, les jeux difficiles destinés aux enfants d'âge préscolaire ne devraient pas se trouver sur la même tablette ou dans la même armoire que ceux réservés aux enfants plus jeunes. Pour les plus grands, l'éducatrice peut prévoir des bacs difficiles à ouvrir par les plus petits. Elle affiche les réalisations des plus vieux de telle manière que les plus jeunes ne puissent les détruire. Une surveillance accrue est requise lors du rangement pour s'assurer que de petites pièces ne traînent au sol ou sur les étagères. L'éducatrice demande aux enfants plus âgés qui utilisent des jouets comprenant de petits morceaux de les ramasser dès qu'ils tombent au sol. De plus, elle veille à ce que la première tablette d'une étagère ne serve pas de marchepied à l'enfant. Comme en témoigne l'encadré 7.1, plusieurs éléments doivent être pris en considération pour que le rangement soit efficace.

En milieu scolaire, les éducatrices sont nombreuses et le matériel est varié et abondant; les dépôts de rangement doivent donc demeurer constamment en ordre. Pour éviter le transport fréquent et épuisant du matériel, il est conseillé de prévoir un espace de rangement dans chacun des locaux. L'encombrement des locaux rend difficile la surveillance, les déplacements et le déroulement des activités. Un chariot de rangement avec étagères pourra servir à transporter le matériel d'un local à l'autre.

Si l'éducatrice utilise un coffre à jouets, on recommande de retirer le couvercle à pentures où les enfants risquent de se pincer les doigts. On devrait choisir des boîtes ou des coffres de jouets peu profonds qui éviteront d'avoir à les vider complètement pour y trouver un objet. Des classeurs verticaux en carton ou en plastique sont utiles pour remiser les revues et les catalogues qui serviront au découpage et au collage. Quant aux caissons de plastique quadrillés (panier à linge, caisse de lait), ils permettent aux enfants de voir rapidement leur contenu. Une mise en garde s'impose cependant quant à leur utilisation: les orifices du quadrillage doivent être assez grands pour que les enfants ne puissent s'y coincer les doigts et assez petits pour qu'ils ne puissent y glisser la main.

Puisque le bien-être physique des enfants demeure la priorité de l'éducatrice, l'aménagement et l'équipement d'un service éducatif doivent assurer une sécurité irréprochable en tous points.

Encadré 7.1   Des aspects à considérer pour un rangement efficace

- Objets de jeu sécuritaires et faciles à manipuler par les enfants.
- Accès facile au matériel sans avoir à trop se pencher ou à s'étirer.
- Étagères robustes (vérifier régulièrement l'état du mobilier de rangement), basses, ouvertes et clairement étiquetées.
- Bacs de rangement sur roulettes avec tiroirs faciles à ouvrir.
- Tablettes et crochets accessibles aux enfants (pour les accessoires et les vêtements de déguisements, par exemple).
- Chaises faciles à déplacer par les enfants.
- Paniers ou bacs qui s'empilent les uns sur les autres pour ranger les aliments et la vaisselle en plastique dans le coin maison.
- Armoires et tiroirs simples à ouvrir et dont le contenu est clairement identifié à l'aide de symboles faciles à décoder.
- Espace accessible à l'enfant pour ranger ses effets personnels comme doudou et couverture, productions.
- Contenants ou bacs en plastique transparents et peu profonds, sans orifices (pour éviter que les petits doigts s'y coincent), faciles à manipuler, à ouvrir et à transporter.
- Matériel lourd posé au sol et jamais en hauteur comme sur le dessus d'une étagère.
- Contenants, casiers et mobilier de rangement faciles à nettoyer (Eh oui! Il faut les nettoyer de temps en temps...).
- Matériel dangereux, fragile ou coûteux (instruments de musique, par exemple) placé hors de la portée des enfants et utilisé seulement sous la supervision étroite de l'adulte.
- Logiciels, CD et DVD rangés dans leur boîtier et à l'abri de la poussière et de la lumière intense.

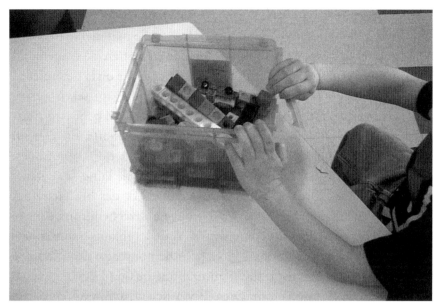

Des bacs peu profonds et non remplis à ras bord permettent à l'enfant de repérer plus facilement les pièces de jeu.

Un bon système de rangement ajoute à la durabilité du matériel. De plus, il permet aux enfants de prendre des initiatives pour organiser leurs propres jeux. En effet, les enfants répondent à leurs besoins et accroissent leur autonomie en étant capables de reconnaître aisément un jeu de table recherché, en prenant facilement un tricycle ou en repérant seuls les feuilles pour dessiner. L'éducatrice veille à ce que les enfants rangent correctement le matériel utilisé et leur apporte son aide, au besoin. En les encourageant à trouver le matériel désiré, à le déplacer, à l'utiliser et à le remettre à sa place, elle favorise chez les enfants le sentiment de compétence et de responsabilisation indispensable à la construction de leur estime de soi.

> Un environnement ordonné de manière logique encourage les enfants à à ranger et à se retrouver dans leur espace, et contribue à faire du local un milieu de vie sécuritaire et agréable pour tous.

Rassembler les objets semblables au même endroit – les blocs dans le coin blocs, les livres dans le coin lecture, le matériel d'arts plastiques ensemble – est une question de logique en matière de rangement. Par contre, dans un contexte d'approche démocratique où la polyvalence du matériel est souhaitable – la pâte à modeler pouvant servir autant dans le coin arts plastiques que dans le coin cuisine –, il peut être avantageux de mettre ensemble du matériel de nature différente. En effet, en voyant sur une même tablette des objets ayant des fonctions communes, comme des perles, des bouts de paille et des bouts de laine, les enfants auront peut-être l'idée de fabriquer des colliers et des bracelets, par exemple. Cependant, si ce matériel se trouve à divers endroits dans le local ou s'il demeure dans des contenants séparés, les enfants seront moins enclins à créer des associations d'idées pour de nouveaux jeux. Pensons à un imagier sur le thème du multiculturalisme qu'on placerait à proximité de CD de chansons ethniques. Il y a lieu de croire qu'une telle disposition inciterait les enfants à écouter la musique du seul fait que des images accompagnent le CD.

> Il suffit parfois d'un simple changement dans la disposition du matériel pour piquer la curiosité des enfants et stimuler leur créativité.

On doit éviter à tout prix d'encombrer les étagères de matériel et de mettre trop d'objets dans les bacs. Si les nombreux accessoires et les vêtements de déguisements sont pêle-mêle dans un grand bac, les enfants auront de la difficulté à reconnaître les objets et, par conséquent, seront moins intéressés à s'en servir. Avec de nombreux jeux de manipulation dans une étagère, les enfants risquent d'avoir du mal à s'y retrouver. La présence d'objets qui encombrent le sol ne devrait pas faire partie du paysage quotidien : gros pots de colle, balais, cerceaux. Il vaut mieux ranger ce matériel à sa place et le sortir seulement en temps opportun. Quant aux jouets, il faut éviter qu'ils encombrent le sol afin de laisser les espaces de circulation dégagés.

B. La participation des enfants

Pour l'enfant, ranger et nettoyer signifie souvent faire cesser le plaisir qu'il éprouve à jouer, ce qui peut être très frustrant. Intéresser les enfants aux activités de rangement et de nettoyage constitue un défi important pour l'éducatrice. Elle peut en faire une occasion propice pour sensibiliser les enfants aux avantages de l'ordre et de la propreté des lieux. La période de rangement doit leur permettre d'adopter une attitude responsable au regard du matériel selon leur stade de développement.

> L'activité de rangement fournit une occasion idéale pour sensibiliser les enfants au respect des objets et de l'équipement qui composent leur environnement.

L'éducatrice peut encourager les enfants à lui signaler toute perte ou tout bris de matériel. Elle peut aussi leur faire voir les inconvénients du désordre (la difficulté à retrouver les objets de jeu, la perte de pièces d'un casse-tête qui empêche de le faire au complet, l'endommagement des livres si on les laisse traîner, le risque de trébucher en laissant des objets au sol) ou de la saleté (les débris de nourriture laissés au sol qui favorisent la formation de bactéries nuisibles à la santé). À l'occasion, l'éducatrice peut présenter une histoire intéressante pour sensibiliser les enfants à l'importance de ranger et de nettoyer le lieu où l'on habite.

Pour prévenir les risques de chute ou de bris, l'éducatrice habitue les enfants à ranger le matériel de jeu dès qu'ils ont fini de s'en servir. L'éducatrice prend le temps d'expliquer aux enfants comment ranger et assure un suivi.

Il faut se rappeler que c'est petit à petit que la motivation pour le rangement s'installe dans les habitudes de vie des enfants. Évidemment, l'exemple donné par l'adulte joue un rôle capital dans leur apprentissage. Celui-ci doit être cohérent et convaincant pour les enfants. En groupe multiâge, les plus jeunes observent beaucoup les plus âgés qui leur servent de modèle. L'éducatrice encourage l'entraide, le travail d'équipe et la complémentarité dans les tâches de rangement et de nettoyage.

Les règles d'utilisation du matériel de même que les conséquences découlant du non-respect de celles-ci doivent être comprises des enfants. Avec des enfants d'âge préscolaire et scolaire, les règles peuvent être établies et appliquées en collaboration avec les enfants.

C. Le rangement à l'extérieur

Le rangement à l'extérieur devrait avoir le mérite d'être aussi stratégique que celui prévu pour l'intérieur. Parce qu'il doit être replacé dans un cabanon ou rentré à l'intérieur à la fin de chaque journée, le matériel utilisé pour les jeux extérieurs doit être prévu en conséquence : un équipement mobile, un cabanon pour protéger le matériel des intempéries et du vol en plus d'y avoir un accès facile et fonctionnel, une toile résistante et imperméable pour recouvrir le carré de sable afin de réduire son entretien, des chariots à roulettes dont les enfants pourront se servir pour déplacer et replacer les objets de jeu. Ces conditions ne pourront que diminuer la tâche déjà grande de l'éducatrice lors des sorties à l'extérieur et agrémenter le travail de rangement dans son ensemble.

La question du rangement à l'extérieur et de l'entretien de la cour offre une belle occasion d'éveiller les enfants à la protection de l'environnement et à l'écologie. Faire attention aux arbres, prendre soin de plates-bandes de fleurs, mettre les déchets à la poubelle, ramasser les feuilles mortes pour ensuite les envoyer à la récupération ne sont que quelques-unes des actions permettant de sensibiliser les enfants à prendre soin de leur environnement.

D. L'étiquetage

Il est plus facile de ranger le matériel si l'on sait où le ranger. Pour optimiser l'efficacité du système de classement, le repérage visuel des objets (contenants, CD, boîtes) et des emplacements (coin scientifique, tablettes pour les jeux de table, armoires pour le matériel d'arts) s'impose. Un bon étiquetage est attrayant, explicite, sécuritaire et durable. Il peut être simplement fait à l'aide de photos, de symboles, de dessins, d'images tirées de dépliants ou de circulaires, des contours des gros objets tracés à l'endroit où ils doivent se trouver soit au sol, sur un mur ou sur une tablette, sont autant de moyens qui aident les enfants à trouver et à remettre le matériel à sa place. Pour les jeunes lecteurs, un simple mot écrit sur un contenant peut faire l'affaire alors que pour les petits, un objet collé sur la boîte de rangement, par exemple un crayon feutre apposé sur la boîte de crayons feutre, constitue la méthode la plus simple de repérage. Dans le cas où les enfants d'âge préscolaire manifestent un intérêt pour les lettres et les mots, l'éducatrice peut nourrir leur curiosité en inscrivant le nom de l'objet à côté de l'image correspondante.

Puisque la perte de pièces de jeu semble être un problème courant en services éducatifs, on doit penser à une façon efficace d'effectuer leur rapatriement. Mettre un point de même couleur au dos de chacun des morceaux d'un casse-tête, par exemple, est un moyen efficace pour que les enfants replacent dans la bonne boîte les pièces qui vont ensemble. Pour un casse-tête à encastrement auquel il manque un morceau, un X tracé à l'endroit de la pièce perdue évite d'avoir à la chercher inutilement.

Si l'on fait régulièrement la rotation des jouets, on opte pour un étiquetage facile à mettre en place. C'est ainsi que la coccinelle apposée sur une tablette sera associée à un contenant affichant le même symbole. L'éducatrice n'aura qu'à changer les pictogrammes ou les symboles sur les contenants ou les bacs sans avoir à déplacer les étiquettes sur les tablettes.

7.2 LE NETTOYAGE

Si une bonne organisation physique est une caractéristique d'un service éducatif sain et harmonieux, la propreté des locaux y occupe aussi une grande place. En effet, sans chercher à avoir un environnement aseptisé, l'éducatrice doit accorder autant d'importance à la propreté qu'au rangement. Ici encore, on peut solliciter la participation des enfants de diverses manières.

Quel enfant n'aime pas avoir la responsabilité de passer un linge sur la table après le dîner ou de nettoyer les pinceaux dans l'évier, de balayer le plancher après une activité de découpage ou de laver la vaisselle après une activité culinaire! Les enfants se sentent valorisés d'accomplir des tâches d'adultes encore plus lorsque l'éducatrice prend la peine de les remercier et de faire remarquer l'importance de leur geste : « Ces tâches, satisfaisantes en elles-mêmes, prennent encore plus de valeur aux yeux de l'enfant lorsque l'éducateur souligne leur utilité pour tout le groupe. » (Hendrick, 1993)

La collaboration de plusieurs enfants a l'avantage de renforcer leurs habiletés sociales. Par exemple, un enfant ramasse les retailles au sol avec un balai tandis qu'un autre tient le porte-poussièress, un jeune enfant lave la vaisselle du coin maison pendant que son compagnon l'essuie.

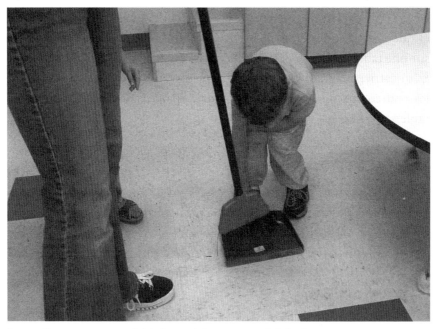

Les enfants prennent plaisir à participer aux activités de nettoyage.

Rien ne remplace le savon, l'eau tiède et un bon linge pour nettoyer les surfaces sales et enlever les microbes en service éducatif. Toutefois, certains objets ou certaines surfaces exigent une désinfection spéciale après une première étape de nettoyage. Les règlements ministériels énoncent des principes clairs sur la désinfection ; les personnes concernées doivent les appliquer rigoureusement. Évidemment, les enfants ne peuvent participer à cette partie du processus de nettoyage à cause de la nocivité des produits chimiques utilisés. Les enfants ont cependant l'occasion de participer à d'autres types de nettoyage. Pensons aux activités de modelage dont les matériaux laissent souvent des résidus sur les tables et le plancher. Avant de retirer leur tablier, à la fin de l'activité, les enfants peuvent remettre le plus gros de la pâte à modeler ou de l'argile dans leur contenant et puis enlever les particules restantes sur leurs mains et sur la table à l'aide d'un papier brun ou d'un outil à modelage pour ensuite jeter le tout à la poubelle. Cette méthode comporte l'avantage d'éviter l'obstruction des renvois d'eau occasionnée par la présence de pâte à modeler dans l'évier. Un nettoyage de la table avec de l'eau savonneuse et un linge, puis un désinfectant complètera la tâche de l'éducatrice. Un lavage des mains sera également nécessaire avant de passer à l'activité suivante.

Comme pour le modelage, la peinture aux doigts suscite généralement l'enthousiasme chez les enfants. Pourquoi alors les en priver ? Qu'on utilise un produit commercial, une recette maison, un mélange de fécule de maïs et d'eau ou même de la crème à raser, le matériau choisi peut être utilisé directement avec les mains, sur la table, pour la plus grande joie des enfants. Une fois l'activité terminée, on effectue le nettoyage des mains et des surfaces sales de la même façon que pour la pâte à modeler, c'est-à-dire en enlevant d'abord le surplus à l'aide d'un papier essuie-tout ou d'un papier brun. En plus d'annoncer clairement aux enfants la fin de l'activité, cette étape réduit la durée du lavage des mains et du nettoyage dans son ensemble, tout en ménageant la tuyauterie de l'évier. L'éducatrice peut alors procéder au nettoyage final de la table pendant que les enfants se lavent les mains sous le robinet.

Plusieurs fois par jour, l'éducatrice a à laver les tables, soit avant et après la collation ou après une activité salissante. Elle utilise alors un nettoyant qu'elle applique le plus souvent avec un vaporisateur qu'elle actionne au-dessus des surfaces à nettoyer. Cette façon de faire n'est pas idéale en raison de la dispersion dans l'air de fines gouttelettes du désinfectant.

> Afin d'éviter la dispersion du nettoyant dans l'air, qui finit par retomber en fines gouttelettes sur les enfants et sur les surfaces qu'ils touchent régulièrement, il est recommandé de le vaporiser directement sur le linge de nettoyage et non au-dessus de la surface à nettoyer. C'est la façon la plus sûre de préserver la santé des enfants en leur évitant l'inhalation et le contact avec les particules invisibles du produit chimique. C'est une habitude à prendre qui s'ajoute à l'ensemble des gestes témoignant du professionnalisme des éducatrices.

Pour nettoyer une table basse, l'éducatrice pose un genou sur une chaise et une main sur la table. Ces points d'appui réduisent considérablement la pression exercée sur le dos.

7.3 LES ATTITUDES DE L'ÉDUCATRICE

Il est important de tout mettre en œuvre pour favoriser un bon déroulement des activités de rangement et de nettoyage. L'éducatrice veille à accompagner les enfants dans l'apprentissage des habiletés requises afin qu'ils puissent participer aux activités de rangement et de nettoyage. Ses attitudes, ses gestes et ses paroles jouent un rôle déterminant dans la satisfaction éprouvée par les enfants lors des activités de rangement et de nettoyage.

A. Planifier la disposition du matériel de jeu

On peut croire qu'un grand nombre de jouets étalés au sol ou sur une table accroît l'intérêt des enfants pour le jeu, mais il n'en est rien. Au contraire, devant un choix trop vaste et une présentation désordonnée des objets de jeu, les enfants ont plus de difficulté à repérer le matériel et à organiser leurs jeux. Plus que la quantité, il faut miser sur la diversité du matériel et sa disposition dans l'espace. Pour encourager les enfants à jouer, il ne sert à rien de sortir tous les jeux chaque jour. Cette recommandation vaut également pour la cour extérieure. Il importe de placer les jouets à leur disposition et d'une façon attrayante.

B. Avoir des attentes réalistes

Le rangement et le nettoyage demeurent des tâches imposées aux enfants par les adultes. Lorsque le temps de nettoyer ou de ranger arrive, les enfants manifestent généralement plus l'envie de poursuivre leur jeu que de s'adonner de bon gré au rangement. L'éducatrice ne peut s'attendre à un enthousiasme spontané et débordant de la part des enfants surtout si cette tâche la rebute elle-même. Il est normal que les enfants n'aiment ni ranger ni nettoyer, car ils ne comprennent pas toujours l'utilité de cette activité. Cette compréhension qui requiert notamment une maturation intellectuelle se fait par étapes. Puisqu'ils ont une conscience accrue de la notion du temps et une perception plus précise de la sensation de faim qu'exprime leur corps, les enfants de 4 à 7 ans, par exemple, se dépêcheront de ranger et de se laver les mains pour se mettre à table afin de pouvoir enfin manger. Avec les plus petits, cette motivation est plus limitée.

> C'est avec persévérance et tact que l'éducatrice arrive, au fil des expériences et selon leur niveau de développement, à faire saisir aux enfants la raison d'être des activités de rangement et de nettoyage.

Puisque l'affirmation de soi et l'opposition marquent généralement le développement sain des enfants, il est préférable de leur présenter l'activité de rangement de manière non dogmatique pour éviter des affrontements inutiles. Avec des enfants qui se trouvent dans la phase du non, il vaut mieux user de stratégies en leur donnant, par exemple, le choix entre deux objets à ranger. L'éducatrice leur propose de relever un défi personnel et considère leur résistance tout en les amenant avec doigté à accomplir ce qu'elle attend d'eux. Les enfants de 2 ans aiment naturellement déplacer les objets au lieu de les ranger. Ce sont de véritables déménageurs. L'éducatrice peut leur accorder une attention particulière et animer, par exemple, un jeu qui les amènera à ranger de la bonne façon et non seulement à déménager les objets d'un endroit à un autre. Si l'éducatrice a des attentes raisonnables concernant les enfants, son attitude favorisera une atmosphère de détente pendant la période du rangement et du nettoyage, même si ces activités de transition demeurent peu populaires chez la plupart des enfants.

Avoir des attentes réalistes quant aux capacités et à la motivation de ranger des enfants signifie également qu'il faut tenir compte des fluctuations d'énergie au cours d'une journée, des périodes critiques dans la vie d'un enfant, du processus d'adaptation d'un nouvel enfant, de l'obstination propre aux petits de 2 ans, du besoin d'argumenter des enfants de 8 ans, des jours précédant les longs congés, ou encore des journées où tout le monde semble agité ou maussade.

Le rappel des consignes est indispensable et nécessaire dans l'apprentissage des règles de vie en services éducatifs. Quant aux rappels autoritaires assortis de longues explications, aux récriminations, aux comparaisons ou aux menaces, ils sont inacceptables. Pour réactiver efficacement dans le cerveau de l'enfant ce qu'il doit faire lorsque vient le temps de ranger, il vaut mieux recourir à des méthodes qui lui procurent des sensations agréables et adaptées à son niveau de développement. Il est reconnu que l'enfant apprend essentiellement par le plaisir. Il revient donc à l'éducatrice de transformer les activités de rangement et de nettoyage en moments de jeu. À la fin du chapitre, quelques stratégies et jeux sont proposés pour amener les enfants à participer agréablement aux activités de rangement et de nettoyage.

Une activité qui prend cinq minutes à mettre en place ne devrait pas nécessiter un rangement de plus de cinq minutes ; ainsi, il devient moins frustrant pour l'éducatrice de voir les enfants ne s'intéresser à l'activité que pendant quelques minutes.

Pour prévenir le désintéressement habituel d'un enfant à l'égard du rangement, l'éducatrice peut s'installer près de lui en début d'activité et le stimuler : « Par quoi vas-tu commencer, Anthony, pour remettre les déguisements à leur place ? » ; « Quel jeu aimerais-tu qu'on fasse pour ranger les blocs ? Les compter ou faire le jeu du photographe ? » ; « Regarde sur ce tiroir, Alexandre. Tu peux voir dessus ce que tu dois mettre dedans ». Les enfants ayant des difficultés d'attention et qui ont l'habitude de se perdre dans leur monde imaginaire ont besoin d'un petit coup de pouce pour en sortir et ranger leurs effets personnels ou les objets de jeu. L'éducatrice doit s'armer de patience pour aider ces enfants à organiser le rangement de façon séquentielle : premièrement, deuxièmement, troisièmement, etc. Bien que cette approche nécessite de l'énergie et du temps, elle porte ses fruits à plus ou moins long terme.

> En demeurant réaliste au regard du niveau de développement de l'enfant, en tentant de comprendre son point de vue, son tempérament et son contexte familial, l'éducatrice démocratique pourra prévenir les difficultés susceptibles de survenir lors du rangement ou du nettoyage.

C. Favoriser divers apprentissages

Malgré leur impopularité, les activités de rangement et de nettoyage constituent des apprentissages de grande valeur pour le développement des enfants. Sur le plan **social et moral**, ceux-ci peuvent apprendre à soigner leur environnement, à respecter le matériel, à se responsabiliser et à s'entraider surtout si l'éducatrice fait fréquemment et tacitement la promotion des habiletés sociales : « Qui est gentil d'aller aider Roxane à remettre les perles dans leur boîte ? » ; « Merci, Christophe, de donner un coup de main à Fabiola dans le coin des blocs » ; « Gwen, je vois que tu prends bien soin des crayons en les replaçant dans leur boîte ».

Trier, classifier les objets, les dénombrer, retrouver leur place respective, s'orienter dans l'espace, décoder un pictogramme sur une étiquette constituent des exercices propices au développement **cognitif** de l'enfant. Il n'y a pas que les activités officielles de logique ou d'éveil scientifique qui permettent de faire croître chez les enfants le sens de l'observation et de l'orientation et l'habileté de classification et de déduction. En leur demandant de ranger les jouets par pairage (les boîtes étiquetées par des pictogrammes « soleil » sur la tablette indiquée par le même symbole), par fonction (les accessoires de déguisements ensemble), par couleur (les contenants bleus dans le coin maison) ou par dimension (petits blocs, gros blocs), l'éducatrice favorise les capacités de classification et de mémorisation. Les capacités de spatialisation sont exercées par des indications telles que : « Prends le livre qui est sous la pile et range-le sur la tablette la plus haute. » Quant à l'habileté de sérier, on peut l'exercer en demandant aux enfants, par exemple, de classer les crayons en commençant par la couleur la plus foncée à la plus pâle, ou de ranger les blocs du plus lourd au plus léger. Sur le plan **psychomoteur**, on trouve des habiletés de dextérité manuelle comme laver les pinceaux, refermer une boîte, remettre les bouchons sur les tampons encreurs et les ranger ensuite dans leur boîte, plier sa housse de matelas et la remettre dans son casier. L'identification des objets, l'utilisation de nouveaux mots de vocabulaire, les échanges verbaux entre les enfants ou avec l'éducatrice, les jeux de rôles pour agrémenter la tâche ainsi que les chansons fredonnées font partie des apprentissages de type **langagier** résultant des expériences de rangement et de nettoyage. De son côté, l'aspect **affectif** est touché en partie par la valorisation obtenue par les réussites de l'enfant et le plaisir qu'il éprouve à jouer à ranger.

Il faut savoir profiter de diverses occasions pour mettre le rangement en valeur. Outre la fin des périodes usuelles de jeu, il est souhaitable d'encourager le rangement et le nettoyage lors des tâches routinières (empiler les verres vides après la collation, replacer les matelas dans l'armoire, passer le balai sur le patio avant de s'asseoir pour prendre la collation à l'extérieur) sans oublier les périodes de jeux au parc ou les événements spéciaux.

> Les activités de rangement offrent des occasions propices pour favoriser le développement global des enfants. Il revient à l'éducatrice de tirer parti de ces occasions.

D. Prévenir les enfants

Lorsqu'on leur annonce à l'avance que le moment du rangement ou du nettoyage approche, les enfants sont davantage enclins à réagir favorablement. Si l'éducatrice les prévient quelques minutes avant la fin d'une activité, ils se prépareront naturellement au rangement qui suit. « Encore, un peu de temps, puis ce sera le temps de ranger. » On peut aviser les plus vieux qui savent lire l'heure en les informant que le rangement et le nettoyage commenceront lorsque la grande aiguille de l'horloge sera rendue à tel chiffre. Lorsque le nettoyage et le rangement s'effectuent au fur et à mesure que l'activité se termine, l'éducatrice peut rappeler une consigne à un enfant qui l'aurait oubliée par une question qui l'amène à réfléchir : « Que dois-tu faire, Luis, lorsque tu sors de table ? Oui, c'est ça… Tu dois vider ton assiette et la mettre sur le chariot. »

E. Gérer le temps

Lorsque l'éducatrice se sent pressée, les enfants sont davantage stressés en abordant le rangement et le nettoyage. Il convient donc de prévoir assez de temps pour effectuer calmement cette tâche, d'où l'importance de faire preuve de souplesse. Une bonne gestion du temps est garante d'un bon déroulement des activités de rangement et de nettoyage. Dans certains services éducatifs, il est regrettable de constater la pression que doivent subir les enfants, soumis à un horaire qui semble prévu pour répondre avant tout aux besoins des éducatrices et des contraintes de gestion : accélérer le nettoyage après le dîner pour faciliter le temps de pause des éducatrices à la sieste, précipiter le rangement des jeux à l'extérieur pour satisfaire l'éducatrice qui prend le relais et qui ne veut pas avoir à faire le rangement, empêcher la tenue d'une activité salissante parce qu'elle nécessite un nettoyage plus long. En SGMS, l'utilisation de divers locaux exige une gestion de temps plus rigoureuse. Par exemple, il revient à l'éducatrice de libérer un local à telle heure parce qu'un autre groupe l'utilise. Elle doit prévoir la période de rangement en conséquence.

F. Faire du renforcement positif

Une remarque constructive telle que « Je félicite ceux qui rangent rapidement les jeux », un sourire ou un regard approbateur suffisent souvent pour que l'enfant comprenne que nous approuvons son comportement. Nul besoin de recourir systématiquement à un débordement de louanges pour féliciter les enfants qui participent au rangement ou au nettoyage : « Bravo ! Tu es bon… Tu es très gentil… C'est beau… Super… Tu es une championne extraordinaire… » Il est préférable de garder ces compliments pour des situations qui les justifient vraiment. Ainsi, on montre à l'enfant la démarcation qui existe entre ses niveaux de dépassement.

> Souvent, il suffit de commenter les actions des enfants pour les voir prendre part à l'activité : « Je vois, Andrew, que tu sais très bien laver les pinceaux » ; « C'est bien, les Libellules, vous mettez vos bottes au bon endroit » ; « Que c'est agréable de jouer à une table bien nettoyée ! »

Avec un peu d'observation, l'éducatrice peut arriver à décrire de manière personnalisée les comportements souhaités : « Tu te rappelles comment ranger les livres sur le présentoir, Filipe ! Tu as vraiment une bonne mémoire. »

Il est préférable d'encourager les enfants à dépasser leur propre record au lieu de les soumettre à une comparaison avec leurs pairs : « Je pense que tu vas ranger tes jouets plus vite qu'hier » ; « Je suis sûre que tu pourras replacer les poupées au bon endroit cette fois-ci » ; « Jessie, je sais que tu es capable de lire les étiquettes sur les tablettes pour remettre les livres à leur place ».

Si un enfant éprouve une difficulté quelconque à ranger – désintéressement, maladresse, distraction ou enfant qui ne se sent pas concerné par le rangement de certains jeux –, l'éducatrice peut se placer près de lui pour le soutenir. Même en lui donnant une tâche facile, elle tient à ce qu'elle soit bien accomplie : « Il manque des morceaux au casse-tête. Regarde sous la table pour voir s'ils sont là » ; « Montre-moi que tu sais comment remettre ces blocs dans le bon contenant » ; « Je te mets en charge de nettoyer cette partie du plancher. Merci d'avance ! » ; « Comment peux-tu ranger les petites autos pour qu'on les trouve facilement ? » ; « Tu vas être mon assistante pour remettre les bouchons aux crayons feutres. »

G. Faire vivre les conséquences naturelles

Quand un enfant fait un dégât – renverse un verre de lait, joue avec l'eau du robinet à la salle de toilette, échappe de la pâte à modeler sur le plancher, se salit le visage avec de la peinture –, il est préférable de le faire participer au nettoyage au lieu de tout faire à sa place ou de le gronder. L'apprentissage par erreurs en montre davantage aux enfants que les réprimandes verbales et l'humiliation. La discipline vue sous l'angle d'une approche démocratique met l'accent sur la réparation des erreurs au détriment de la punition. La conséquence d'un comportement peut aussi aller de soi. Par exemple, ne pas ranger un jouet à la bonne place ne permettra pas de le retrouver rapidement et de jouer avec celui-ci la prochaine fois.

H. Être soi-même active

Participer soi-même au rangement offre aux enfants un exemple concret qui les incite à emboîter le pas. De plus, en apportant son aide, l'éducatrice leur inculque l'esprit de coopération : « Veux-tu que je t'aide à nettoyer la table ? » Même si les enfants semblent réticents à ranger après qu'on leur a demandé, il n'est pas rare de les voir y participer en voyant l'adulte en action. Le rangement fait en parallèle devient le moment tout indiqué pour parler avec les enfants du jeu qu'ils viennent de faire, du plaisir qu'ils ont eu à jouer, du conflit qu'ils sont arrivés à résoudre ou du partage qu'ils ont réussi à faire pendant l'activité précédente. On peut recourir aux compétences d'un enfant pour montrer aux autres comment bien ranger tel jouet ou remettre tel matériel à sa place. Les enfants manifestent souvent un intérêt accru pour exécuter une tâche lorsqu'un de leurs pairs joue le rôle de meneur.

I. Favoriser le rangement progressif

À certaines occasions, il est bon d'amener les enfants à ramasser au fur et à mesure qu'ils terminent leur activité de jeu et avant d'en commencer une autre. En étalant la période du rangement, on prévient l'encombrement des lieux et l'attroupement occasionné par un rangement fait par tout le monde au même moment. À d'autres moments, le rangement gagne à être reporté, par exemple, dans le cas d'un casse-tête entamé que d'autres enfants aimeraient poursuivre plus tard. L'éducatrice doit évaluer la situation et amener les enfants concernés à prendre la décision qui semble la meilleure. Lorsqu'un enfant doit quitter le service éducatif plus tôt, on peut prendre une entente avec lui. Par exemple, l'enfant range ses jeux avant son départ mais dans le cas où il joue avec un compagnon, il vérifie auprès de celui-ci s'il veut encore jouer avec le jeu et, si ce n'est pas le cas, il participe alors au rangement avec son compagnon de jeu. Évidemment, en pareille situation, on tient compte de l'âge des enfants et du contexte.

Pour les enfants qui ont fini de ranger, on peut organiser un jeu parallèle de courte durée, facile à présenter et à interrompre : devinettes, mimes, chansons, jeux d'observation : « Quels objets de couleur jaune avons-nous dans notre local ? » ; « Comment s'appelle la saison où les feuilles tombent au sol ? » ; « Repassons la chanson qu'on a apprise ce matin avant d'aller en ateliers. »

7.4 ASTUCES ET JEUX POUR S'AMUSER À RANGER

Après une activité, les enfants manifestent souvent un besoin de changement qui les porte à s'émoustiller. Il est alors essentiel de leur présenter le moment du rangement comme faisant partie de l'activité qu'ils viennent de terminer en utilisant des astuces et des jeux pour faire en sorte que ce moment se déroule le mieux possible sans avoir recours aux menaces ou aux mesures disciplinaires. Répéter plusieurs fois par jour la consigne « C'est le temps de ranger. Allez, il faut ramasser ! » a pour effet de blaser les enfants. Même qu'après un certain temps, ils finissent par ne plus entendre le message devenu usé et inefficace. Avec un peu d'imagination et de stratégie, l'éducatrice utilise divers moyens qui encouragent naturellement les enfants à participer au rangement. Selon leurs réponses et leur niveau de développement, elle peut varier les procédés tout au long de l'année. Il ne faut pas craindre de reprendre les mêmes avec les enfants de 2 et 3 ans. En refaisant l'expérience, en reprenant les mêmes tactiques, les enfants de cet âge prennent de l'assurance. Si les enfants se lassent de refaire les mêmes jeux de rangement, ils ne tarderont pas à le faire savoir à l'éducatrice.

Installer le matériel de jeu et les tablettes d'étagères à la portée des enfants facilitera le rangement. Pour les plus petits, il sera avantageux de mettre en place des activités brèves qui aboutissent à un rangement facile et court qu'ils réussiront avec fierté. Un petit balai avec un ramasse-poussières propre peut aider à rassembler les petits jouets éparpillés : blocs, figurines, perles. Plusieurs autres astuces peuvent contribuer à faire du rangement et du nettoyage une activité intéressante. En voici quelques-unes.

1) Objectif : attribuer des tâches aux enfants

a) Distribuer des tâches

Fractionner la tâche du rangement en attribuant un rôle à chacun des enfants : « Marianne, tu ranges les crayons, Félix, toi, tu mets les feuilles dans le bac à récupération. » Parfois, le tirage au hasard facilite l'attribution des tâches. En partageant le travail de rangement, cela permet de contrer les réticences ou le découragement de certains enfants. Pour ramasser des retailles de papier qui traînent au sol, on peut dire : « Nous allons tous mettre quatre morceaux dans le bac à récupération. » Tenir compte de la taille et des capacités des enfants dans le partage des tâches.

2) Objectif : faire effectuer le rangement avec une touche d'imaginaire

a) Jouer un rôle

Qu'il est amusant de créer des rôles et des personnages imaginaires ! Par exemple, se transformer en astronaute qui dépose lentement les blocs dans la boîte, devenir livreur de matériel d'artiste pour replacer les crayons et le papier sur leur tablette, être des clients qui magasinent des jouets à ranger. L'éducatrice peut s'inspirer des intérêts manifestés par les enfants au cours de leurs jeux pour présenter un petit scénario et intégrer des personnages qui agrémenteront le rangement ou le nettoyage. Si des enfants faisaient semblant d'être des robots dans le coin d'imitation, l'éducatrice les invite à continuer à jouer leur rôle lors de la période du rangement : « Les robots se préparent maintenant à replacer leur jouet au bon endroit. »

b) Avec un accessoire

Il est amusant d'animer le rangement en portant des lunettes de scientifique ou bien utiliser une lunette d'approche de pirate pour voir tout ce qui traîne. En jouant au détective ou au photographe, l'éducatrice se sert d'un prétexte lui permettant de vérifier si les objets retournent bel et bien à leur emplacement respectif. Au fil des expériences, un enfant peut jouer le rôle d'inspecteur à sa place. On peut proposer aux enfants d'enfiler des gants pour remettre le matériel au bon endroit.

c) Avec une marionnette

Une marionnette constitue un médiateur par excellence entre l'éducatrice qui anime et le groupe. Elle devient meneur de jeu et un complice, et joue un rôle important dans l'écoute des consignes. Il importe que les enfants adoptent la marionnette et lui donnent un nom, qu'elle soit achetée ou fabriquée, animal en peluche, poupée ou marotte, et qu'ils puissent la toucher lorsqu'ils le désirent. Faire parler la marionnette qui demande aux enfants de ranger et qui décrit ce que font les enfants.

d) Un brin de complicité

Pour l'enfant, jouer à ranger présente un intérêt qu'il ne faut pas négliger d'exploiter ; en laissant place à un peu de complicité, on remplace avantageusement les nombreuses consignes verbales sans parler des interventions disciplinaires qui finissent par prendre le dessus lorsque les limites de l'éducatrice font surface. L'éducatrice propose alors un jeu où elle encourage directement les enfants : « Je ferme les yeux. Dis-le-moi quand tu auras fini de ranger tes jouets et je compterai combien tu en as mis sur la tablette » ou bien « Je t'applaudirai lorsque tu auras terminé de ramasser tes blocs » ou encore « Je vais écrire sur ma feuille le nom des objets que tu vas ranger ».

e) Des jouets qui parlent

L'éducatrice fait parler les jouets qui se disent heureux de retourner à leur place habituelle : « Merci Jessica de bien me ranger. Je peux mieux me reposer lorsque tu me remets comme ça à ma place » ; « Je suis contente que tu me montres aux autres en m'accrochant sur la corde », dit l'œuvre d'art de Félix ; « Est-ce tu pourrais, s'il te plaît, me déposer au bas de l'étagère à côté de mes amis les camions ? »

f) Un aspirateur magique

Les enfants font semblant de passer l'aspirateur qui gobe les retailles tombées au sol après une activité de découpage, par exemple. Ils peuvent faire le jeu en imitant le bruit de la machine qui aspire les papiers et qui dévore tout ce qui traîne sur son passage.

g) À la pêche

Inviter les enfants à aller à la pêche où ils deviennent des pêcheurs qui attrapent des poissons jouets. « La pêche sera-t-elle fructueuse ? C'est ce que nous allons voir... »

h) Un jouet illuminé

Avec une lampe de poche allumée, éclairer l'objet qu'un enfant est en train de ranger.

i) Préposé à l'entretien

Inviter les enfants à jouer le rôle de préposés à l'entretien. Une fois le travail de rangement ou de nettoyage accompli, payer les enfants en faux billets.

j) Le jeu de « Jean dit »

Les enfants exécutent la tâche demandée seulement s'ils entendent « Jean dit » dans l'énoncé. Par exemple : « Jean dit de ranger les papiers dans leur contenant. » On peut varier le jeu en utilisant des cartons rouges et verts. En montrant le vert, les enfants effectuent le rangement alors que le rouge leur indique de demeurer immobiles.

k) Avec un petit sac

Après avoir remis un petit sac à poignée ou un petit panier à chaque enfant, lui demander de cueillir les objets qui traînent pour ensuite aller les ranger au bon endroit.

l) Un rangement kangourou

Former une poche avec son chandail dont on a relevé la partie inférieure et y déposer des objets comme des blocs avant de les déposer dans leur bac.

m) Montre-moi comment faire

Jouer à celui ou à celle qui ne sait pas comment ranger ou nettoyer : « Je ne sais pas où doit être rangée cette poupée ? Peux-tu me le montrer ? »

3) Objectif : décrire les objets qui se font ranger

a) Le dénombrement

Compter tout haut le nombre de jouets ramassés par les enfants. À partir de 3 ans les enfants se montrent habituellement intéressés : « Un jouet, deux jouets, trois jouets… Tu ramasses beaucoup de jouets, Jason. » Les enfants d'âge scolaire aiment faire l'apprentissage de mots de langue étrangère. Ils peuvent apprendre à compter en anglais, en espagnol ou en italien. Les enfants issus de différents groupes ethniques peuvent montrer à leurs compagnons des chiffres dans leur langue maternelle.

b) Des repères spatiaux

Décrire les repères spatiaux des objets qui se font ranger : « Tu ranges les blocs qui traînent derrière la boîte… Bien ! » ; « Tu mets les pots de colle dans l'armoire… » ; « Je vois que tu rassembles les figurines au centre de la table puis que tu les mets dans le contenant. Bravo ! ».

c) Décrire les actions des enfants

Décrire les actions des enfants qui rangent en les interpellant par leur prénom : « Je vois Mathieu qui range les figurines au bon endroit… » ; « Je vois Leila qui remet les déguisement sur les cintres… » ; « Il y a Antoine et Marius qui mettent la pâte à modeler dans les bons contenants… C'est très bien… ».

d) Des couleurs bien ciblées

Demander aux enfants de ranger des jouets ayant une couleur bleue, jaune, verte, etc.

e) Des points de destination

Demander aux enfants de ranger les jouets qui vont à un endroit précisé, par exemple sur telle tablette ou dans le coin blocs.

4) Objectif : donner des choix

a) Que veux-tu ranger ?

Inviter les enfants à faire des choix : « Que veux-tu ranger, Lee Ann ? » ; « Michaël, veux-tu ranger les marionnettes ou les crayons ? Tu as le choix. C'est à toi de décider ». Les enfants apprécient pouvoir faire des choix même lorsque ceux-ci sont limités.

b) Comment veux-tu ranger ?

« Veux-tu ranger un ou deux jouets… » ; « Veux-tu ranger vite ou lentement ? » ; « Veux-tu que je t'observe ranger ou non ? » ; « Comment veux-tu transporter le jouet ? Sur une jambe, entre les coudes, à pas de tortue, comme un pingouin, en tenant l'objet avec une seule main ? » L'éducatrice peut demander des idées aux enfants pour varier le jeu d'une fois à l'autre.

5) Objectif : proposer des défis

a) Qui peut faire cela ?

« Qui peut ranger trois jouets ? » ; « Qui peut ranger ces deux objets au bon endroit ? » ; « Qui a des bras capables de remettre ce gros camion à sa place ? » ; « Qui peut aller porter son matelas en faisant le moins de bruit possible ? » ; « Range un jouet qui est bleu. Un jouet qui est en dessous ou à côté de… » ; « Montre-moi que tu es capable de bien nettoyer les pinceaux ». Quel enfant n'est pas intéressé à se dépasser et à faire valoir ses capacités ?

b) De l'aide s'il vous plaît

Surprendre le groupe par une mise en situation amusante : « Le coin de menuiserie a besoin d'aide, qui peut aller l'aider ? »

c) Avant le signal

À l'occasion, on peut stimuler les enfants à ranger rapidement. Par exemple, avant que la minuterie sonne une deuxième fois, avant que tout le sable du sablier ait complètement glissé jusqu'au fond, avant que la grande aiguille de l'horloge arrive en haut, ou bien avant que la musique s'arrête.

d) Jeu de vitesse

Proposer un jeu de vitesse, une sorte de top chrono : « 5, 4, 3, 2, 1… C'est parti… »

N. B. Il convient de ne pas abuser de ce type de jeu afin d'éviter un stress supplémentaire aux enfants.

6) Objectif : égayer le rangement avec de la musique

a) Avec de la musique

Il peut être intéressant d'agrémenter la séance de rangement en faisant entendre aux enfants des musiques qu'ils aiment, comme des musiques entraînantes et rythmées. Le répertoire musical offert sur le marché est des plus intéressants : *reel*, musique africaine, rap, tango, valse, musique militaire, etc. On invite les enfants à ranger en suivant le tempo modéré ou rapide des extraits musicaux entendus. Basé sur le principe de la chaise musicale ou de la statue, le déroulement du rangement peut être entrecoupé d'interruptions musicales. Cependant, pour éviter une stimulation excessive des enfants, il est sage de terminer l'activité par une musique calme.

7) Objectif : montrer aux enfants des photos d'eux en train de ranger

a) Présenter aux enfants une photo d'eux prise lors d'un rangement précédent qu'ils ont bien effectué. Leur demander de faire aussi bien que cette fois-là.

7.5 CHANSONS

Rien de mieux que des comptines ou des chansons pour annoncer ou agrémenter les activités de rangement et de nettoyage ; ce moyen a généralement la faveur des enfants même si, étonnamment, ils ne sont pas portés à chanter en même temps qu'ils rangent. C'est d'ailleurs l'un des aspects dont nous reparlerons au chapitre 12, qui traite de l'utilisation des comptines et des chansons dans les activités de routine et de transition.

1
Y'a pas qu'moi qui range bien

Air traditionnel : Y'a un rat sur mon toit

Y'a pas qu'moi qui range[1] bien
Je vois… (prénom d'un enfant)
Y'a pas qu'moi qui range bien
Je vois… (prénom d'un enfant) ranger.
Je vois, je vois,
Je vois (prénom) qui range.
Je vois, je vois
Je vois (prénom) ranger.

1. Remplacer range par nettoie dans le cas de nettoyage.

2
Le temps de ramasser

Air traditionnel : Marie avait un mouton

C'est le temps de ramasser, ramasser, ramasser (ou de nettoyer)
C'est le temps de ramasser, on a bien joué.

3
On a bien joué

Air traditionnel : Frère Jacques

On a bien joué (bis)
Les amis. (ou les enfants) (bis)
Tout est en désordre (bis)
Faut ranger. (bis)

4
Il faut ranger
Air traditionnel : Meunier, tu dors

Lentement
    Il faut ranger, les jouets, les jouets
    Il faut ranger les jouets à leur place.

Rapidement
    On fait vite, on fait vite
    On fait vite, vite, vite. (bis)

5
Copains, copines, nous rangeons
Air traditionnel : Ah ! vous dirais-je maman

À la garderie (à la maternelle, au service de garde)
Comme à la maison
Copains, copines nous rangeons.
Quand les jeux sont terminés
Et que l'on a bien joué.
À la garderie (à la maternelle, au service de garde)
Comme à la maison
Copains, copines nous rangeons.

6
C'est le temps de ranger
(Se trouve sur le CD)
Paroles : Nicole Malenfant
Musique : Monique Rousseau

Il y a un temps pour chaque chose
Manger, jouer, se reposer.
Puisqu'on change d'activités
Voici le temps de ranger. (On peut remplacer ranger par nettoyer)

C'est le temps, le temps de ranger.
C'est le temps de bien ranger.
Je vois des enfants qui rangent
Je les vois qui rangent bien.

Chapitre 8

Les rassemblements

CONTENU DU CHAPITRE

8.1	Le déroulement général du rassemblement	301
8.2	Faciliter le rassemblement	303
8.3	Où se rassembler ?	304
8.4	Comptines et chansons	307

Parmi les moments qui reviennent régulièrement dans la journée, il y a ceux où les enfants sont appelés à se réunir en groupe entre deux activités. Ce sont les périodes où se trouvent réunis l'éducatrice et les enfants du groupe et qu'on appelle les rassemblements. En grand groupe, cette activité s'effectue avec un plus grand nombre d'enfants et avec une ou deux éducatrices.

8.1 LE DÉROULEMENT GÉNÉRAL DU RASSEMBLEMENT

Les rassemblements constituent des occasions propices pour faire un retour sur les activités précédentes, planifier celles à venir, distribuer des tâches, revenir sur des consignes, transmettre des informations, partager des expériences vécues ou faire des choses ensemble (chanter, danser, mimer une histoire, faire des jeux coopératifs, se relaxer). Généralement de courte durée, cette période est précédée d'un déplacement et se situe immédiatement avant le début de l'activité suivante.

Il importe que le début du rassemblement soit simple et agréable. Dans le contexte de l'approche démocratique où les enfants sont gardés actifs et non passifs, cette activité est tout indiquée pour renforcer le sentiment d'appartenance au groupe. Pour ce faire, on favorise les petits groupes. Les activités de rassemblement avec seulement quelques enfants aident les nouveaux à s'intégrer, les plus timides à communiquer et les extravertis à porter attention aux autres.

En mettant en branle la transition qu'est le rassemblement sans attendre la venue de tous les enfants, on incite généralement les retardataires à se joindre au groupe. On distribue donc le matériel ou on entame la causerie dès que les enfants arrivent au lieu de rencontre. Un rappel verbal amical peut motiver les plus lents à venir retrouver leurs pairs : « Viens Morgan, il y a une place pour toi dans le cercle. » Cependant, certains aiment regarder leurs semblables se réunir pendant qu'ils terminent leur collation, par exemple. Selon la situation et l'âge des enfants, l'éducatrice juge alors de la meilleure façon d'agir. Parfois, il est préférable de laisser les enfants joindre le groupe à leur propre rythme alors qu'à d'autres moments, il est nécessaire de les amener à rentrer dans la ronde sans délai.

Avant de réunir les enfants, on prépare le matériel. On met le CD dans le lecteur, on place tout près le matériel nécessaire par exemple les paroles d'une chanson ou l'on choisit le livre d'histoire. Si l'éducatrice doit distribuer du matériel aux enfants, elle le fait sans délai après avoir donné les consignes. Pour éviter que les enfants s'éparpillent, elle sollicite leur participation pour accomplir ces tâches.

Un rassemblement peut débuter par un petit jeu d'attention tel que « Fais comme moi ».

Quelques-unes des clés du succès des rassemblements résident dans la flexibilité de l'éducatrice à faire face aux imprévus et dans son habileté à tenir compte des suggestions ou des gestes spontanés des enfants. Lors d'un rassemblement, Fatima joue avec le velcro de ses chaussures, ce qui entraîne d'autres enfants à l'imiter. Bien que la tentation soit forte de faire cesser ces bruits dérangeants, l'éducatrice démocratique s'efforcera de reprendre cette action spontanée afin de proposer une courte activité d'exploration sonore. C'est ainsi que les enfants seront invités à faire divers sons à partir de leurs chaussures. Cette idée risque d'enchanter les enfants tout en leur permettant de canaliser leur attention. Les enfants seront probablement plus disponibles à écouter l'histoire ou à participer à la distribution des tâches telles que prévues.

8.2　FACILITER LE RASSEMBLEMENT

Tout en respectant les différences propres à l'âge des enfants, on peut recourir à divers moyens pour attirer leur attention et les inviter à se réunir agréablement à un endroit précis. Il peut s'agir d'un son attrayant produit avec une flûte à coulisse ou d'un tintement de triangle, d'un signal de ralliement (*ho hé* lancé par l'éducatrice, *hé ho* fait en écho par les enfants), d'une comptine (*Chapeau pointu, nez crochu, menton fourchu, bouches cousues*), d'un signal visuel comme un bras agité dans les airs, d'une chanson connue réservée au rassemblement, d'une marionnette que l'on anime, d'une intonation différente que l'on prend, de l'utilisation d'un laissez-passer ou d'un mot de passe pour assister à la rencontre ou encore d'un appel fantaisiste : « Il était une fois des enfants qui venaient s'asseoir tout près de moi pour écouter mon histoire. Ils venaient tout juste de ranger leurs jeux. Il y avait un, deux, trois, quatre… enfants assis à côté de moi. »

Il existe plusieurs autres stratégies pour vivre harmonieusement l'activité de rassemblement et agrémenter l'attente qui en découle : raconter une courte histoire, fredonner un air favori, proposer quelques devinettes, faire des mimes, faire un jeu de repérage sonore, faire un petit dessin sur une feuille avec le crayon magique de l'éducatrice. On varie les procédés de rassemblement lorsque les enfants montrent une baisse d'intérêt.

8.3   OÙ SE RASSEMBLER ?

Le lieu du rassemblement devrait être suffisamment spacieux pour que les enfants jouissent d'un minimum d'espace pour s'asseoir confortablement ou pour bouger librement selon l'activité suivante. Pour

Rien de mieux que des consignes clairement énoncées que l'on applique avec constance pour amener les enfants à se rassembler sans délai.

certaines activités, comme les causeries, on prend place autour d'une table ou l'on s'assoit en cercle sur un tapis au sol[1], alors que, pour d'autres, on a besoin d'un espace ouvert où les enfants peuvent se déplacer ou bouger facilement. Idéalement, l'éducatrice devrait s'asseoir à la hauteur des enfants en prenant une posture confortable qui répond aux règles de l'ergonomie. Une chaise de sol avec un dossier permet de le faire tout en ménageant son dos. Pendant la saison estivale, les rassemblements peuvent se dérouler à l'extérieur, à l'ombre d'un arbre, par exemple. Si le rassemblement dehors exige une attention soutenue, il vaut mieux réunir les enfants loin des *stimuli* dérangeants : voisins du quartier, camions qui passent, envols d'oiseaux.

Pour délimiter clairement l'espace du rassemblement au sol et pour éviter les disputes qui surviennent pour solliciter une place en particulier, l'éducatrice peut inviter les enfants à s'asseoir là où sont apposées des images au sol (voir figure 8.1). Les symboles choisis peuvent reprendre ceux qui servent à identifier les casiers et les matelas des enfants. Il s'agit d'un moyen parmi tant d'autres qui ne doit pas être utilisé de façon rigide. Avec des enfants d'âge préscolaire, l'éducatrice encourage plutôt les enfants à trouver des solutions au problème du choix d'une place : s'asseoir à tour de rôle à côté de l'éducatrice, s'asseoir près d'un copain à certaines conditions, attribuer les places à l'aide d'une comptine. Des chansons ou des comptines peuvent être utiles pour inciter les enfants à se rassembler. Quelques suggestions sont apportées plus loin.

---

1   Choisir un tapis facile d'entretien. Éviter les grosses pièces encastrables en styromousse dont la surface inégale favorise l'incrustation des saletés et complique le nettoyage.

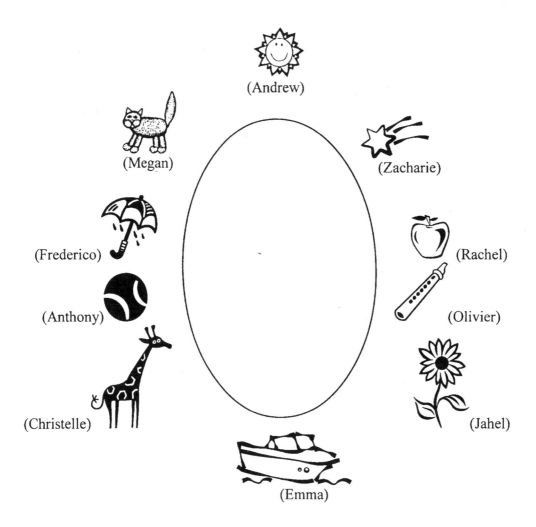

Figure 8.1 Organisation d'un rassemblement d'enfants au sol à l'aide d'images autocollantes

8.4 COMPTINES ET CHANSONS

1
Je t'emmène
(comptine)
Origine inconnue

Beding, bedang
Je vais en Espagne.
Bading, badoung
Je vais à Beyrouth.
Beding, bedaine
Je t'emmène (en pointant un enfant).

2
L'hélicoptère
(comptine)
Origine inconnue
Adaptation : Nicole Malenfant

Un hélicoptère
Se pose sur terre
Tourne ses grands bras
Un, deux, trois… on s'assoit.

3
Dans mon autobus
(comptine)
Par Nicole Malenfant

Pout, pout, pout
Dans mon autobus
Va monter une petite puce… qui…   (désignation d'un enfant par son prénom ou une couleur de vêtement)

Reprendre du début jusqu'au rassemblement complet des enfants.

4
Les petites souris

(comptine)
Par Nicole Malenfant

Huit (ou un autre nombre) petites souris
S'apprêtaient à... (annonce de l'activité à faire)
« Mes souris, mes souris... venez ici »,
disait leur maman.
« Un »... elles ne viennent pas! (bras croisés sur soi)
« Deux »... elles n'entendent pas! (mains sur les oreilles)
« Trois »... elles lissent leur moustache! (faire semblant de lisser ses moustaches)
« Quatre »... elles grignotent des pistaches (faire semblant de grignoter).
« Cinq »... enfin les voilà! (se diriger vers l'endroit désigné)
« Prêtes à... » (indiquer l'action attendue)

5
Ma belle ronde

(comptine)
De Josée Bénard, éducatrice

Tourne, tourne, ma belle ronde (rassemblés debout en cercle, les enfants tournent en rond)
Saute, saute ma belle ronde (les enfants sautent sur place)
Et assieds-toi, ma belle ronde (les enfants s'assoient au sol).

6
Avant l'histoire

(comptine)

C'est le temps de l'histoire
Ouvre grand tes oreilles
Ta bouche reste bien fermée
On va commencer.

7
Un beau conte

(Sur l'air du thème de l'émission *Fanfreluche*)

(nom de l'éducatrice) va raconter
Un beau conte à sa manière
(nom de l'éducatrice) va raconter
Un beau conte pour vous amuser.
Un beau conte, un beau conte
Un beau conte pour vous amuser.
Approchez... écoutez...

8
La chanson du rassemblement

(Se trouve sur le CD)

Paroles : Nicole Malenfant

Musique : Monique Rousseau

C'est une chanson que l'on chante ensemble
Une mélodie qui nous rassemble (bis).
Des mots, des mots, des mots qui nous disent
Des mots qui nous disent de s'asseoir ici.

Chapitre 9

Les déplacements

CONTENU DU CHAPITRE

9.1	Éviter les attentes..	313
9.2	Réduire les déplacements massifs........................	314
9.3	Veiller à la sécurité des enfants...........................	315
9.4	Petits jeux...	318
	1) Objectif: se déplacer de manière fantaisiste	318
	2) Objectif: faciliter le choix de sa place dans la file	318
	3) Objectif: ralentir le déplacement, rester ensemble pendant le déplacement...	319
9.5	Comptines et chansons....................................	319

Se rendre au vestiaire ou au parc, aller aux toilettes qui se trouvent à l'extérieur de la pièce, se diriger vers le gymnase, passer d'un étage à l'autre, changer d'aires de jeux font partie des nombreux déplacements rattachés à la vie en services éducatifs. Malheureusement, ces activités de transition sont souvent perçues comme un mal nécessaire qu'on souhaite vivre le plus rapidement possible afin de passer à l'activité principale, surtout si les contraintes sont trop nombreuses : nombre élevé d'enfants, achalandage des aires de circulation, aménagement inapproprié des lieux, horaire rigide, fatigue accumulée aux heures où se fait la circulation, mode de fonctionnement désuet.

Il est important de s'arrêter et de réfléchir afin de rendre l'organisation des déplacements plus efficace et agrémenter ces activités.

9.1 ÉVITER LES ATTENTES

Faire placer les enfants en file indienne, répéter les mêmes consignes, faire de la discipline, attendre qu'ils se calment, cela exige généralement une attente assez longue de la part des enfants et une attention soutenue de celle des éducatrices. Bruits et bousculades s'ensuivent, obligeant un constant rappel à l'ordre. On privilégiera des trajets courts et, si cela est possible, en petits groupes. En groupes multiples, la répartition des tâches entre éducatrices facilite les déplacements. Par exemple, une éducatrice peut se charger de superviser l'habillage au vestiaire pendant que ses collègues sortent graduellement dehors avec les enfants qui sont prêts. Par petits groupes, les enfants vont aux toilettes situées au bout du couloir, sous la supervision d'une éducatrice, pendant qu'une autre demeure dans le local.

> Les déplacements trop nombreux et les changements fréquents de lieu risquent de perturber les plus jeunes enfants et ceux qui sont aux prises avec des problèmes d'adaptation. En les réduisant et en les organisant bien, on minimise les difficultés.

Il est toujours préférable d'avertir les enfants du déplacement à venir en l'annonçant clairement quelques minutes avant : « Après le lavage des mains, on se rendra à la salle verte prendre notre collation » ; « On va bientôt entrer pour aller manger le bon repas que la cuisinière nous a préparé. »

Le déplacement des enfants de maternelle vers le local du SGMS au milieu de l'après-midi crée souvent des difficultés. Les enfants doivent transporter leur sac à dos et leurs vêtements au vestiaire du service de garde à une heure où ils sont très fatigués de leur longue journée. Ils deviennent par le fait même plus intolérants à l'égard des autres, sont portés à pleurer davantage et à réclamer leurs parents, surtout en début d'année, ce qui nécessite des interventions plus fréquentes de la part de l'éducatrice. Il y a lieu de croire qu'une discussion entre l'éducatrice du service de garde et l'enseignante de maternelle peut mener à des solutions réalistes pour aider les enfants à traverser plus paisiblement cette période de la journée. On peut également soulever le problème lors d'une réunion du conseil d'établissement, qui a le mandat premier d'améliorer la qualité de vie des enfants à l'école y compris au service de garde. La première condition pour changer les choses, c'est d'abord d'y croire et ensuite de passer à l'action.

9.2   RÉDUIRE LES DÉPLACEMENTS MASSIFS

Pour minimiser le nombre de déplacements en groupe, l'éducatrice amène les enfants plus âgés à faire preuve d'autonomie en leur permettant, par exemple, de se rendre seuls aux toilettes lorsque celles-ci sont situées dans le couloir. Les règles de fonctionnement doivent alors être bien comprises des enfants et être révisées régulièrement selon l'évolution de la situation : aller aux toilettes un à la fois, ne pas flâner, avertir l'éducatrice lorsqu'on quitte le local.

9.3 VEILLER À LA SÉCURITÉ DES ENFANTS

Une vigilance accrue s'impose lors des déplacements dans les escaliers, particulièrement avec les jeunes enfants. Tout en ayant une vue d'ensemble du groupe, l'éducatrice doit montrer aux petits à bien tenir la rampe, leur demander de se placer l'un derrière l'autre en gardant une certaine distance entre eux et en regardant en avant. Celle-ci doit évaluer s'il est préférable de se placer à la tête ou à la queue de la file d'enfants selon le cas afin d'assurer la meilleure surveillance possible. Avec un groupe multiâge, l'éducatrice invite un enfant plus vieux à tenir la main à un plus jeune lors d'un déplacement dans le corridor.

> Faire souvent le dénombrement des enfants lors des déplacements constitue une autre règle que l'éducatrice doit appliquer en matière de sécurité.

En SGMS, il n'est pas toujours facile d'empêcher les enfants de courir tellement ils ont hâte de se rendre dans la cour d'école. La circulation à l'intérieur et à l'extérieur faite à toute vapeur risque d'engendrer des chutes, des collisions ou des bousculades. Il existe plusieurs manières de faire face à la situation. Par exemple, nommer des enfants pour veiller au ralentissement du débit, proposer des défis qui amènent à se déplacer lentement, sensibiliser les enfants à la prudence et les engager dans la recherche de solutions, leur montrer à circuler en gardant la droite, interdire de courir dans l'escalier, partager le contrôle entre les éducatrices et les enfants, établir une cohérence entre les règles appliquées par les enseignantes durant le temps de classe et celles en vigueur au SGMS.

Durant les heures d'école, les déplacements dans les corridors se font la plupart du temps en rang et dans le calme. Cependant, il arrive que les consignes mises en place dans certains établissements frôlent davantage le style régimentaire que le gros bon sens : silence absolu, mains derrière le dos, deux lignes droites impeccables, interdiction de s'adresser à son voisin, reprise illimitée du déplacement jusqu'à l'atteinte de la perfection, application de sanctions en cas de dérogation. Qu'arrive-t-il si le SGMS se voit obligé par les membres de la direction d'appliquer le

L'éducatrice doit organiser les déplacements pour qu'ils soient le plus possible faciles et sécuritaires pour tous.

même système de fonctionnement que celui qui est imposé par les enseignantes alors qu'à 15 h les enfants ont un besoin criant de faire une certaine coupure avec l'école? Que faire en pareille situation? D'emblée, une discussion éclairée entre les parties concernées s'impose. Une liste de recommandations, la formation d'un comité provisoire, une proposition d'une période d'essai d'un nouveau fonctionnement, une demande d'assouplissement des règles de l'école adressée au conseil d'établissement, voilà quelques avenues à explorer pour tenter de répondre avant tout aux besoins réels des enfants.

Les sorties au parc ou dans le quartier peuvent constituer des activités agréables, voire relaxantes pour les enfants. Cependant, par souci de sécurité, elles devraient toujours s'effectuer avec au moins deux adultes. Dans le cas contraire, on devrait disposer d'un téléphone cellulaire pour demander de l'aide en cas d'urgence. Toutefois, ce moyen sera insuffisant si l'éducatrice qui se trouve seule avec un groupe d'enfants subit un malaise ou une blessure importante. Il est plus sage de penser à une mesure d'urgence appropriée avant de se trouver dans cette situation regrettable.

Les éducatrices devraient avoir facilement accès à une trousse de premiers soins qui sera également utile lors des sorties effectuées à l'extérieur du service éducatif. Par souci de sécurité, le contenu de la trousse doit être vérifié régulièrement. Dans tous les endroits où une exposition à du sang est susceptible de se produire – à l'extérieur, dans chacune des aires de jeu, lors des sorties –, des gants jetables doivent être disponibles. Par conséquent, l'éducatrice en emporte lors des déplacements.

On peut transformer une partie de la dernière activité en transition vers l'activité suivante : « On fait une dernière fois la chanson puis on va se diriger vers le vestiaire pour s'habiller. » Dans ce cas-ci, l'éducatrice peut même inventer de nouvelles paroles à la fin de la chanson pour décrire l'activité suivante : « Je vais au vestiaire pour m'habiller, pas capable de m'habiller, etc. » Dans tous les cas, on informe les enfants de l'activité suivante. Aux enfants dont l'énergie a besoin d'être canalisée, leur faire transporter les objets de jeu qui serviront à l'activité suivante.

Les déplacements effectués lors des sorties à l'extérieur du service éducatif commandent des mesures de sécurité supplémentaires : présence stricte d'au moins deux adultes, accès en tout temps à une trousse portative de premiers soins complète et mise à jour, avec adrénaline auto-injectable (*EpiPen*, marque de commerce) pour les enfants allergiques, transport routier sécuritaire respectant scrupuleusement les lois officielles en vigueur, numéros de téléphone des parents, etc. Ce genre de déplacement requiert une préparation rigoureuse qui doit se faire en partenariat avec les membres de la direction et les parents.

9.4 PETITS JEUX

Grâce à de petites animations, on peut agrémenter les déplacements sans toutefois nuire à la sécurité. Que ce soit par une chanson, une façon amusante de marcher ou bien par les propositions des enfants, les déplacements s'effectuent avec plus de plaisir et moins d'interventions négatives.

1) Objectif : se déplacer de manière fantaisiste

a) Se déplacer à la queue leu leu, en rang d'oignons, en train, seul ou deux par deux. Trouver une caractéristique du déplacement linéaire en s'inspirant des propositions des enfants : comme un mille-pattes, en file indienne, comme une chenille géante, en parade de soldats de bois, comme des canetons qui suivent leur maman, comme un personnage tiré d'une histoire dont les enfants raffolent.

b) Exécuter des déplacements en marchant de manière inusitée : sur la pointe des pieds, sur les talons, avec les bras croisés sur soi, comme un chat aux aguets, comme un pingouin, en battant des ailes comme un moustique. Se déplacer en imaginant transporter un bébé endormi dans ses bras, en imitant des petites souris, en mettant des chaussures magiques qui ne font pas de bruit, en jouant à l'agent secret qui veut passer inaperçu, en faisant semblant de promener nos petits chiens.

2) Objectif : faciliter le choix de sa place dans la file

a) Désigner un roi ou une reine pour ouvrir et fermer le rang. Les autres enfants jouent le rôle de princes et de princesses. Utiliser une comptine (voir le chapitre 12) pour attribuer les rôles.

b) Faire tirer à chaque enfant un numéro ou une lettre correspondant à la place qu'il doit prendre.

3) Objectif : ralentir le déplacement, rester ensemble pendant le déplacement

a) Se déplacer en frôlant les murs dans les endroits qui se prêtent à ce jeu.

b) Suivre des empreintes collées sur les marches d'escalier et sur la rampe.

c) Jouer aux feux de circulation : à rouge on arrête ; à vert, on avance normalement et à jaune, on marche lentement.

d) Utiliser un mot de passe ou un geste pour être autorisé à quitter le rang une fois arrivé à destination.

e) Avec les tout-petits, tenir un serpentin avec une main, ce qui permet de garder les enfants ensemble.

9.5 COMPTINES ET CHANSONS

1
Quand trois poules s'en vont au champ

Chanson traditionnelle

Quand trois poules s'en vont au champ
La première s'en va devant
La deuxième suit la première
La troisième va par derrière.
Quand trois poules s'en vont au champ
La première s'en va devant.

2
La marche des fourmis
Chanson traditionnelle adaptée

Les fourmis marchent une par une, hourra, hourra (bis)
Les fourmis marchent une par une en transportant un sac de prunes
Hourra, hourra, hourra, hourra, hourra.
Les fourmis marchent deux par deux, hourra, hourra (bis)
Les fourmis marchent deux par deux en transportant une douzaine d'œufs.
Hourra, hourra, hourra, hourra, hourra.
Etc.

3
Je me prépare à aller dehors
Paroles : Suzanne Poulin et Nicole Malenfant
Musique : Un bon chocolat chaud (chanson popularisée par Carmen Campagne)

Je vais au casier
Pour me préparer
Chut, chut, chut
Sans trop parler.
J'ai hâte d'aller dehors
Pour m'amuser
Chut, chut, chut
Sans m'énerver.
Je veux jouer et respirer
C'est bon pour ma santé.
Et je prends mon rang
Très calmement
Chut, chut, chut
En chuchotant.
J'ai hâte d'aller dehors
Pour m'amuser.
Je dois d'abord m'habiller
Maintenant je peux sortir
Doucement et sans courir.

4
Mademoiselle la coccinelle
(comptine)
Origine inconnue

Coccinelle	À la file indienne, les enfants se déplacent.
Envole-toi ma toute belle	Ils éloignent leurs bras de chaque
Ouvre tes ailes	côté de leur corps pour imiter l'ouverture
mademoiselle	des ailes de la coccinelle par des
la coccinelle.	mouvements lents.
Bravo !	

5
Souliers sans bruit
Adaptation d'une comptine d'origine inconnue

Souliers du… (jour de la semaine)
Souliers vernis
Souliers jolis
Souliers minis
Souliers sans bruit.

6
Le train dans le pré

Dans le pré s'en va le train
Tout chargé de p'tits bambins.
Accroche-toi derrière moi
Et tiens-toi des deux mains.
Tchou ! Tchou !

7
Les roues de l'autobus
(sur l'air de The Wheels of the bus)

Les roues de l'autobus font vroum, vroum, vroum
Vroum, vroum, vroum, vroum, vroum, vroum.
Les roues de l'autobus font vroum, vroum, vroum
Toute la journée.

8
Pour monter l'escalier

(Sur l'air de Sur le pont d'Avignon)

Pour monter l'escalier
J'tiens la rampe, j'tiens la rampe
Pour monter l'escalier
J'tiens la rampe pour n'pas tomber.

9
Tchou tchou le petit train

(Se trouve sur le CD)
Paroles : Nicole Malenfant
Musique : Monique Rousseau

Tchou, tchou le petit train
Jusqu'où va ton chemin ?
Est-ce ici ou est-ce là
Que tu t'arrêteras ?
Oui ou non (selon le cas)
(Reprise)

Chapitre 10

L'accueil et le départ

CONTENU DU CHAPITRE

10.1 Établir un accueil chaleureux et personnalisé	326
10.2 Saluer et sourire	331
10.3 Assurer la stabilité du personnel	332
10.4 Accroître la sécurité	333
10.5 Prendre les présences	333
10.6 Faciliter l'accueil du jeune enfant et le départ du parent en début de journée	334
10.7 Noter les informations reçues et bien les transmettre	341
10.8 Faciliter le départ de l'enfant avec son parent en fin de journée	341
10.9 Que faire avec les parents retardataires ?	346

Nous sommes tous influencés d'une façon ou d'une autre par les premiers moments que nous passons en compagnie de quelqu'un ou d'un groupe. Plus on est jeune, plus on est sensible aux gestes, aux tons de voix, aux mots et aux attitudes des personnes qui nous accueillent. « L'enfant sait reconnaître une éducatrice heureuse de l'accueillir. » (Cloutier, 2012).

En CPE et en garderie, l'accueil des enfants a généralement lieu le matin et le départ, en fin d'après-midi, alors qu'en SGMS, on retrouve trois accueils et autant de départs pour les enfants fréquentant le service à temps plein, soit le matin, le midi et après l'école. En maternelle, il y a deux accueils, le matin et au retour du dîner et deux départs, en fin de matinée et au milieu de l'après-midi. C'est à se demander si nous, les adultes, pourrions relever le défi de nous adapter à autant de personnes et de contextes différents en si peu de temps tout en préservant notre équilibre psychologique.

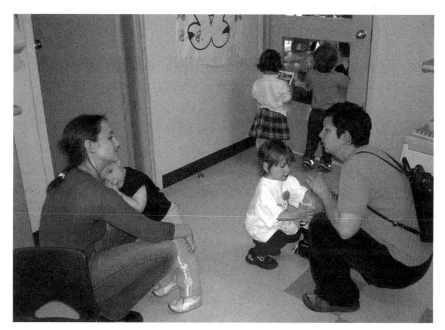

En ayant accès au local où se trouve son enfant en fin de journée, le parent a l'occasion de s'intéresser à ce qu'il a fait pendant la journée.

Stressés par le boulot qui les attend, le souper à préparer, préoccupés par les responsabilités de toutes sortes, assaillis par les demandes des éducatrices, certains parents oublient malheureusement ce que vit leur enfant lors de l'accueil et du départ. À notre époque où la vitesse triomphe, prendre le temps d'accompagner son enfant au service éducatif n'est pas toujours évident pour les parents. Certains évoquent des raisons aussi légitimes les unes que les autres pour expliquer leur empressement à déposer ou à reprendre leur enfant au service éducatif: «Je n'ai pas le temps; je suis pressé; je vais être en retard, mon patron attend après moi; ma journée n'est pas finie; j'ai plein de choses à faire à la maison; je suis débordé.» S'il est regrettable que des parents soient expéditifs dans leur manière de venir reconduire ou chercher leurs enfants, c'est par ailleurs à l'éducatrice de jouer son rôle d'hôte à l'arrivée des parents (Cloutier, 2012). En cherchant à établir un contact avec le parent, elle lui signifie qu'il est le bienvenu comme tout son enfant. Le personnel des services éducatifs a la responsabilité de prendre le temps d'accueillir les enfants et leurs parents à leur arrivée, et de les saluer à leur départ.

10.1 ÉTABLIR UN ACCUEIL CHALEUREUX ET PERSONNALISÉ

La façon dont l'enfant est accueilli au service éducatif est cruciale. Le bonjour amical de Gisèle, le sourire forcé de Stéphane, le «Comment ça va mon beau Bruno?», la mine renfrognée de Geneviève, l'indifférence de Sylvie ou le regard bienveillant de Luc donnent le coup d'envoi à la journée de l'enfant. L'éducatrice doit recevoir chaleureusement les enfants, quelle que soit son humeur. Elle doit adopter une **attitude professionnelle empreinte de respect**, de calme et de disponibilité: il en va du bien-être de l'enfant.

> Pour accueillir les enfants avec dignité, l'éducatrice va au-devant d'eux, leur sourit, leur parle avec un ton de voix agréable, les salue par leur prénom, se montre disponible et contente de les voir.

Il est important que l'enfant ait la possibilité de faire des choix en arrivant au service éducatif : se diriger vers des jeux qui l'intéressent, regarder les autres faire, bavarder avec des compagnons, échanger avec l'éducatrice, vaquer à des petites tâches, terminer une réalisation commencée la veille, se reposer sur un matelas. Faut-il rappeler l'importance de ne pas proposer la télévision comme activité en service éducatif. Les enfants passent à la maison ou dans l'auto plusieurs heures par semaine devant un écran.

Une autre marque de respect envers l'enfant qui arrive consiste à accueillir chaleureusement son parent (Martin, Poulin et Falardeau, 2008). L'éducatrice fait en sorte que le service éducatif soit un lieu accueillant pour le parent et qu'il s'y sente le bienvenu. L'éducatrice a le devoir de remercier le parent d'avoir apporté les vêtements de rechange qu'elle lui a demandés, de faire un suivi sur un **travail de collaboration**, de donner des commentaires positifs sur l'enfant et de décrire honnêtement l'essentiel de ce que vit et apprend l'enfant : « Benjamin a mis son pantalon de neige tout seul ce matin. Il sait mieux comment s'y prendre et cela l'aide à persévérer. » « Je crois que Marika a moins besoin de dormir maintenant. Lorsqu'elle se réveille avant les autres, je lui donne des petits jeux avec lesquels s'occuper. Elle est de plus en plus autonome. » « Éléonore est en train d'apprendre à exprimer ses besoins avec des mots. On travaille fort pour qu'elle approche les autres enfants avec douceur. »

L'éducatrice aura à demander aux enfants des informations sur l'état de l'enfant : « Comment a été sa nuit ? » « Sa fièvre a-t-elle baissé ? » « Y a-t-il quelque chose de particulier pour Éloi ? » Elle leur présentera la nouvelle stagiaire, s'il y a lieu.

Le départ offre une belle occasion de communiquer à trois : l'enfant, le parent et l'éducatrice.

L'éthique professionnelle veut que la discrétion et la confidentialité soient assurées en tout temps dans les échanges entre parents et éducatrices. C'est pourquoi il faudra parfois planifier un rendez-vous téléphonique ou une rencontre avec les parents pour discuter d'une situation problématique particulière concernant leur enfant afin d'assurer la confidentialité des échanges et la dignité de l'enfant. Au terme d'une journée épuisante et en présence des autres parents et des enfants, les conditions propices à un entretien verbal fructueux et discret ne sont pas réunies.

Dans les services éducatifs où les parents se voient forcés de déposer et de prendre leur enfant dans le vestibule sans avoir la possibilité de pénétrer dans le local où l'enfant passera ou a passé quelques heures de sa journée, il est difficile de créer un véritable contact avec les parents. Cette façon de faire n'est certainement pas souhaitable. Dans les SGMS, la coutume veut que les enfants quittent après avoir été informés de l'arrivée de leur parent par un système de communication à distance. En plus d'empêcher toute possibilité de contact avec les parents, l'utilisation d'un émetteur-récepteur portatif entrave la communication entre l'éducatrice et les enfants du groupe. C'est un moyen qui semble répondre davantage à des besoins d'adultes – la requête des enseignantes et des membres de la direction d'école de ne pas faire circuler les parents dans l'école, la rapidité du départ pour le parent – qu'à ceux des enfants. Il s'agit d'une pratique qui va nettement à l'encontre des principes d'humanisation propres à la pédagogie démocratique. Toutefois, ce moyen peut se révéler utile à l'occasion, par exemple lorsque les enfants se trouvent dans un parc situé loin de l'école.

> En étant sincèrement soucieux du respect et de la dignité des enfants et des parents, on se préoccupe peu d'économie de temps lors des activités d'accueil et de départ.

Si l'éducatrice veut travailler en faveur de l'enfant, elle doit investir temps et énergie pour créer un contact positif avec les parents, même si la tâche semble ardue avec quelques-uns d'entre eux. En effet, elle doit être déterminée et préparée pour aller au-devant d'un parent intimidé ou qui semble moins intéressé parfois même antipathique. Persévérance, conviction et constance sont des qualités indispensables pour tisser des relations constructives avec les parents plus difficiles à approcher. Il ne faut surtout pas attendre d'avoir un problème avec un enfant pour commencer à parler à son parent.

> C'est avec le temps et les occasions que l'éducatrice crée que se construit la confiance mutuelle avec les parents qui est essentielle au bien-être de l'enfant.

Dans l'intention légitime de sécuriser les parents en leur montrant que leur enfant se sent bien au service éducatif, l'éducatrice peut être portée à prendre trop de place en leur présence. Une telle attitude peut les rendre mal à l'aise ou même jaloux, ce qui est à éviter. Il faut savoir reconnaître le rôle premier des parents en ne cherchant pas à occuper la première place auprès des enfants. L'attitude idéale à adopter consiste davantage à établir un «**trialogue**» qui favorise une communication à trois, soit entre l'éducatrice, l'enfant et son parent (Martin, Poulin et Falardeau, 2008). Les activités d'accueil et de départ en début et fin de journée représentent des occasions idéales pour «trialoguer». Par exemple, lorsqu'il est question de l'enfant devant le parent, l'éducatrice l'inclut dans la conversation, ce qui est une façon de témoigner du respect à son égard : «Maxime, je suis en train de dire à ton père que tu sais maintenant comment t'y prendre pour résoudre les conflits. Es-tu fier de toi?» «Clodie, nous allons tous travailler ensemble, toi, ta maman et moi pour que tu apprennes à aller sur le petit pot. D'accord?» «As-tu dit à ton papa, Alex, que nous avons commencé à faire un jardin aujourd'hui? Tu pourras lui montrer tantôt en partant.»

L'éducatrice a le devoir d'être discrète en ne parlant pas d'un autre enfant que celui du parent, pas plus qu'elle ne parlera d'un parent à un autre parent (Martin, Poulin et Falardeau, 2008). L'**éthique professionnelle** l'oblige à préserver la confidentialité des informations qui lui sont confiées et à ne les divulguer qu'à qui de droit, au bon moment et de la manière la plus objective possible, et seulement au besoin.

Avec des attitudes respectueuses et une **tenue vestimentaire de bon goût**, il sera plus facile de rendre les parents à l'aise et de montrer une image positive de la profession. En ce sens, certains vêtements sont à proscrire : les décolletés, les vêtements moulants et transparents, les chandails qui montrent les seins lorsque l'éducatrice se penche, ou qui laissent l'abdomen et le dos à découvert, les camisoles à fines bretelles. Les bijoux et les vêtements doivent être exempts de dessins ou de logos à caractères offensants pour les enfants, les parents ou le personnel. L'éducatrice devrait s'abstenir d'avoir des tatouages à découvert.

Puisqu'elle est un modèle pour les enfants, elle se doit de porter des vêtements propres et d'avoir une apparence soignée (cheveux propres et peignés, barbe bien taillée pour les éducateurs).

L'aménagement des lieux doit favoriser l'accueil des enfants et des parents. Prévoir un babillard à l'intention des parents, une chaise pour retirer et mettre les bottes et un espace pour les déposer, un accès à des protège-bottes pour pouvoir circuler dans le service éducatif sans salir les planchers, des banderoles de bienvenue en plusieurs langues dans les milieux multiethniques. Opter pour un tableau d'affichage attrayant et non surchargé, pour présenter des renseignements sur la prochaine sortie, le menu ou la programmation des activités. On peut y trouver également des affiches publicitaires qui font la promotion de la santé, de la sécurité et de l'éducation des enfants : utilisation correcte du siège d'auto, coordonnées d'organismes venant en aide aux familles, renseignements sur les vaccins. Les parents ont également accès à des textes qu'ils peuvent prendre à leur guise, à des dessins et des photos de leur enfant lors d'activités qu'ils peuvent regarder sur les murs.

10.2 SALUER ET SOURIRE

Le sourire est l'une des fonctions propres à l'être humain. C'est aussi l'une des premières attitudes faciales que le bébé décode et à laquelle il est très réceptif. Le développement socioaffectif de l'enfant se fait au contact des autres personnes qui se montrent chaleureuses. Le sourire et le ton de voix agréable constituent un capital non négligeable pour la santé émotive des enfants. C'est sans doute ce que voulait exprimer un enfant de sept ans qui, un jour, confia à son éducatrice que son sourire matinal mettait du soleil dans sa journée.

> Mettre en action les divers muscles faciaux qui prennent part au sourire constitue une gymnastique très bénéfique recommandée le plus souvent possible en présence des enfants et des parents. Un sourire ne coûte rien et fait du bien tant à celui qui le reçoit qu'à celui qui le donne.

Il est primordial de saluer l'enfant à son arrivée et à son départ en utilisant son prénom. L'éducatrice doit appeler l'enfant par le prénom que lui ont choisi ses parents, en n'utilisant ni diminutif ni transformation : Maxou pour Maxime, Caro pour Carolane, Willie pour William. Lorsqu'on se pose des questions sur la prononciation (comment se prononcent les deux « e » de Sarah-Lee ?) ou sur l'utilisation entière du prénom (peut-on l'appeler seulement Sarah ?), on demande aux parents comment ils veulent qu'on appelle leur enfant et on s'assure de bien prononcer son prénom. Il est important aussi de vérifier que le prénom de l'enfant ne fasse pas l'objet de moquerie ou de rejet de la part de ses pairs. Dans pareille situation, l'éducatrice doit en parler aux parents pour trouver une solution avantageuse pour l'enfant. Enfin, il faut éviter d'utiliser des mots trop affectueux tels que « mon amour », « mon p'tit cœur », « ma chérie » qu'on laisse aux personnes intimes avec l'enfant. Que pourrait penser un parent en entendant l'éducatrice appeler son enfant « mon trésor » ou « mon ange » ? Cela pourrait donner l'impression aux parents qu'ils ne sont pas considérés comme étant les personnes les plus importantes sur le plan affectif pour leur enfant. Quant aux surnoms ou aux appellations péjoratives, comme « mon tannant », « ma p'tite pie », mon « *tom boy* », ils n'ont pas leur place en éducation.

10.3 ASSURER LA STABILITÉ DU PERSONNEL

Il est nécessaire que le service éducatif ait un personnel stable sur qui l'enfant peut compter et qu'il reconnaît à son arrivée. Ce principe vaut davantage dans le cas d'enfants très jeunes ou pour ceux qui viennent de faire leur entrée au service éducatif. Les enfants qui fréquentent le service à temps partiel, ceux dont la langue maternelle diffère de celle en vigueur dans le milieu ou ceux qui sont instables sur le plan émotif ont également grand besoin de stabilité. Idéalement, il est préférable que l'éducatrice titulaire du groupe d'enfants assiste soit à l'accueil, soit au départ des enfants. Passant plusieurs heures par jour avec les enfants, c'est elle qui est la mieux placée pour échanger avec les parents au sujet de leur enfant. On recommande également que la directrice ou la personne responsable soit présente à l'un où l'autre de ces moments cruciaux de la journée pour que les parents puissent la consulter au besoin pour obtenir des renseignements sur des sujets qui relèvent de sa tâche : paiement, renouvellement de l'inscription, autorisation pour une sortie.

En groupe multiâge, le suivi assuré par la même éducatrice d'une année à l'autre favorise la création d'un lien d'attachement et d'appartenance qui sécurise l'enfant. Cette stabilité offre l'avantage aux enfants de mieux accepter le fait d'être séparés de leur parent (Lopez, 2005).

10.4   ACCROÎTRE LA SÉCURITÉ

En raison de la cohabitation d'enfants d'âges différents en début et en fin de journée, une vigilance accrue s'impose quant aux jouets mis à leur disposition. L'éducatrice vérifie que les moins de 3 ans n'ont pas accès à du matériel comprenant de petites pièces d'un diamètre de moins de 4 cm (1,5 po). Des objets ronds et lisses sont aussi dangereux, ainsi que les objets adaptables comme les ballons de latex (Société canadienne de pédiatrie, [En ligne] [http://www.cps.ca/fr/documents/position/prevention-etouffement-suffocation-enfants], 2012).

Trop d'objets qui traînent au sol augmentent les risques de chute. L'éducatrice habitue les enfants à ranger leurs jouets dès qu'ils ont fini de les utiliser.

10.5   PRENDRE LES PRÉSENCES

Tel que le stipule la réglementation, la tenue d'une fiche d'assiduité pour chaque enfant est obligatoire. C'est généralement lors de l'arrivée de l'enfant que se prennent les présences, une tâche qui peut revenir deux ou trois fois par jour selon le type de service éducatif. Les dates et heures de présence de même que les jours de fréquentation prévus et réels de l'enfant doivent être consignés. En SGMS, vu le nombre élevé d'enfants, on observe moins de perte de temps lorsque cette tâche est effectuée au fur et à mesure qu'arrivent les enfants, au lieu de la faire en les rassemblant tous. Un crayon attaché au document évite aussi les pertes de temps. L'utilisation de quelques astuces peut agrémenter la prise des présences en SGMS, par exemple, en arrivant le matin, les enfants peuvent aller apposer un tampon encreur à côté de leur nom sur la liste ou dessiner un visage représentant leur humeur.

Il revient à la directrice du CPE et de la garderie, à la responsable du SGMS ou à la directrice de l'école de mettre à jour quotidiennement les fiches d'assiduité. Plusieurs services éducatifs exigent la signature du parent à l'arrivée de son enfant et lors de son départ.

10.6 FACILITER L'ACCUEIL DU JEUNE ENFANT ET LE DÉPART DU PARENT EN DÉBUT DE JOURNÉE

Quand on est petit, il est normal d'avoir du mal à quitter un être cher. L'enfant peut réagir soit en pleurant avant, pendant ou après la séparation, soit en retenant son parent, en maugréant ou bien en refusant d'aller vers l'éducatrice. Il peut aussi s'attendre à ce que son parent lui retire ses vêtements d'extérieur alors qu'il sait comment le faire seul, ce qui est normal. Ces réactions sont la manifestation de l'attachement de l'enfant envers ses parents qui sont les personnes les plus importantes pour lui. L'habitude de fréquentation, l'attitude des parents, l'état de santé de l'enfant, un contexte difficile comme le retour de vacances ou d'un long congé, le tempérament de l'enfant, une situation familiale anxiogène, le changement de personnel à l'accueil sont toutes des raisons susceptibles d'expliquer une anxiété lors du départ des parents du service éducatif en début de journée.

Le parent est un acteur de premier plan dans le bon déroulement des séparations le matin. L'éducatrice a la responsabilité de mettre en place des conditions optimales pour faciliter ce moment. Parmi le matériel susceptible de sécuriser un enfant anxieux, des petits albums de photos de sa famille peuvent l'aider à reprendre contact avec ses repères.

Le départ du parent empreint de chaleur et de bienveillance aide l'enfant à bien commencer la journée.

Quoiqu'ils puissent être vulnérables à tout âge, les enfants de 8 mois à 2 ans sont particulièrement sensibles lors de la séparation d'avec leur parent en début de journée. Pensons aussi aux sentiments que vivent les enfants de 2 ans en pleine période d'affirmation, à ceux qui font leur entrée en maternelle sans être passés par un CPE ou une garderie, ou aux enfants qui fréquentent le service éducatif sur une base irrégulière.

L'avantage d'un groupe multiâge lors de la période de l'accueil des enfants est que l'éducatrice peut bercer un tout-petit en pleurs pendant que les plus vieux s'affairent à leurs jeux. Si l'éducatrice habituelle de l'enfant n'est pas encore arrivée, l'enfant devrait toujours pouvoir aller dans le même local d'un matin à l'autre et en compagnie des mêmes enfants. Cette stabilité rassure les parents, les enfants sont plus confiants et l'éducatrice responsable du groupe apprend à mieux les connaître. L'éducatrice devra trouver du matériel et des jeux adaptés à ce groupe d'âges variés.

> Pour aider un enfant à laisser partir son parent le matin et à s'intégrer aux autres enfants du groupe, il existe différentes stratégies. On peut le réconforter, mettre à sa portée des jeux qu'il aime et des repères qui le sécurisent, lui offrir des objets qu'il affectionne tout particulièrement, lui annoncer ce qu'il pourra faire dans la matinée, lui donner la possibilité de somnoler encore un peu dans un endroit tranquille, lui rappeler un moment de complicité vécu la veille, lui permettre d'utiliser son objet transitionnel pour un laps de temps.

Le recours à un rituel d'au revoir sécurise l'enfant: faire la bise à son parent, le reconduire à la porte et lui faire signe de la main par la fenêtre. Plus l'enfant vit de l'anxiété, plus un tel rituel s'impose. Parfois, cette période de la journée se passe mieux avec l'autre parent. Par exemple, Vincent pleure moins longtemps lorsque c'est son père qui l'amène au CPE ou à la garderie. Dans tous les cas, il importe d'échanger avec les parents dans le but de réduire l'anxiété de l'enfant lors du départ de son parent.

Il est normal que pendant les premières semaines d'adaptation au service éducatif, le jeune enfant réagisse fortement au départ de son parent. Beaucoup de parents trouvent ces moments pénibles et ne savent pas comment réagir. On voit des parents qui partent rapidement sans dire au revoir à leur enfant, d'autres qui s'éternisent en gardant leur enfant collé à eux. Il y a ceux qui exigent que leur enfant arrête de pleurer ou qui leur disent qu'ils vont revenir très vite alors qu'il n'en est rien. Ces attitudes qui sont évidemment à déconseiller traduisent la plupart du temps plus de maladresse et de désarroi qu'une mauvaise intention de la part des parents. Grâce à son tact et à son objectivité, l'éducatrice peut les aider à amener leur enfant à intégrer son groupe et à faire judicieusement la transition entre la maison et le service éducatif. Par exemple, elle signale à l'enfant que son parent doit maintenant quitter et que c'est le temps de lui faire un câlin et de lui dire bonjour. L'encadré 10.1 suggère aux parents dont l'enfant vit une séparation difficile lors de leur départ du service éducatif en début de journée, des façons de faire dans une lettre qui leur est adressée.

Encadré 10.1   Lettre à l'intention des parents en vue de leur proposer des moyens pour faciliter la séparation en début de journée avec leur enfant

Chers parents,

Dans le but de faciliter la séparation du matin de votre enfant et de vous permettre de commencer la journée dans de bonnes conditions, voici quelques moyens qui peuvent vous être utiles. Nous demeurons disponibles à en discuter avec vous, si vous le souhaitez.

☒ À ÉVITER	↻ ACTIONS RECOMMANDÉES
Arriver à la garderie tardivement en matinée.	Autant que possible, arrivez à la garderie durant la période prévue pour l'accueil des enfants. Ainsi, l'éducatrice sera davantage disponible pour vous accueillir, vous et votre enfant, que si elle est engagée dans les activités de la matinée.
Déposer l'enfant dans le local et partir aussitôt.	Prenez le temps d'intégrer votre enfant et d'échanger avec l'éducatrice quelques informations sur lui : sommeil, alimentation, humeur, prise de médicaments avant l'arrivée et suivi avec la garderie, situation particulière, confirmation de l'application de la crème solaire à la maison tel qu'il est demandé. Pour être bien, votre enfant a besoin que vous vous intéressiez à son éducatrice, celle qui prend soin de lui toute la journée. De bons contacts de façon régulière entre parents et éducatrices permettent d'assurer un suivi entre la maison et le service de garde, ce qui est bénéfique pour la sécurité affective de votre enfant.
Laisser entendre à son enfant qu'on est triste de le quitter.	Démontrez votre motivation à aller vaquer à vos occupations.
Partir à la cachette dès que l'enfant ne voit pas son parent. Cela risque à long terme d'altérer la confiance qu'il a en ses parents.	Prenez le temps de dire au revoir à votre enfant et le faire de la même façon d'un jour à l'autre : transmettre les informations à l'éducatrice, lui faire voir la présence de camarades de son groupe, faire un rituel d'au revoir. Dites à votre enfant : « Je pars maintenant » et embrassez-le, faites un signe de la main. Soyez fidèle à ce rituel court et chaleureux grâce auquel votre enfant se sentira plus en confiance.

Interdire à l'enfant d'apporter un objet de réconfort. Voir ce comportement comme un caprice.	Permettez à votre enfant d'apporter à la garderie un objet transitionnel comme une couverture préférée, un ourson ou une photo de vous.
Donner de mauvaises informations à l'enfant : « Je vais revenir tout de suite » alors que ce n'est pas le cas. Cela gardera l'enfant dans l'attente toute la journée.	Donnez des repères faciles à comprendre pour votre enfant, par exemple qui le ramènera à la fin de la journée et à quelle heure : « Je vais revenir après ta sieste. » « C'est papa qui viendra te chercher après la collation de l'après-midi. » Les enfants ayant besoin de gestes concrets, montrez-lui le chiffre de l'heure de votre retour sur l'horloge même s'il ne sait pas lire l'heure. En instaurant une routine régulière, votre enfant pourra évaluer votre heure de retour.
Demander à l'enfant de cesser ses pleurs.	Permettez à votre enfant d'exprimer ses émotions. Dans le cas de pleurs où votre enfant chercherait inconsciemment à vous faire sentir coupable et à retarder votre départ, il est mieux de ne pas traîner et de quitter après le rituel d'au revoir. Demandez l'aide de l'éducatrice, puis partez.
Faire des promesses. Dire à l'enfant que s'il est gentil (s'il ne pleure pas), il aura une récompense au retour de son parent. Utiliser les menaces : « Tu n'iras pas chez grand-maman ce soir, si tu continues de pleurer comme ça. »	Ne faites pas de promesse de récompense à votre enfant que vous ne tiendrez pas. Attention : si vous établissez un système de récompense, quel qu'il soit, les départs et les séparations risqueront de devenir de plus en plus compliqués.

Rester trop longtemps avec l'enfant. Étirer indûment le départ, rester derrière la porte à la vue de son enfant, revenir sur ses pas pour donner un dernier bisou ou un cinquième câlin. Les au revoir qui s'éternisent font vivre à l'enfant un sentiment d'incertitude : « Est-ce qu'elle s'en va ou pas, ma maman ? »	Après avoir appliqué le rituel établi, partez. Par votre attitude confiante, vous transmettez un sentiment de sécurité à votre enfant.
Démissionner, se décourager.	Si l'éducatrice dit que votre enfant fonctionne bien le reste de la journée, persévérez, car votre enfant prendra l'habitude de vous voir partir et comprendra que vous revenez chaque fois.
Vivre la routine matinale à la maison et le départ vers la garderie avec course et pression.	Ritualisez la routine du matin, ce qui sécurisera votre enfant et lui apportera l'énergie nécessaire pour passer une bonne journée. Revoyez votre organisation, s'il y a lieu : faciliter l'habillage de votre enfant en préparant ses vêtements la veille, faire le réveil 20 minutes plus tôt afin d'avoir le temps de déjeuner avec son enfant et de prendre son café habituel. Prévoyez assez de temps pour déposer votre enfant à la garderie. Faites la conversation avec lui pendant votre trajet vers la garderie. Avant votre départ de la maison ou pendant votre déplacement vers la garderie, expliquez à votre enfant que vous l'amenez à la garderie et que vous reviendrez le chercher.
Se dire que le problème finira bien par passer alors que l'enfant pleure pendant deux à trois heures après votre départ depuis une période de plus de deux à trois semaines.	Si la situation perdure depuis un certain temps, établissez un plan d'intervention avec l'éducatrice. Au besoin, consultez un ou une spécialiste (psycho-éducatrice, psychologue). Il peut s'agir d'une anxiété de séparation sévère pour laquelle il existe des solutions.

Il peut arriver qu'une éducatrice craigne le jugement des parents : « Si leur enfant pleure en arrivant le matin, peut-être pensent-ils que je ne suis pas compétente. » Si elle se montre ainsi anxieuse, il lui sera alors difficile d'apporter son aide à l'enfant. Il faut prendre le temps d'accueillir l'enfant qui pleure et d'entrer en contact avec lui avec chaleur et confiance. L'éducatrice doit maintenir un contact visuel et verbal avec l'enfant affligé par le départ de son parent, tout en veillant à ne pas créer de dépendance excessive. Elle évite de garder l'enfant dans ses bras ou de lui tenir la main durant toute la matinée. Il est important qu'elle reconnaisse verbalement les sentiments de peine, de peur ou de colère qui habitent l'enfant : « C'est pas toujours agréable d'aller à la garderie. » « Je sais que tu es fâché que papa s'en aille parce que tu aurais aimé rester avec lui. » « Je vois que c'est difficile de t'adapter à plein de choses en même temps : la maternelle, le service de garde, le dîner à l'école. Je suis là pour t'aider et te protéger en attendant que tes parents viennent te chercher. » Orienter l'enfant vers des jeux en jouant avec lui peut contribuer à faire baisser la tension le temps qu'il s'intéresse aux autres activités et aux personnes présentes dans la pièce.

Un enfant qui fréquente depuis peu le service éducatif peut avoir besoin d'une période de trois à six semaines pour s'y adapter. Si la fréquentation est irrégulière et discontinue, l'adaptation peut être plus longue. Il importe de demeurer vigilant aux indices de détresse chez un enfant qui n'arriverait pas à s'adapter. Parmi ces signes, on trouve les pleurs excessifs, l'envie constante de s'isoler, la manifestation d'agressivité, des changements marqués dans le sommeil et l'appétit. C'est la fréquence, la durée et l'intensité de ces manifestations qui doivent inquiéter l'éducatrice et les parents. Une discussion devrait alors permettre de trouver des solutions dans l'intérêt de l'enfant. Les attitudes positives des parents et des éducatrices favorisent l'adaptation de l'enfant au service éducatif.

10.7 NOTER LES INFORMATIONS REÇUES ET BIEN LES TRANSMETTRE

En raison des nombreuses responsabilités qui incombent à une éducatrice, il lui est impossible de garder en mémoire toutes les informations qui lui sont transmises par les parents. Pour éviter des oublis, elle les prend en note dans un cahier prévu à cet effet, ce qui lui permettra de faire un suivi avec les personnes concernées et d'éviter le stress d'avoir omis de communiquer les renseignements.

Il est important de noter les informations de manière lisible et qui ne porte pas à confusion.

10.8 FACILITER LE DÉPART DE L'ENFANT AVEC SON PARENT EN FIN DE JOURNÉE

Pour faciliter le départ de l'enfant avec son parent, il est préférable que les effets personnels de l'enfant soient prêts. S'il y a lieu, on remet directement au parent les feuilles de renseignements et le carnet de communication. Ainsi, le parent se sent davantage concerné et cela l'encouragera à en prendre connaissance plus tard, au lieu de les oublier au fond du sac à dos de l'enfant. De plus, ce moyen offre une occasion d'échanger avec les parents: « J'ai écrit un petit mot dans l'agenda de Félix sur ses progrès à se laver les mains. »

La transition que constitue le départ demande de la constance dans la façon de procéder. L'éducatrice s'efforce d'offrir des jeux faciles à ranger et qui suscitent l'intérêt des enfants, les amène avec calme à ranger et à se préparer pour partir. Elle peut marquer le départ par un geste comme une accolade et un au revoir de la main.

Le moment de quitter le service éducatif peut être difficile pour certains enfants parce que cette transition les confronte au processus de séparation. Ce sont souvent les mêmes enfants qui éprouvent de la difficulté à se séparer de leur parent le matin. Il faut être bien préparé à aider certains enfants qui retardent le moment de quitter le service éducatif en fin de journée. Par exemple, un enfant qui refuse d'interrompre son activité alors que son parent lui répète depuis dix minutes de se préparer, celui qui parle longuement avec un compagnon ou qui insiste pour trouver un objet perdu. La prolongation indue du temps de départ se présente aussi lorsqu'un parent s'entretient longuement avec l'éducatrice sur un sujet divers et accapare son attention, ce qui nuit à son travail auprès des enfants. Heureusement, il existe des moyens pratiques pour composer avec ce genre de situation comme le montrent les encadrés 10.2 et 10.3.

Encadré 10.2 Moyens à l'intention de l'éducatrice pour composer avec les départs difficiles en fin de journée

- Clarifier les rôles respectifs du parent et de l'éducatrice en prenant, par exemple, une entente avec le parent pour qu'il s'occupe de son enfant à partir du moment où il franchit la porte du service éducatif: aider l'enfant à se dévêtir à son arrivée, s'assurer que le matériel demandé est disponible (crème solaire, housse de matelas et drap propres, couverture, médicaments). Se rappeler qu'un parent peut ne pas se sentir à l'aise d'intervenir auprès de son enfant comme il le ferait chez lui, de peur d'être jugé.
- Proposer à l'enfant de faire un dessin pour maman ou papa pour commencer à déplacer l'énergie relationnelle (CPE La Trottinette carottée, 2002).
- Suggérer à l'enfant de faire une surprise à son parent, par exemple, en commençant à s'habiller avant qu'il arrive.
- Faire coïncider l'heure du départ avec une période de jeux à l'extérieur lorsque l'éclairage naturel s'y prête. Ainsi, les enfants sont déjà vêtus et prêts à partir à l'arrivée de leur parent.
- Parler à l'enfant de ce qu'il fera une fois rendu chez lui et l'inviter à partir. Lui rappeler le moment où il reviendra au service éducatif: « Bonne soirée, Louisa. À demain. »

- Ne pas permettre à un enfant de sortir un nouveau jeu à l'arrivée de son parent : « Émilie, ce n'est pas un bon moment pour jouer avec les poupées. Il est l'heure de retourner chez toi. Tu pourras jouer avec les poupées demain. »
- Diriger subtilement l'enfant et son parent vers le vestiaire en leur suggérant, par exemple, de rapporter les dessins qui se trouvent dans le casier ou de regarder les nouvelles photos apposées au mur. Les laisser seuls pour que l'enfant ait toute l'attention de son parent.
- Rappeler à l'enfant un fait de la journée et lui proposer de le raconter à son parent sur le chemin du retour.
- Installer un rituel de départ en demandant au parent de prendre d'abord connaissance du cahier de bord de son enfant qui se trouve dans son casier avant de se présenter au local. Ainsi, l'échange avec l'éducatrice sera plus fructueux, le parent pourra poser des questions en lien direct avec les commentaires écrits plutôt que d'aborder des sujets moins pertinents. De plus, cette procédure assure à l'éducatrice que l'information écrite s'est bel et bien rendue à destination.
- Dans le cas d'un enfant bavard ou qui lambine, utiliser une minuterie qui l'avertit, après cinq minutes de jeux ou de bavardage, qu'il est l'heure de partir. Informer le parent d'avance de cette procédure.
- Rassurer le parent que dans le cas d'un attachement fort de son enfant avec son éducatrice, il n'y a rien de menaçant. C'est à la maison que se vivent les rapports humains les plus significatifs (CPE La Trottinette Carottée, 2002).
- Présenter gentiment ses excuses à un parent plus « bavard » et puis retourner à ses tâches habituelles : « Je regrette de ne pouvoir vous parler plus longtemps, je dois être présente aux enfants. »

Encadré 10.3   Lettre à l'intention des parents pour aider leur enfant à mieux vivre la transition garderie/maison, en fin de journée

Chers parents,

Pour certains enfants, la transition garderie/maison en fin de journée est difficile et cela est normal. Pour l'enfant, devoir se séparer de ce qu'il aime faire dans l'immédiat (jouer, être avec son éducatrice) pour reprendre contact avec son parent, peut être une source de frustration. Vivre en contexte de groupe pendant plusieurs heures par jour est exigeant pour un enfant et la fatigue se fait sentir en fin d'après-midi. Voici des moyens qui pourront vous être utiles pour mieux vivre cette transition.

- Aidez votre enfant à anticiper votre arrivée

    Il est plus facile pour votre enfant de s'adapter aux transitions si vous allez le chercher aux mêmes moments chaque jour. Ainsi, il en viendra à anticiper votre arrivée : après le dodo, après la collation, lorsque la petite aiguille de l'horloge sera sur le cinq et la grande sur le six. Vous pouvez aussi demander de l'aide à l'éducatrice afin qu'elle informe votre enfant lorsque le moment du départ approche.

- Prenez le temps de reprendre contact avec votre enfant

    Avant de demander à votre enfant de s'habiller pour le départ, prenez le temps de reprendre contact avec lui en lui parlant de sa journée, en s'intéressant à ses dessins, en lui manifestant que vous êtes contents de le retrouver. Faites preuve de souplesse. La fin de la journée est toujours un moment où les enfants sont plus fatigués et irritables : ils ont faim, ont besoin de calme et de repos. Ce n'est donc pas le moment d'être exigeant envers eux. Lorsque vous sentez votre enfant fatigué, vous pouvez l'aider à ranger ses jouets ou à s'habiller même si vous savez qu'il est capable de le faire seul.

- Aidez votre enfant à trouver des moyens de diminuer ses frustrations

    Vous pouvez nommer les sentiments de votre enfant en les reconnaissant comme légitimes : « C'est fâchant de devoir arrêter son jeu pour retourner à la maison. » Vous pouvez tenter de diminuer ses frustrations en lui parlant de ce qu'il fera d'intéressant en arrivant chez lui.

- Soyez patient

    Si votre enfant s'oppose à retourner à la maison, faites preuve de patience. Il ne sert à rien de se fâcher. Retirez-vous en disant à votre enfant que vous l'attendez derrière la porte du local. L'éducatrice peut alors vous aider en accompagnant votre enfant vers vous.

Source : Être parents dans le site Cornemuse (2003) [En ligne] [http://www.cornemuse.com/cgi-bin/thematique.cgi].

Lorsque, à l'occasion, une responsable de service de garde en milieu familial veut rendre service à un parent qui demande, par exemple, de faire souper son enfant parce que celui-ci a un cours à six heures, il est important d'établir une entente claire : est-ce une situation exceptionnelle ou régulière ? Qui fournit le repas ? À quelle heure doit-on l'offrir à l'enfant ? Pour s'assurer de la collaboration de tous, rien ne vaut une entente écrite claire.

Placé à l'entrée de l'école ou du SGMS, un tableau d'affichage avec une écriture et des pictogrammes attrayants a l'avantage d'indiquer aux parents où aller chercher leur enfant. Le nom du groupe, le jour de la semaine, l'heure ou la période ainsi que l'activité et le lieu figurent clairement sur l'affiche.

10.9 QUE FAIRE AVEC LES PARENTS RETARDATAIRES ?

Dans le cas de parents qui arrivent en retard après la fermeture du service éducatif, on doit établir et appliquer des mesures visant à contrer les abus et à limiter les discussions. Dans plusieurs services éducatifs, une amende est exigée pour les minutes de retard des parents. En ce sens, une horloge dans le vestiaire sera très utile pour calculer les minutes de retard. Le montant dû sera chargé aux parents sur une base périodique, par exemple une fois par mois. Il revient à chaque service éducatif de prévoir un règlement approprié et de veiller à le faire respecter. Ce règlement peut faire partie du document d'information habituellement remis aux parents au moment de l'inscription de l'enfant. On peut aussi rafraîchir la mémoire des parents en affichant un rappel au babillard.

Il faut également tenir compte du vécu de l'enfant qui demeure le dernier alors que tous les enfants sont partis. L'éducatrice doit le rassurer et continuer à veiller sur lui tout en l'informant de ce qui se passe : « Ton père m'a dit qu'il viendrait te chercher tard ce soir » ; « Je vais appeler ta mère pour voir ce qui se passe. Ne t'inquiète pas, je reste avec toi ». Dans le cas d'un enfant qui est toujours le dernier à quitter le service éducatif, il est recommandé de partager un jeu ou une tâche simple avec lui réservé à ce moment, ce qui devient un temps privilégié passé avec l'enfant.

Chapitre 11

Les attentes inévitables

CONTENU DU CHAPITRE

11.1 Contrer les attentes évitables.. 349
11.2 Organiser les attentes inévitables 352
11.3 Agrémenter les attentes.. 356
    A. Jeux verbaux... 357
    B. Jeux d'observation visuelle... 359
    C. Jeux d'attention auditive... 361
    D. Jeux visuo-manuels... 363
    E. Jeux symboliques... 364
    F. Jeux audiovisuels 365
    G. Jeux de dextérité manuelle... 366
    H. Jeux de motricité globale.. 367
    I. Jeux de respiration 369
    J. Jeux olfactifs... 370
    K. Jeux tactiles.. 371
    L. Jeux vocaux.. 371
    M. Jeux graphiques... 372
    N. Automassages.. 373
    O. Jeux pour attirer l'attention 373
11.4 Comptines et chansons... 376
    A. Pour demander le calme 376
    B. Pour faire patienter les enfants....................................... 377

Dans les services éducatifs où l'on applique une approche démocratique, on doit aborder les périodes d'attente de la même manière qu'on le fait pour les autres activités de la journée, c'est-à-dire en veillant à ce que ces moments de transition se déroulent de façon harmonieuse afin que les enfants ne se sentent ni pressés ni ennuyés. Pour y arriver, l'éducatrice doit veiller à la bonne organisation du temps et de l'environnement en concertation avec les membres de son équipe. Il est inacceptable de voir des enfants subir plusieurs fois par jour de longues attentes en grand groupe, parfois debout, en silence, sans trop bouger ni interagir avec les autres. À 4 ans, attendre calmement son tour en ligne droite pour passer aux toilettes ou pour se brosser les dents, à 7 ans, attendre docilement que l'éducatrice ait terminé de prendre les présences des 60 enfants inscrits aux activités de fin d'après-midi, cela génère nécessairement des tensions dans le groupe alors qu'une approche plus humaine pourrait faire diminuer ces tensions. Il peut être difficile de changer des façons de faire bien ancrées, mais il s'agit là d'une démarche qui en vaut la peine.

11.1   CONTRER LES ATTENTES ÉVITABLES

« Il est bon que les enfants apprennent à attendre dès leur jeune âge. » Voilà une remarque que l'on entend régulièrement de la part de personnes qui s'occupent d'enfants, préoccupées qu'elles sont de les initier tôt aux dures réalités de la vie. S'il peut sembler normal d'avoir à attendre même quand on est petit, il faut savoir que la perception du temps qu'ont les enfants diffère de celle des adultes. Les attentes fréquentes, prolongées et disproportionnées par rapport à leur stade de développement peuvent nuire à leur bien-être. De toute façon, la vie sociale et familiale et, plus tard, le cadre scolaire se chargent de faire vivre de nombreux délais aux enfants. En compagnie de leurs proches, les enfants ont maintes occasions d'exercer leur patience au cours de la journée : pendant les trajets en auto, en attendant de passer à la caisse à l'épicerie, chez le médecin, au restaurant, lors de la préparation des repas ou pendant que maman parle au téléphone. Toutefois, l'attente avec peu de personnes dans un contexte personnalisé comme celui de la famille, ne requiert pas le même contrôle de la part des enfants contrairement aux attentes qui se vivent dans un contexte de groupe plus impersonnel comme c'est souvent le cas en service éducatif.

Quand on a 2 ans, attendre deux minutes, comme le demandent souvent les adultes, ne signifie pas la même chose qu'à 8 ans. L'attente peut sembler interminable pour un tout-petit ou pour celui qui vit une perturbation émotionnelle. Un jour, un enfant de 4 ans sollicita l'aide de son éducatrice qui lui dit alors d'attendre « cinq minutes » ; l'enfant lui demanda alors s'il s'agissait de cinq minutes d'enfants ou de cinq minutes d'adultes. Cet exemple montre comment la perception du temps comporte une dimension personnelle et subjective (Lauzon, 1990). « C'est donc bien long… ou, au contraire, ça a passé vite… Je suis tanné d'attendre » sont des exemples qui illustrent le rôle de la subjectivité dans l'appréciation du temps et cela vaut également pour les adultes. Les services éducatifs ont le devoir de ne pas abuser de la naïveté des enfants quant à leur capacité d'attendre. Les éducatrices devraient réduire les attentes au minimum, car plus elles sont rapprochées et longues, plus elles nuisent au bon déroulement des activités et au bien-être des enfants.

> Il faut se rappeler que les enfants d'âge scolaire qui passent plus de cinq heures par jour en classe, le plus souvent immobiles derrière leur pupitre à se faire rappeler constamment par leur enseignante de rester tranquilles à leur place et d'écouter, sont déjà saturés par de telles demandes quand ils arrivent au service de garde. Si les éducatrices en SGMS passaient une journée en classe avec les enfants, elles comprendraient mieux à quel point leur journée peut être épuisante.

Au SGMS, les enfants devraient avoir la possibilité de bouger, de dépenser leur énergie, d'utiliser leurs capacités motrices en plein essor à cet âge sans être obligés d'attendre de façon statique que l'éducatrice prenne les présences ou que les autres aient terminé leur collation pour aller jouer dehors après s'être déplacés silencieusement en rang. L'envie de bouger des enfants n'a rien à voir avec une quelconque hyperactivité. Elle est normale et, la plupart du temps, indicatrice d'une bonne santé.

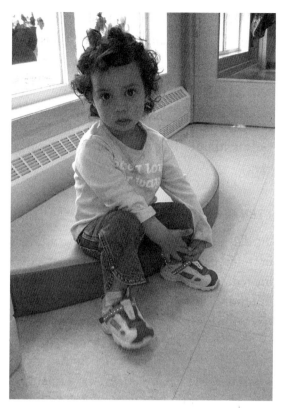

Les moments d'attente peuvent permettre à l'enfant de ne rien faire s'il en ressent le besoin.

Une analyse sérieuse de la situation s'impose si, de façon régulière, huit, dix ou vingt enfants doivent attendre en file indienne pour se laver les mains, patienter au vestiaire avec leur habit de neige sur le dos avant d'aller jouer dehors, attendre encore pour obtenir l'aide de l'éducatrice pendant que celle-ci converse dans le corridor avec une collègue. Cependant, il se peut qu'en dépit d'une bonne organisation les enfants aient quand même à attendre à l'occasion, ce qui n'est pas dramatique en soi ; par exemple, attendre pour dîner parce que le traiteur tarde à arriver, attendre lors d'un déplacement en raison d'un incident qui vient de survenir. Dans pareilles situations, il faut veiller à ne pas fatiguer les enfants. Pour préserver leur énergie durant ces moments statiques et éviter qu'ils se désorganisent, on les fait asseoir soit au sol le long d'un mur, soit sur des chaises ou sur un banc, en gardant, si cela est possible, une distance minimale entre chaque enfant.

En services éducatifs, savoir s'adapter est une habileté professionnelle des plus appréciée lorsque se produisent des imprévus qui génèrent des attentes inévitables. En ce sens, l'attitude de l'éducatrice joue un rôle déterminant dans des moments d'attente. Tenir les enfants le plus possible occupés se révèle essentiel.

11.2 ORGANISER LES ATTENTES INÉVITABLES

Lorsque nous parlons d'attente dans le contexte de l'approche démocratique, nous faisons référence essentiellement aux **attentes inévitables** où les délais sont réduits au minimum autant en nombre qu'en durée. Attendre pour prendre l'autobus avant de partir en sortie éducative, attendre un autre groupe pour aller rendre visite au pâtissier du quartier, attendre l'arrivée d'un invité surprise, cela peut se produire et la situation n'est pas dramatique. Ces expériences peuvent même devenir significatives si, évidemment, le délai demeure raisonnable et si l'éducatrice arrive à occuper les enfants. Elle peut en profiter pour reprendre un chant appris la veille, faire un peu d'exercices physiques comme le suggère un enfant ou demander à un enfant de proposer des devinettes, comme il sait si bien le faire. Voilà quelques moyens servant à agrémenter les rares moments d'attente inévitables.

Pour diminuer le nombre et la durée des attentes, les enfants devraient bénéficier d'un environnement et d'un fonctionnement bien organisés leur permettant d'agir individuellement et avec un minimum d'autonomie. En voici quelques exemples:

- la proximité des toilettes qui permet aux enfants d'y aller seul avec un minimum de surveillance;

- le partage des tâches entre éducatrices faisant en sorte que l'une d'elles s'occupe des enfants qui se rendent aux toilettes situées dans le corridor pendant que l'autre reste avec les autres ;
- le choix donné aux enfants d'âge préscolaire et scolaire de prendre ou non la collation l'après-midi, et cela, sans avoir à attendre systématiquement à table que les autres aient terminé de manger avant de faire autre chose ;
- la possibilité pour les enfants de faire des jeux tranquilles au réveil de la sieste sans être contraints d'attendre que tout le monde soit levé.

Selon les principes de l'approche démocratique, les quelques rares moments d'attente doivent être dynamiques. En effet, les enfants peuvent communiquer, s'exprimer et découvrir. Ils peuvent aussi échanger entre eux, s'entraider pour ramasser les jouets, se desservir, aider à l'habillage des plus jeunes, quitter le vestiaire sous la supervision d'une autre éducatrice lorsqu'ils sont habillés. Ils peuvent faire des choix sans avoir à répondre expressément aux exigences de l'éducatrice.

Pour diminuer le désagrément occasionné par les moments d'attente occasionnels, les stratégies ne doivent pas être axées uniquement sur le contrôle verbal : « Arrêtez de parler. Restez assis à votre place, je vais tous vous servir les uns après les autres. Je n'ai que deux bras pour tout faire... Attendez votre tour pour laver vos mains, il n'y a qu'un seul lavabo. Ça fait trois fois que je vous demande de ne pas avancer. Patientez les enfants, j'ai bientôt fini de ranger les matelas. Je m'en viens pour sortir les jeux. » La plupart du temps, les consignes finissent par ne plus être entendues par les enfants. De plus, lorsqu'une éducatrice tient ainsi à garder le contrôle absolu sur son groupe d'enfants en voulant faire les tâches à **son** goût et à **son** rythme, elle les place dans un état de dépendance nuisible à leur développement et se met dans une situation susceptible de créer des tensions. En attendant qu'elle ait terminé de déposer seule le matériel d'arts plastiques sur la table, de servir seule la collation des enfants, de ranger seule les jouets de menuiserie qui traînent au sol, les enfants, de leur côté, tentent de se divertir à leur manière. C'est souvent avec ce qu'ils ont à leur portée, c'est-à-dire leurs pairs, que les enfants en attente s'occupent. Au début, ils parlent, conversent, reprennent un jeu de mains, gigotent, mais après une minute ou deux où la patience et l'imagination ont atteint leurs limites, les effets négatifs de l'attente surgissent : pleurs, bousculades, taquineries, coups, cris. En pareille situation, l'éducatrice se voit alors forcée de recourir aux interventions disciplinaires pour ramener les enfants à l'ordre pendant qu'elle tente de terminer ses tâches. Sa frustration, les efforts déployés pour rétablir le contrôle et la fatigue des enfants finissent par miner le climat de groupe. Et, découragée, elle se demandera alors pourquoi les enfants sont si insupportables, ce jour-là. Au tableau 11.1, sont regroupées les interventions à éviter et celle à privilégier en ce qui a trait aux attentes.

Les moments d'attente permettent de prendre le temps de regarder la vie qui nous entoure.

Tableau 11.1   Les interventions lors des moments d'attente

☒ À éviter	⊃ À favoriser
Les enfants attendent souvent.	Les enfants attendent rarement.
Les enfants attendent longtemps.	Les enfants n'attendent pas longtemps.
Les enfants attendent debout en ligne.	Les enfants n'attendent pas en ligne. Ils sont assis le plus confortablement possible.
Les enfants doivent faire silence sans bouger.	Les enfants peuvent bouger un minimum et chuchoter.
L'éducatrice fait cesser en même temps toutes les activités et fait rassembler les enfants en grand groupe.	L'éducatrice cesse progressivement l'activité en cours et met en place l'activité suivante avec quelques enfants à la fois.
Beaucoup d'enfants se retrouvent collés les uns contre les autres au même moment.	Peu d'enfants se retrouvent à proximité les uns et des autres en même temps.
L'éducatrice fait tout toute seule.	Deux éducatrices fonctionnent en équipe et se partagent les tâches. L'éducatrice seule sollicite la participation des enfants à la mesure de leurs capacités.
L'éducatrice cherche la perfection de peur de perdre le contrôle du groupe d'enfants.	L'éducatrice accepte l'imperfection tout en gardant le contrôle du groupe.
L'éducatrice utilise toujours les mêmes stratégies pour faire patienter les enfants alors qu'elle constate qu'ils s'ennuient.	L'éducatrice a recours à diverses stratégies pour agrémenter l'attente et les modifie à partir de ses observations.
En situation difficile d'attente inévitable, l'éducatrice crie après les enfants, les menace et est émotive.	En situation difficile d'attente inévitable, l'éducatrice demeure calme et en contrôle de son stress tout en étant douce et convaincante.
L'éducatrice décide pour les enfants.	L'éducatrice prend des décisions, le plus possible, en collaboration avec les enfants.
L'éducatrice accomplit les tâches seule.	L'éducatrice donne des responsabilités aux enfants.
L'éducatrice donne des responsabilités aux enfants, qui sont soit trop difficiles, soit trop simples à exécuter.	L'éducatrice donne des responsabilités qui correspondent aux capacités réelles des enfants.
L'éducatrice agit par habitude et par automatisme sans chercher à comprendre ce qui se passe.	L'éducatrice évalue ses façons de faire et apporte les améliorations souhaitées: «Comment devrais-je m'y prendre pour que les enfants n'aient pas à attendre?» «Comment organiser l'environnement pour que les enfants agissent de manière plus autonome lors des temps morts?»

Feuilleter des livres est une activité que les enfants aiment faire durant les moments d'attente.

11.3   AGRÉMENTER LES ATTENTES

Pour rendre agréables les incontournables temps d'attente, on peut recourir à divers procédés. Ce sont souvent des petits « plus » qui font la différence entre des moments pénibles et des attentes supportables. Par exemple, en SGMS où des déplacements ont lieu souvent en grand groupe dans les corridors, ce qui occasionne des délais, les murs peuvent être garnis d'affiches attrayantes, de photos et d'œuvres d'enfants, qu'ils ont le plaisir de regarder.

En plus d'ajouter des éléments à l'environnement des enfants, l'éducatrice peut recourir à d'autres moyens, comme des jeux animés à l'instar de ce que nous proposons plus loin. Pour faire échec à la passivité et à l'ennui pendant ces transitions, pour permettre aux enfants de rire et de bouger, il suffit d'un peu d'imagination et de préparation. N'oublions pas que les moments d'attente peuvent constituer des occasions idéales pour susciter des apprentissages et renouveler l'énergie des enfants. L'éducatrice évalue le but et la manière de procéder en fonction des besoins à combler.

Même si de nombreux livres et sites Internet recèlent d'idées pouvant agrémenter les moments d'attente, nous avons cru bon de proposer quelques astuces et activités compatibles avec l'approche démocratique où la créativité, le plaisir, l'apprentissage par le jeu et la coopération sont au rendez-vous. En tout temps, l'éducatrice veille à prendre en considération les réactions et les propositions des enfants et à les intégrer à l'activité en cours. De plus, on recommande de fournir le matériel nécessaire en quantité suffisante pour éviter les frustrations. On rassemble dans des boîtes attrayantes, faciles à manipuler et à ranger les objets utiles à l'animation de certains jeux d'attente. L'éducatrice vérifie que le matériel de jeu est sécuritaire et supervise son utilisation.

En agissant de telle manière que les temps d'attente soient réduits au minimum et qu'ils se déroulent dans une ambiance décontractée, l'éducatrice ménagera son énergie et celle des enfants. Tous profiteront ainsi de ces moments de vie.

A. Jeux verbaux

- Quel animal est-ce ?

Demander aux enfants de nommer des animaux vivant dans les airs, sur la terre ou dans l'eau (4 ans[1]). Variante : trouver des animaux vivant à la ferme, au zoo, à la maison, dans les pays chauds ou froids.

- En langues différentes

Montrer aux enfants à réciter une courte série de chiffres en français, en anglais, en espagnol, en italien. (4 ans)

Un deux trois quatre cinq Yé ! (français)

One two three four five Ya ! (anglais)

---

1. Âge minimal suggéré.

Uno dos tres cuatro cinco Bravo! (espagnol)

Uno dué tré quattro cinqué Bravissimo! (italien)

N. B. On peut recueillir des idées auprès d'enfants de différentes ethnies fréquentant le service éducatif, comme dire bonjour en diverses langues.

- Répondre en rimes

Inviter les enfants à faire écho à des mots qui riment. L'éducatrice ou le meneur de jeu dit : « Dans ma casquette, que faut-il que je mette ? » ; Un joueur désigné donne une réponse sous forme de rime. Par exemple : « Dans ma casquette, je vais mettre de la ciboulette » ; « Dans mon sac à dos, qu'est-ce qu'il me faut ? » » Il me faut un escargot ». (5 ans)

- Moment chantant

Repasser des comptines et des chansons connues. (2 ans)

- Devinettes en folie

Proposer des devinettes adaptées aux capacités des enfants. Une petite banque prête à utiliser et régulièrement mise à jour peut être très utile à l'éducatrice. (3 ans) Par exemple, trouver le nom d'une fleur, d'un moyen de transport, d'un aliment sucré, d'un appareil électrique, d'un jouet. Proposer des charades écrites aux enfants qui savent lire. (7 ans)

- Drôle de réponse !

Demander aux enfants de donner une seule réponse possible, par exemple « des saucisses » à diverses questions posées : « Qu'est-ce que tu fais en congé ? – Des saucisses. » ; « Que vois-tu lorsque tu te regardes dans le miroir ? – Des saucisses. » « Qu'apportes-tu pour aller à l'insectarium ? – Des saucisses. ». (5 ans) Variante : compliquer le jeu en interdisant de rire ; utiliser un autre mot en guise de réponse.

- Inventons une histoire !

Improviser un début d'histoire que les enfants poursuivent au gré de leur fantaisie : « Ouvrons le livre géant de notre imagination. Ce matin-là, alors que les petits renards dormaient encore… » ou « Un ballon rouge rêvait de partir en voyage… » (3 ans). La suite de l'histoire peut être développée à partir d'images tirées au hasard : animaux, objets. (4 ans)

• Trouve un mot commençant par telle lettre

Faire nommer des animaux, des aliments, des objets ou des sentiments commençant par une lettre annoncée. Par exemple, un animal dont le nom débute par c : chien, chat, cochon, canard, coq, cerf, etc. (7 ans)

• Imitation de bruits d'animaux

Nommer des animaux connus des enfants et leur demander de les imiter : gazouillis, miaulements, grognements, etc. (2 ans)

• Un brin de causette

Demander aux enfants ce qu'ils aiment faire en famille, ce qu'ils préfèrent à la garderie, etc. (3 ans)

B. Jeux d'observation visuelle

• Jeu d'observation instantanée

Poser des questions aux enfants pour repérer dans leur environnement des objets qui correspondent à des caractéristiques énoncées :

« Nomme un objet dans la pièce qui est plus petit que ta chaussure. »

« Qu'est-ce que je porte sur moi qui brille ? »

« Nomme un objet dans le local, qui est bleu. »

« Nomme le plus petit objet qui se trouve ici. »

« Qui a les yeux bruns parmi les enfants du groupe ? »

(4 ans)

- **Capter une image**

Montrer une grande image (un paysage, un animal, un aliment, etc.) aux enfants et leur demander de la photographier dans leur tête en fermant leurs yeux pour bien la visualiser sur les plans de la couleur, de la forme, des textures. Cette partie peut se faire sans parler. Demander aux enfants ce qu'ils ont remarqué de l'image. (5 ans)

- **Qui est le chef des robots ?**

Demander à un joueur de s'isoler du groupe pendant quelques instants. Celui-ci aura à jouer le rôle d'un scientifique qui a inventé des robots devenus très indisciplinés. Les autres participants forment un cercle, assis au sol, dans lequel se trouve un chef qui a été nommé pour désorganiser le groupe de robots. Lorsque le chef fera un geste convenu d'avance, tous les robots le suivront. Puis, faire revenir le scientifique qui se place debout au centre du groupe. Au signal donné discrètement par le chef, les robots se désorganisent. Le scientifique tente alors de trouver qui est le chef. (7 ans)

- **« Regarde bien ! »**

Un meneur de jeu fait virevolter un foulard léger dans les airs, une mince feuille de papier, un bout de pellicule cellophane de couleur ou une plume. Tant que l'objet flotte, les enfants exécutent une action silencieuse demandée (se gratter le nez, contracter les poings, écarquiller les yeux). Dès que l'objet touche le sol, les enfants cessent l'action. (3 ans) Variante : s'en tenir à regarder et à écouter le son de l'objet qui tombe au sol.

- **Jeu de Kim**

Disposer des objets familiers sur une table (trois suffisent au début). Les enfants les observent. Recouvrir les objets d'un tissu puis demander aux enfants de les nommer. Poser diverses questions : « Quel objet sert à… ? ; Quel objet est bleu ? ». (3 ans) Variante : enlever un objet ou en ajouter un et demander aux enfants de l'identifier après avoir retiré le tissu.

• Comme dans un miroir

Inviter les enfants à imiter les gestes faits par l'éducatrice comme s'ils étaient devant un miroir. (2 ans)

• Une description détaillée

Choisir un objet bien en vue et proposer aux enfants d'en faire une description détaillée : couleur, forme, usage habituel, dimension. Il peut s'agir d'un vêtement que l'on porte. (3 ans) Variante : Un enfant est choisi pour être observé. À l'insu des autres, il apporte un changement à son allure (coiffure, vêtement). Les enfants tentent de deviner ce qui a été changé. (5 ans)

• Des images sur la table

À partir d'images apposées sur la table, poser des questions aux enfants : « Où est le chat ? » ; « Devant qui est la grenouille ? » ; « Que tient dans ses mains la petite fille qui porte des lunettes ? ». (3 ans)

C. Jeux d'attention auditive

• Qu'est-ce que tu entends ?

Laisser tomber un objet familier (crayon, ballon, cuillère, assiette en carton) au sol pendant que les enfants ont les yeux fermés. Demander aux enfants de deviner de quel objet il s'agit. (3 ans)

• À vos ordres !

Demander aux enfants de répondre aux demandes fantaisistes de l'éducatrice : « Quilibi : tendre l'index. Watawa : fermer la main. Gurubu : tourner la paume de la main vers le sol. Mogogo : tourner le dos de la main vers le sol. Etc. » (5 ans) Variante : demander des idées de mots et de gestes aux enfants.

• Quelle est cette chanson que tu entends ?

Murmurer diverses chansons connues des enfants et leur faire deviner de quelles chansons il est question. (3 ans)

- Quelle est cette chanson sur mes lèvres ?

Articuler exagérément les paroles d'une chanson connue des enfants et leur demander de deviner de laquelle il s'agit. (4 ans)

- « Ouvre grand tes oreilles »

Faire deviner aux enfants les sons entendus dans l'environnement : « Qu'est-ce qu'on entend qui vient du corridor ? » « Qui pleure dans le local des petits ? » (2 ans) Variante : identifier des sons à partir d'un CD.

- « Qu'y a-t-il dedans ? »

Remplir de petites boîtes opaques vides de diverses substances : riz, sable, papier chiffonné. Produire des sons à partir de ces contenants et demander aux enfants de deviner ce que la boîte contient. (4 ans)

- « Fais comme moi »

Produire des rythmes simples dans les mains et demander aux enfants de les reproduire à leur tour. (3 ans)

- « Trouve l'erreur »

Insérer des erreurs dans le récit d'une histoire bien connue des enfants et leur demander de les repérer. (4 ans)

- « Suis-moi de ton doigt »

Demander aux enfants de fermer les yeux. Se déplacer en parlant ou en faisant divers sons. Les enfants suivent d'une main la voix ou les sons qui se déplacent. (5 ans)

- « Faites ce que je dis et non pas ce que je fais »

Nommer une action mais en mimer une autre. Par exemple, demander de faire semblant de se brosser les cheveux alors qu'on se brosse les dents. Les participants doivent faire ce qui est demandé et non ce qui est observé. (7 ans)

- « Vive les statues ! »

Inviter les enfants à danser au son de la musique et de s'immobiliser à l'arrêt. On peut remplacer la musique par des extraits de chansons que l'on fredonne. (3 ans) Variante : proposer de devenir une statue croche, petite, rieuse.

D.   Jeux visuo-manuels

• Des bouteilles attrayantes

Remettre aux enfants des bouteilles en plastique transparentes, résistantes et fermées hermétiquement, remplies d'eau et de confettis métalliques ou de colorant alimentaire. Inviter les enfants à les agiter et à observer les effets visuels obtenus. (2 ans)

• Albums à images ou à photos

Mettre à la disposition des enfants des albums d'images de fabrication artisanale contenant des dessins personnels, des photos de groupe prises à divers moments, des images de vieux calendriers ou de cartes de souhaits recyclées, des découpures intéressantes de magazines, qu'ils pourront feuilleter à leur guise. Il existe sur le marché de petits albums à photos avec des pochettes en plastique pour protéger les images. On peut regrouper des illustrations se rapportant à divers thèmes tels les aliments, les animaux, les personnes issues de minorités visibles, les moyens de transport, les sentiments, les paysages, les photographies prises lors des sorties. En SGMS, les plus vieux peuvent participer au montage de ces albums thématiques dans lesquels il serait bien de mettre en valeur la bonté, la santé et la joie de vivre par le choix d'images inspirantes. On peut également capter des moments de vie à l'aide d'un appareil photo et garnir les albums des photos prises. Il est conseillé de prévoir un album d'images ou de photos par enfant. (2 ans)

• Des sacs ou des contenants « surprises »

Offrir aux enfants des petits sacs à poignée attrayants ou des petites boîtes en plastique avec des pièces d'un vieux casse-tête, des photos plastifiées, un petit miroir incassable, des gants à enfiler, qu'ils exploreront à leur guise. (2 ans)

E.   Jeux symboliques

• De l'imagination en boîte

Présenter aux enfants de petites trousses thématiques faciles à manipuler, faciles à sortir et à ranger, contenant divers objets intéressants et sécuritaires avec lesquels les enfants imaginent leur propre scénario (figurines d'animaux, marionnettes ethniques, images plastifiées de bébés). (3 ans)

• Marionnettes

Permettre aux enfants de jouer avec des marionnettes (à tige, à doigts, à gaine). (3 ans)

• « À quoi cela te fait-il penser ? »

Proposer des analogies à partir d'un simple objet : un cylindre peut me faire penser à une lunette d'approche ou à un télescope, une balle à un fruit, une feuille à une assiette. (4 ans)

• Drôles de dormeurs

Jouer à demeurer immobile, les yeux ouverts, le plus longtemps possible. Cligner des yeux et respirer sont les seules actions permises. Un magicien désigné s'affaire à déranger ces drôles de dormeurs en faisant des grimaces, en cherchant à les déstabiliser sans toutefois les toucher. (6 ans)

• Mime, mimons, mimez

– Mimer des actions simples que l'on suggère aux enfants. Par exemple, un chat qui s'étire, une fleur qui bouge au vent, un papa qui berce son bébé. (2 ans)

– « Mime un animal qui rampe ou l'une des actions que tu as faites dehors tout à l'heure. » (3 ans)

– Mimer des sentiments variés : joie, tristesse, gêne, colère, etc. (3 ans)

– Mimer une action familière en faisant de très petits ou de très grands gestes : se brosser les dents très lentement, enfiler un chandail rapidement, manger lentement comme une tortue. (3 ans)

11 • Les attentes inévitables

Une chanson à gestes ou une ronde s'avère un excellent moyen de se regénérer après une activité calme et statique.

F. Jeux audiovisuels

• Des chansons en images

Faire entendre des comptines et des chansons connues à partir d'images qui leur ont été associées. Permettre aux enfants de manipuler les images. Suggestion : rassembler au préalable les images dans une boîte ou un cahier à anneaux. (2 ans)

• « Regarde ce que je fais et fais comme moi »

Suggérer aux enfants de reproduire des gestes annoncés et mimés : « Mains sur la tête, mains sur les épaules, index sur le nez. » (2 ans) Variante : faire des incohérences entre les gestes exécutés et ceux qui sont annoncés pour amener les enfants à trouver l'erreur. (4 ans)

- Des livres et des histoires

Raconter une histoire à l'aide d'un livre. Les bibliothèques municipales ou scolaires offrent de nombreuses publications intéressantes en littérature jeunesse. (2 ans)

G.   Jeux de dextérité manuelle

- Jouer à enfiler des gants

Proposer aux enfants d'exercer leur habileté à enfiler des gants en tricot de type « une grandeur ». (3 ans)

- Un gant à velcro

Recouvrir des gants de bande velcro avec la partie rugueuse. Proposer aux enfants de pêcher avec ces gants dont la partie rugueuse du velcro servira à agripper des images en feutrine ou en tissu. (2 ans)

- Bon couvercle, bon contenant

Suggérer aux enfants de visser et de dévisser des couvercles sur des contenants en plastique correspondants. (3 ans)

- Tourner les pages

Offrir l'opportunité aux enfants de manier de petits albums garnis de photos ou d'images. (2 ans)

- Crouch, crouch le velcro !

Faire agripper et détacher par les enfants des bandes de velcro. (2 ans)

- Divers objets à manier

Mettre à la disposition des enfants divers objets intéressants à manipuler : CD usagés, ventouses de baignoire, cartes de jeu, porte-clés, coquillages, petits rouleaux de peinture, échantillons commerciaux de couleurs de peinture, très gros boutons à enfiler, etc.

H. **Jeux de motricité globale**

• Un déplacement amusant

Proposer aux enfants de faire un parcours moteur simple, par exemple, marcher sur des pierres magiques imaginaires, contourner des meubles, passer sous une chaise, marcher sur un tracé. Le trajet peut mener à un endroit imaginaire comme un château où l'on se lavera les mains. (3 ans)

• Attention de ne pas la faire tomber

Inviter les enfants à se déplacer d'un endroit déterminé à un autre comme aux toilettes avec une éponge propre sur la tête et ce, sans la faire tomber. (3 ans)

• Jean dit

Faire le jeu de Jean dit : « Jean dit de mettre tes mains sur ta tête. » (Les enfants exécutent l'ordre donné) « Il dit de boucher tes oreilles ». (Les enfants ne font rien). (5 ans)

• Sur un air de danse

Faire entendre une musique entraînante et proposer aux enfants de danser librement au son de la musique. Interrompre régulièrement la musique pour faire la statue. (2 ans) Variante : mettre en charge un enfant de faire clignoter les lumières du local en suivant la musique.

• Pour se réchauffer

Recourir à une comptine pour faire dégourdir ou réchauffer les enfants.

Brr, brr, brr (faire semblant de grelotter)
Il fait froid, froid, froid
Pour se réchauffer, nous allons sauter
Sur un pied, sur l'autre pied
Tournez, tournez, arrêtez
Nous sommes réchauffés.

- Jeux d'étirement

Pour aider les enfants à se calmer et à se préparer à une activité exigeant attention et concentration, leur proposer des exercices d'étirement. En voici quelques-uns : (2 ans)

– Le papillon

Mimer lentement la métamorphose d'un papillon : cocon, chenille, déploiement des ailes, envol, premier vol. Prendre soin de clore l'enchaînement des mouvements par une action calme comme le repos du papillon sur une belle fleur.

– Le ballon s'envole

Tenir un bouquet de ballons imaginaires. Le relâcher puis attraper le plus de ballons possible.

– Chatouillis sur le plafond et le mur

Faire semblant de chatouiller le plafond et les murs tout en gardant les pieds bien au sol et le corps à la verticale. Variantes : combiner deux gestes, par exemple, chatouiller le plafond avec un bras et le mur avec l'autre. Faire semblant de pousser sur les murs pour agrandir la pièce tout en gardant le corps droit.

– Les rayons de soleil

Repousser avec les mains les gros nuages dans le ciel gris pour laisser sortir un rayon de soleil. Puis, tirer sur les rayons un à un pour les déposer dans son cœur ou dans un panier imaginaire. Poursuivre avec d'autres rayons. À la fin, contempler le beau ciel dégagé.

– L'étoile et la planète

Couché au sol sur le dos, à une bonne distance les uns des autres, ouvrir les bras et les jambes pour former une étoile. Ensuite, se mettre en boule pour faire une planète. Alterner quelques fois les deux postures.

– Le chat

À quatre pattes, imiter le chat qui fait le dos rond et le dos creux, et qui s'étire. Enchaîner les mouvements quelques fois.

– La coccinelle

Debout, le corps penché vers l'avant, laisser osciller les bras détendus jusqu'à l'arrêt complet. Imaginer qu'à chaque extrémité des mains se trouve une coccinelle qui se balance.

– La fleur

Imiter une fleur qui s'ouvre lentement. Commencer en position accroupie et continuer en ouvrant graduellement les membres tout en se hissant sur la pointe des pieds.

– Un coin tranquille

Aménager un espace de tranquillité, par exemple, un petit endroit confortable garni de coussins, de livres, d'albums d'images apaisantes à regarder en solitaire. Le périmètre de repos peut être indiqué par un ruban fixé au sol.

I. Jeux de respiration

Pour les débutants, trois répétitions de chacun des exercices de respiration suivants suffisent généralement alors que pour les habitués, on peut les augmenter à cinq. Comme but premier, il faut viser le plaisir des enfants. Il est bon de garder à l'esprit que l'expiration constitue la phase du cycle respiratoire la plus calmante, car elle permet le relâchement des tensions

– Le nez du petit cochon

Faire une respiration régénératrice dérivée du yoga : un doigt légèrement appuyé sur le bout du nez pour le relever, inspirer par le nez et puis expirer doucement par la bouche en gardant l'index sur le nez. Reprendre le tout trois à cinq fois. Réalisées de cette manière, l'expiration et l'inspiration sont davantage ressenties, donc bénéfiques. (4 ans)

– Les chandelles

En écartant les cinq doigts d'une main, représenter un chandelier dont des chandelles imaginaires sont allumées. Éteindre doucement les chandelles en expirant longuement sur chacune d'elles ; replier les doigts au fur et à mesure. (4 ans)

– Que ça sent bon !

Cueillir des fleurs imaginaires et les humer une à une avant d'en faire un magnifique bouquet. (2 ans)

– Un soupir de soulagement

S'amuser à soupirer de manière exagérée, en haussant les épaules (inspiration), puis en les relâchant (expiration). (3 ans)

– Le vent

Imiter le son du vent en soufflant avec la bouche : vent léger, vent fort, alternance des deux. (2 ans)

J.   Jeux olfactifs

• Quelle est cette odeur ?

En complicité avec les enfants, porter attention aux odeurs agréables qui circulent dans l'air ambiant : « Il y a une odeur qui vient de la cuisine. Qu'est-ce que ça peut bien être ? » Apprécier l'odeur des mains propres après le lavage des mains. (2 ans)

• Des sachets odorants

Humer des sachets hermétiques de pot-pourri de fabrication artisanale ou des petits savons recouverts de tulle. Éviter les mélanges d'odeur. (2 ans)

K. Jeux tactiles

• Un dessin dans le dos

Inviter les enfants à s'assoir deux par deux au sol, l'un derrière l'autre, et à faire des dessins avec un doigt sur le dos de leur partenaire. Leur demander ensuite de deviner de quoi il s'agit. Inverser les rôles. On peut suggérer un thème : les formes, les lettres, les aliments ; on peut aussi faire le jeu sans devinette uniquement pour le plaisir sensoriel. (4 ans)

• Des textures à profusion

Manipuler du matériel sécuritaire aux diverses textures. Distinguer quelques caractéristiques : rugueux, doux, piquant, en plastique, en tissu, en caoutchouc, en cuir, en papier, etc. On peut en faire un jeu de devinette avec les yeux fermés. (2 ans)

• Débarbouillette gelée

Mettre des débarbouillettes propres au congélateur en leur faisant prendre diverses formes. En remettre une à chaque enfant qu'il modèlera à sa manière. (3 ans)

• Devine ce que tu touches

Faire palper sans regarder des objets familiers placés dans une boîte : élastique, bouton, coton tige, crayon, ruban, etc. « Trouve quelque chose pour écrire. » « Un objet qui sert à mesurer. » (4 ans)

L. Jeux vocaux

• La fête des comptines et des chansons

Reproduire des comptines ou des chansons à gestes. Le folklore recèle de nombreuses comptines et chansons qui conviennent bien aux enfants : *Alouette, La laine des moutons, Michaud est monté, À la volette, Meunier, tu dors*. Trouver sur Internet des sites intéressants qui offrent des chansons du répertoire traditionnel. D'autres créations inédites sont proposées sur le CD : *Rap pour tout le corps, La bambina, Les couleurs*. (2 ans)

• Une histoire en sons

Inviter les enfants à produire des sons : « J'ouvre la fenêtre (l'éducatrice ouvre grand les bras) et j'entends… un petit chat, des oiseaux, du vent, etc. (les enfants sonorisent les éléments nommés avec leur bouche, leur langue, leur souffle, etc.). Je ferme la fenêtre… (l'éducatrice referme les bras). Les sons se sont endormis… » Variante : on peut exploiter divers thèmes : campagne, ferme, bord de mer, tempête, ville, etc. (2 ans)

• Mal à la gorge

Inciter les enfants à abaisser le ton de leur voix en les invitant à parler comme s'ils avaient mal à la gorge. L'éducatrice fait de même pour donner l'exemple. (3 ans)

• « Sais-tu chuchoter ? »

Apprendre aux enfants à chuchoter en leur faisant prendre conscience que les cordes vocales demeurent inactives lors d'un chuchotement. En plaçant le dessus d'une main sur leur gorge, les enfants ressentent l'effet des vibrations dans le parler ordinaire et constatent leur absence dans le chuchotement. (4 ans)

M. Jeux graphiques

• Un dessin en attendant

S'occuper en attendant d'aller aux toilettes en gribouillant sur un tableau blanc installé au mur là où les enfants doivent patienter. (3 ans)

• Du dessin libre

Faire du dessin libre sur une grande feuille fixée au mur. Laisser le papier en place durant quelques jours et inviter les enfants à dessiner lors de temps morts. Encourager le dessin spontané sans recherche de performance ou de réalisme. (3 ans)

N. B. Éviter de donner aux enfants des feuilles de coloriage traditionnel qui briment leur créativité. De même, les exercices de pré-écriture et de pré-calcul devraient être limités, car il sont trop scolaires.

N. Automassages

- La crème fouettée

Demander aux enfants d'agiter les bras ou d'autres parties du corps pour faire de la crème fouettée imaginaire puis l'étendre doucement sur les jambes, le visage, les mains, etc. (2 ans)

- La pizza

Proposer aux enfants de pétrir de la pâte à pizza et de l'étaler sur leurs cuisses. Y étendre de la sauce aux tomates et les autres ingrédients avec différents gestes (petits cercles, tapotements, pianotage, effleurage, etc.); finalement, après avoir déposé le fromage râpé sur la pizza, la laisser cuire en s'allongeant au sol. (3 ans)

- Une parcelle de bien-être

Montrer aux enfants comment appliquer un soupçon de crème à main odorante sur leur visage, leurs mains ou leurs avant-bras. Pour les enfants souffrant d'allergies cutanées, la crème solaire fournie par les parents peut très bien faire l'affaire. Ce sont généralement les fragrances délicates de fruits comme l'orange ou la fraise qui ont la faveur des enfants. (4 ans)

- Une sensation « sensas »

Inviter les enfants à se faire un doux massage des joues, de la nuque, du front, des sourcils, des oreilles, des épaules, etc. Varier la pression pour trouver celle qui convient le mieux. (3 ans)

- Un dessin tactile

Se faire un dessin imaginaire sur un avant-bras, l'effacer puis recommencer. (4 ans)

O. Jeux pour attirer l'attention

Il arrive souvent que l'éducatrice ait à demander l'attention des enfants pour leur donner une information ou leur expliquer une activité. Au-delà des simples consignes verbales, les moyens visuels ou les effets sonores offrent l'avantage d'amuser les enfants tout en les amenant à mieux collaborer.

- Présenter en *rap* les directives à donner aux enfants. (2 ans)

- Utiliser un porte-voix artisanal comme un cylindre rigide en carton, pour s'adresser aux enfants. Les mains placées de chaque côté de la bouche peuvent également servir d'amplificateur. (3 ans)

- Utiliser des signaux verbaux pour demander le silence ou l'attention : (5 ans)

1) par un appel suivi d'un écho

Appel de l'éducatrice		Réponse des enfants
PARA	–	CHUT
ou		
GOMME	–	BALLOUNE
ou		
RATAPOUMTIPOUM	–	POUM POUM
ou		
HÉ HO	–	HO HÉ

Suggestions : composer des cris de ralliement avec les enfants d'âge scolaire. Faire une pause de cinq secondes après la réponse des enfants avant de reprendre la parole avec une voix posée. Changer l'appel souvent pour éviter que les enfants s'en lassent.

2) par un compte à rebours (4 ans)

a) 5 – 4 – 3 – 2 – 1 – 0 zip !

À zip, faire le mouvement de fermer la bouche comme s'il s'agissait d'une fermeture éclair.

Variante : dire les chiffres lentement et de plus en plus doucement.

b) Un lence, deux lences, trois lences, quatre lences, cinq lences… six lences (silence).

- **Chut ! Je suis au téléphone**

Utiliser à l'improviste un téléphone jouet pour simuler la réception d'un message envoyé par un personnage mystérieux. L'éducatrice joue le jeu de façon convaincante. « Les enfants, il y a quelqu'un au téléphone qui veut nous dire quelque chose… Je veux écouter ce qu'il a à dire… Chut ! Il nous dit que c'est le temps de se préparer à la sieste, etc. » (3 ans)

- **Un doigt magique**

Inviter les enfants à baisser la voix en mettant un doigt magique sur leur bouche. (2 ans)

- **Un à un**

Circuler parmi les enfants pour leur donner une information ou leur rappeler une consigne. Ajouter une petite caresse dans le dos. (2 ans)

- **Regarde !**

Utiliser un signal visuel, comme un gant farfelu qui attire le regard des enfants. Il peut s'agir aussi d'une affiche humoristique, d'un drapeau, de cartons de couleur ayant chacun leur signification propre. (2 ans)

- **Un visage illuminé**

Placer une lampe de poche sous le menton pour éclairer son visage et prendre une voix mystérieuse pour s'adresser aux enfants. (4 ans)

- **Chuchoter**

Parler à voix basse pour transmettre un message. (2 ans)

- **J'éteins les lumières**

Éteindre les lumières ou les faire clignoter pour attirer l'attention. (2 ans)

N. B. Éviter d'utiliser à outrance le « chut » traditionnel pour demander de garder le silence ou de baisser la voix. Employé de façon trop répétitive, ce son finit par agacer l'oreille et créer davantage d'irritabilité que de calme. Il est plus efficace de donner l'exemple en abaissant soi-même le ton.

11.4 COMPTINES ET CHANSONS

Chanter, scander des paroles en rythme, repasser le répertoire de chansons demeurent des moyens très efficaces pour attirer l'attention des enfants tout en les occupant de manière agréable.

A. Pour demander le calme

1
La fête du silence
(comptine)

Que vienne le silence
Pour qu'on avance
(pour qu'on mange, etc.).
Que la fête commence
La fête du silence!

2
Zip zap zoup
(comptine à gestes)

Zip zap zoup (en faisant semblant de « zipper » sa bouche)
On écoute… (en touchant l'oreille avec l'index)

3
Le silence viendra
(comptine)

Je me tairai
Tu te tairas
Il se taira
Chacun de nous se taira
Et le silence viendra.

4
Chapeau pointu
(comptine à gestes)

Chapeau pointu
Nez crochu
Menton fourchu
Bouche cousue.
(index sur la bouche
pour cesser de parler)

5
Les cloches

(comptine qui peut
être chantonnée)

Aux trois sons des cloches
La langue dans ma poche
Ding ding dong.
Chut!

6
À la ronde des muets

(comptine qui peut
être chantonnée)

À la ronde des muets
Sans rire et sans parler
Un… deux… trois…

7
Monsieur Silence

(chanson sur l'air de Frères Jacques)

Monsieur Silence (bis)
Où es-tu? (bis)
Sors de ta cachette (bis)
Chut! Chut! Chut! (bis)

B.   Pour faire patienter les enfants

1
Je ferme les yeux

(comptine à gestes)
Idée de Pascale Teulade
Adaptée par Nicole Malenfant

Je ferme un œil
Et puis l'autre œil
J'ouvre un œil
Et puis l'autre œil.
Je ferme les deux yeux
Un peu
Beaucoup
Très fort
Et je vois dans ma tête…
(imaginer quelque chose)

2
Bravo
(comptine à gestes)
Idée de Pascal Teulade
Adaptée par Nicole Malenfant

Pieds, pieds
Cuisses, cuisses
Ventre, ventre
Joues, joues
Tête, tête
Bravo !

Avec les mains, frapper doucement sur les parties du corps nommées. Frapper les mains ensemble à « bravo ». On peut reprendre le tout en y apportant des variantes : de plus en plus vite, avec une voix aiguë, grave ou saccadée.

3
Méli-mélo
(comptine à gestes)
Idée d'origine inconnue
Adaptée par Nicole Malenfant

J'ai deux yeux ici (montrer les yeux)
Un peu plus haut
J'ai des cils aussi (montrer les cils)
Un peu plus haut
J'ai deux sourcils (montrer les sourcils)
Un peu plus haut
J'ai des cheveux méli-mélo (secouer la tête puis s'immobiliser pour ressentir l'effet obtenu)

5
Les petits poissons

(Se trouve sur le CD) (chanson)

Paroles et musique : Michel Bonin

1. Les petits poissons au fond de l'océan
   Nagent tout en rond tranquillement.
   Et on les entend qui font doucement :
   P... p... p... p...

2. Les petits poissons au fond de la rivière
   Nagent en avant et en arrière.
   Et on les entend qui font doucement :
   P... p... p... p...

3. Les petits poissons au fond du p'tit ruisseau
   Viennent frétiller au bord de l'eau.
   Et on les entend qui font doucement :
   P... p... p... p...

   La, la, la, la...

6
Rap pour tout le corps

(Se trouve sur le CD) (comptine)

Par Nicole Malenfant

1. Avec ma tête, je fais oui
   Avec ma tête, je fais non
   Je recule à petits bonds
   Un, deux, trois, quatre (reculer à pieds joints)
   J'avance de la même façon
   Un, deux, trois, quatre (avancer à pieds joints)
   Je me tiens le dos bien droit
   J'ai l'air d'un soldat de bois.

   Interlude musical (danser librement)

2. Je lève un pied de côté
   Puis l'autre sans hésiter
   Je mets mes bras comme ça
   Je les replace contre moi.
   Je les monte, les descend
   Pareil à un cerf-volant.
   Je me penche en avant
   En arrière, j'en fais autant (marcher au pas sur place)

   Interlude musical (danser librement)

   REPRISE DE 1

   N. B. Faire les gestes correspondant aux paroles.

7
Les couleurs du bonheur

(Se trouve sur le CD)
(chanson)
Paroles : Nicole Malenfant
Musique : Monique Rousseau

J'aime le bleu comme un beau ciel tout bleu
J'aime le vert comme un sapin l'hiver
J'aime le blanc comme celui de tes dents
J'aime le rouge comme un soleil couchant.
J'aime toutes les couleurs : le bleu, le vert, le blanc, le rouge.
Pour moi le bonheur a tout plein de couleurs (bis).

8
La bambina

(Se trouve sur le CD)
(chanson à gestes)
Paroles : chanson traditionnelle adaptée par Nicole Malenfant
Musique : Monique Rousseau

Refrain :
> Danse, danse la bambina
> Danse, danse comme ça
> Danse, danse la bambina
> Danse et puis voilà ! Hé !

1. Bambina a dit : mains sur la têta.
Refrain
2. Bambina a dit : mains sur l'épaula.
Refrain
3. Bambina a dit : mains sur la hancha.
Refrain
4. Bambina a dit : mains sur le genouilla.
Refrain
5. Bambina a dit : mains sur la chevilla.
Refrain

Variante : remplacer Bambina par le prénom d'un enfant.

Chapitre 12

Pour mieux utiliser les comptines et les chansons

CONTENU DU CHAPITRE

12.1 La valeur pédagogique des comptines et des chansons dans la vie de groupe 385
    A. Les bienfaits des comptines et des chansons sur les plans physique et psychomoteur 386
    B. Les bienfaits des comptines et des chansons sur le plan cognitif.. 387
    C. Les bienfaits des comptines et des chansons sur le plan langagier.. 388
    D. Les bienfaits des comptines et des chansons sur les plans socioaffectif et moral........................... 388
12.2 Démythifier l'art vocal.. 389
12.3 Des comptines de désignation 393

Lors des activités de routine ou de transition, rien de mieux qu'une comptine ou une chanson entonnée avec joie pour attirer l'attention des enfants, détendre l'atmosphère dans un groupe agité ou encore pour stimuler la participation de quelques récalcitrants. Voilà un moyen facilement applicable, rapide et à effet socialisant pour les enfants.

En services éducatifs, l'éducatrice a de nombreuses raisons et occasions de recourir aux comptines et aux chansons. Chanter pour annoncer le moment de ranger, chanter pour occuper ceux qui doivent attendre au vestiaire, chanter pour apaiser un chagrin persistant, chanter pour retrouver sa bonne humeur, rythmer les paroles tout simplement pour le plaisir de le faire, chanter pour s'exprimer, pour mieux respirer, chanter aussi pour se rappeler qu'on est en vie… Indéniablement, chanter ou scander des paroles est un moyen pédagogique de valeur sûre et universellement populaire auprès des enfants.

La comptine et la chanson, en plus d'être bénéfiques au développement global de l'enfant, offrent de nombreux avantages dans le déroulement d'une journée en services éducatifs.

12.1 LA VALEUR PÉDAGOGIQUE DES COMPTINES ET DES CHANSONS DANS LA VIE DE GROUPE

Ce n'est pas un hasard si chanter et écouter une comptine ou une chanson engendre divers effets bénéfiques. Ce moyen agit comme un catalyseur sur l'affectivité des personnes, qui sert notamment à :

- créer un climat chaleureux et convivial où il fait bon vivre ;
- agrémenter les activités de routine et de transition ;
- rehausser l'intérêt et la motivation des enfants pour une tâche qui exige un effort ;
- donner des repères temporels aux enfants, par exemple, telle comptine annonce telle routine ;
- établir une communication autrement que par la parole ;

- attirer l'attention et apporter une diversion agréable ;
- installer plus facilement le début ou la fin d'une activité ;
- redonner de la bonne humeur et de l'énergie tant aux enfants qu'à l'éducatrice.

Plus en détails, voici les nombreux bienfaits que peuvent retirer les enfants des comptines et des chansons en plus des apprentissages qu'ils peuvent en faire.

A. Les bienfaits des comptines et des chansons sur les plans physique et psychomoteur

- **Reconnaissance auditive :** chanter ou entendre chanter permet de se familiariser avec des mots, des phrases, des rythmes, des silences, des mélodies et le phrasé musical. Grâce aux rimes, l'enfant se fait l'oreille aux consonances (pirou*ette* et cacahu*ète*) et aux assonances (*v*ache et *f*ace) dont la connaissance officielle se fera plus tard à l'école avec l'apprentissage de la lecture et de l'écriture.

- **Expression vocale et coordination motrice :** le chant favorise l'élocution, la prononciation (l'enfant arrive même à chanter des mots compliqués tels qu'hippopotame, somnambule, exténué, qu'il aurait peine à utiliser par la parole seulement) ; le chant habilite la synchronisation gestuelle (par des mimes et des gestes correspondant aux paroles), développe la conscience phonatoire et permet l'expression par la voix.

- **Schéma corporel :** chanter des chansons à gestes permet à l'enfant de découvrir son corps dans l'espace comme en mimant des actions évoquées par les paroles d'une chanson, de développer une image intériorisée de son corps, de connaître les parties de son corps.

- **Respiration et relaxation :** chanter ralentit le cycle respiratoire qui se fait alors plus aisément en créant ainsi un relâchement général des tensions musculaires. Chanter constitue une véritable gymnastique respiratoire qu'il est bon de faire plusieurs fois par jour. L'oxygénation accrue engendrée par le mouvement respiratoire lorsqu'on chante ou qu'on récite un texte en rythme s'avère bénéfique pour tout le métabolisme, et ce, à tout âge.

- **Digestion :** chanter ou utiliser sa voix fait baisser le niveau de stress et, par conséquent, facilite la digestion. Chanter, entendre chanter, rire et jouer avec la voix créent des émotions souvent très positives qui se répercutent favorablement sur l'ensemble des fonctions vitales de l'être humain.

B. Les bienfaits des comptines et des chansons sur le plan cognitif

- **Mémorisation :** chanter ou entendre chanter permet de développer la mémoire, condition essentielle pour former l'intelligence ; chanter permet d'apprendre de nouveaux mots, de nouvelles tournures de phrase, de reproduire des paroles et des enchaînements gestuels.
- **Concentration :** chanter augmente la capacité d'attention et d'écoute.
- **Représentation mentale :** l'utilisation et l'audition de comptines et de chansons rend possible l'évocation de personnages, d'objets ou de situations.
- **Créativité :** le chant stimule la créativité : l'invention de gestes, l'intérêt pour de nouvelles paroles, l'ouverture sur le monde par des chansons d'ethnies variées, la stimulation de l'imagination et du sens de l'émerveillement.
- **Association spatiotemporelle :** une chanson peut servir de repère pour rappeler une tâche, pour annoncer le passage d'une activité à l'autre.

- **Curiosité :** chanter stimule la curiosité pour le langage par la variété des mots présents dans les comptines et les chansons, par les sonorités et les rythmes divers que l'on y trouve.
- **Logique et compréhension :** chanter met en contact avec des récits réels ou fictifs et amène les enfants à faire la distinction entre les deux. La comptine tout comme la chanson racontent souvent une histoire qui développe la logique, la capacité de faire des liens de cause à effet ou de comprendre l'ordre chronologique des événements relatés.

C. Les bienfaits des comptines et des chansons sur le plan langagier

- **Développement du langage verbal :** chanter ou entendre chanter permet l'acquisition de nouveaux mots de vocabulaire, la composition de la phrase et la combinaison des mots dans une phrase ou un texte.
- **Développement du langage corporel et dramatique :** par les mimes, le mouvement expressif et la danse simple qui accompagnent les comptines et les chansons, il est donné l'occasion de bouger et d'exprimer des émotions.

D. Les bienfaits des comptines et des chansons sur les plans socioaffectif et moral

- **Découverte et appréciation de ses habiletés personnelles :** chanter favorise l'estime de soi, la connaissance de ses affinités et de ses limites personnelles, la fierté de se rappeler des paroles ou de trouver de nouveaux couplets.
- **Bien-être :** chanter crée le calme dans un groupe agité, renouvelle l'énergie des enfants fatigués ; chanter peut procurer une réelle détente chez les enfants anxieux.
- **Expression de ses sentiments :** chanter constitue une autre manière de s'exprimer, de se révéler, de manifester du plaisir,

d'être spontané et expressif, de rire et de s'amuser. Exercer sa voix à chanter ou jouer avec différents sons constitue une autre forme de langage par laquelle l'enfant exprime ses idées et ses sentiments.

- **Sentiment d'appartenance au groupe :** reproduire ensemble une ronde ou chanter une chanson favorise la complicité, le sentiment d'unité et d'appartenance à l'intérieur d'un groupe.

- **Interaction sociale :** exécuter des mouvements deux par deux, se tenir par la main pour faire une farandole en chantant, tenir compte des autres tout en se respectant soi-même, voilà d'autres effets possibles du chant.

12.2 DÉMYTHIFIER L'ART VOCAL

Plusieurs éducatrices diront qu'elles ne savent pas chanter ou qu'elles n'ont pas de voix ou d'oreille musicale. D'autres, qui croient chanter faux, évitent de chanter de peur de nuire au développement musical de l'enfant. Certaines évoquent tout simplement leur gêne personnelle ou la crainte de se sentir ridicules et s'abstiennent de chanter en présence des enfants. On sait très bien que les jeunes enfants ne jugent pas les adultes qui font quelques erreurs dans l'interprétation d'une chanson. Il ne faut surtout pas se priver du plaisir en tant qu'éducatrice de chanter ou s'en remettre exclusivement aux CD. Les conseils qui suivent tentent de démythifier l'art vocal en redonnant aux adultes le goût de chanter en direct en présence des enfants, dans le but premier d'agrémenter avec simplicité les nombreuses activités de routine et de transition.

- Chanter avec cœur, humilité et plaisir sans chercher à comparer sa prestation et son talent à ceux des chanteurs populaires.

- Chanter ni trop bas (grave), ni trop haut (aigu), ni trop fort. Si cela est nécessaire, s'aider du CD ou d'un enfant habile pour entonner la chanson dans un registre adapté à celui des enfants, car ceux-ci ont une voix plus aiguë que celle des adultes.

- Éviter de commencer la chanson en comptant préalablement « 1-2-3 ». Avec ce procédé, les enfants risquent d'entamer la chanson à différentes hauteurs, ce qui pourrait alors les faire chanter faux. Il faut tout simplement commencer à chanter pour voir les enfants suivre.

- Prendre un tempo (vitesse) modéré, ni trop lent ni trop vite, afin de permettre aux enfants de bien suivre les paroles. Il faut se rappeler que le débit vocal des enfants est plus lent que celui des adultes.

- Considérer l'intérêt qu'ont les enfants pour les mouvements et les gestes associés aux comptines ou aux chansons en choisissant un répertoire suggérant des gestes faciles à reproduire et adaptés à leur âge. Il peut s'agir de simples gestes marquant la fin des phrases. S'inspirer des élans spontanés observés chez des enfants pour ajouter des mimiques aux chansons.

Chanter en compagnie des enfants doit faire partie des habiletés de toute éducatrice.

- Accepter que les enfants de moins de 3 ans chantent peu ou ne chantent pas en groupe, trop occupés qu'ils sont à faire une seule chose à la fois, soit regarder les autres faire, soit s'en tenir à reproduire les gestes d'accompagnement. Tout au plus, ils peuvent insérer ici et là un mot qui se répète, les quelques paroles de la fin ou un son spécial qui se démarque pour enfin enchaîner le tout vers l'âge de 3 ou 4 ans. Ils sont alors devenus plus habiles et, par le fait même, plus intéressés à reproduire une comptine ou une chanson en entier et à combiner gestes et paroles.

- Il faut savoir s'arrêter de chanter lorsque les enfants démontrent des signes de fatigue ou du désintéressement. Malgré les arguments qui font valoir les bienfaits de la chanson, il faut éviter à tout prix de trop chanter ou de chanter en temps inopportun en présence des enfants. Savoir écouter, laisser l'enfant exprimer ses pleurs sans chercher à les faire taire par un divertissement vocal et privilégier le silence lorsqu'une situation l'exige se révèlent tout aussi importants.

C'est à l'adulte que revient le rôle d'assurer le déroulement de la comptine ou de la chanson. Sa participation vivante est très importante sur le plan affectif et une voix enregistrée ne saurait remplacer celle de l'éducatrice, aussi imparfaite soit-elle.

- Éviter de placer l'appareil audio ou le lecteur CD au sol et le mettre plutôt sur une table pour permettre une meilleure diffusion du son.

- Sacrifier, au besoin, un peu de précision dans l'exécution vocale afin de préserver le plaisir de chanter et la joie de faire l'activité ensemble.

- Ne pas corriger un enfant sous prétexte qu'il chante faux ou qu'il ne fait pas bien les gestes demandés, car c'est principalement son désir de chanter et son goût de jouer avec sa voix et son corps qui doivent prévaloir sur tout autre objectif.

- Accepter le fait que certains enfants préfèrent écouter les autres et les regarder faire au lieu de chanter. Il n'est pas rare de voir ces mêmes enfants reprendre à un autre moment les mêmes chansons entendues préalablement.
- Il est normal d'avoir à refaire les mêmes comptines et chansons avec les enfants de moins de 3 ans. En effet, ils redemandent souvent le même répertoire parce qu'ils ne s'en lassent pas. C'est un trait particulier des enfants de cet âge dont il faut tenir compte.
- Pendant une période donnée, utiliser la même chanson pour marquer une activité; cela permet aux enfants d'associer deux éléments l'un à l'autre.
- Il n'est pas rare de constater que des comptines et des chansons se transforment au fil du temps, d'un endroit à l'autre, d'un niveau d'âge à l'autre, puisque la transmission orale du répertoire chanté engendre naturellement des modifications souvent très originales. On n'a qu'à penser aux nombreuses versions existantes de la fin de la chanson *Bateau sur l'eau* pour le constater.

    > Bateau sur l'eau
    > La rivière, la rivière
    > Bateau sur l'eau
    > La rivière *et le canot* **ou**
    > La rivière *au bord de l'eau* **ou**
    > La rivière *et plouf dans l'eau*.

- Laisser les enfants inventer leur propre comptine ou leur ritournelle. Leur manifester qu'on apprécie leur création.
- Constituer un cahier de comptines et de chansons avec des images évocatrices; le mettre à la disposition des enfants pour qu'ils le parcourent à leur guise.

Il est intéressant de reprendre des chansons devenues familières aux enfants en leur apportant une nouveauté, comme de nouvelles paroles, une interprétation avec diverses émotions. L'encadré 12.1 propose divers procédés pour jouer avec les chansons.

Encadré 12.1   Quelques procédés pour jouer vocalement avec les chansons

- Remplacer les paroles d'une chanson connue des enfants par diverses onomatopées : broum... plouc... miaou... zip... mmm... etc.
- Reprendre la chanson avec des émotions diverses : joie, tristesse, colère, gêne, ou des expressions variées en chuchotant, en gardant la bouche fermée, en prenant une voix saccadée de robot, en muet, etc.
- Inventer de nouvelles paroles à des chansons : *À la claire fontaine, m'en allant polluer, j'ai trouvé l'eau si sale que j'ai changé d'idée...*
- Reproduire le rythme de la chanson dans ses mains tout en chantant.
- Taire des paroles d'une chanson, par exemple : *Au clair de la... Mon ami... Prête-moi ta... Pour écrire un...* Un geste représentatif peut remplacer chacun des mots manquants.
- Chanter de plus en plus doucement jusqu'au silence complet.

12.3   DES COMPTINES DE DÉSIGNATION

Le mot **comptine** vient du mot **compter**. Une comptine dans son sens premier est une formule enfantine chantée ou parlée servant à compter les enfants pour désigner celui à qui sera attribué un rôle dans le jeu. L'une des comptines très utilisées au Québec est sans aucun doute : *Ma p'tite vache a mal aux pattes, tirons-la par la queue, elle ira bien mieux dans un jour ou deux...* ; elle existe aussi en différentes versions selon les époques, les régions ou les groupes d'âge. Avec le temps, le mot **comptine** fut privé de son sens originel pour devenir un terme usuel signifiant un court texte parlé en rythme.

Il est intéressant d'avoir quelques comptines de désignation dans son répertoire afin d'être en mesure de choisir rapidement un enfant pour accomplir une tâche déterminée. Utilisées couramment, ces comptines permettent d'enrichir le vocabulaire des enfants en plus de jouer avec des mots parfois dépourvus de sens et qui les font rire.

À titre indicatif, nous présentons ici quelques comptines de désignation. L'éducatrice les récite en rythme en pointant successivement chacun des enfants avec son index. Une tâche, un ordre dans le déroulement d'une activité ou une place est assigné au dernier enfant pointé à la fin de la comptine.

1
Uni unel

Uni unel
Casin casel
Des raves, des choux
Des raisins doux.

2
Am stram gram

Am stram gram
Pic et pic et colégram
Bour et bour et ratatam
Am stram gram.

3
Les cigognes

Un gogne
Deux gognes
Trois gognes
Quatre gognes
Cinq gognes
Six gognes (cigognes).

4
Une oie

Une oie, deux oies
Trois oies, quatre oies
Cinq oies, six oies
Sept oies (C'est toi!).

5
Miniminimanimo

(procédé d'élimination progressive)

Miniminimanimo
Maticaire matimo
Mets ta main derrière ton dos.
(On continue jusqu'à ce que toutes les mains soient cachées)

6
Oh ! tchi tchi tchi

Oh ! tchi tchi tchi
O ma wé O ma wé
Oh ! tchi tchi tchi
One two three.

7
Le chat

Vois-tu le chat
Perché là-bas ?
Si tu y vas
Il est pour toi.

8
Tchip tchip

Tchip tchip oulélé
Le corbeau s'est envolé.
Tchip tchip oulélé
Yé !

9
À toi

Je pétris le pain
Pour qu'il soit bon comme le vin.
Je le donne à qui ?
Je ne sais pas.
Ah ! voilà
Je le donne à toi.

10
Mirlababi

(de Victor Hugo)

Mirlababi surlababo
Mirliton, ribon, ribette.
Surlababi, mirlababo
Mirliton, ribon, ribo.

11
C'est elle

Une aile
Deux ailes
Trois ailes
Quatre ailes
Cinq ailes
Six ailes
Sept ailes (c'est elle).

12
Citron !

Un tronc
Deux troncs
Trois troncs
Quatre troncs
Cinq troncs
Six troncs (citron).

13
Joli colibri

Kiwikiwini
Joli colibri
Devine qui…
Sera choisi.

14
Zig, zag, zoug
Zig, zag, zoug
Ziguons, ziguez
Zigomar.

15
Petit nez cocotier
Boule de gomme
Bouton d'or
Petit nez cocotier
Qui sera le premier?

Chapitre 13

Le développement du langage verbal dans les activités de routine et de transition

CONTENU DU CHAPITRE

13.1 Moyens et attitudes pour stimuler le développement du langage verbal 401
13.2 Jeux langagiers 405
    A. Objets à repérer (3 ans et plus) 405
    B. Marionnette en action (2 ans et plus) 405
    C. La chasse aux lettres (4 ans et plus) 405
    D. Imitation sonore (2 ans et plus) 406
    E. Une histoire en sons (3 ans et plus) 406
    F. Les parties jumelles du corps (3 ans et plus) 406
    G. Devinette chuchotée (3 ans et plus) 407
    H. Le téléphone arabe (4 ans et plus) 407
    I. Le téléphone magique (2 ans et plus) 407
    J. Les mille et une couleurs de la voix (3 ans et plus) ... 407
    K. Qui suis-je? (2 ans et plus) 407
    L. Dis-moi ce que je mime (3 ans et plus) 408
    M. Histoire enchaînée (3 ans et plus) 408
    N. Jeu de surprise (2 ans et plus) 408
    O. Retour sur des comptines et des chansons connues (2 ans et plus) 408
    P. Les rimes (4 ans et plus) 409
    Q. Gymnastique pour la mémoire (5 ans et plus) 409
    R. Une séance de rires (4 ans et plus) 409
    S. À l'envers (6 ans et plus) 409
    T. Des exercices de diction (6 ans et plus) 409
    U. Une nouvelle langue (7 ans et plus) 410
13.3 Le français parlé des adultes 410

L'acquisition de la parole joue un rôle capital durant les premières années de la vie. À cet égard, les programmes pédagogiques des services éducatifs réservent une place de choix au développement des habiletés langagières de l'enfant. L'expression verbale des émotions et des idées de même que la compréhension d'un langage parlé de plus en plus complexe sont stimulées par les interactions avec les autres et par différentes formes de représentation de l'univers telles que les images, les livres, les objets.

Le langage est un important outil de communication lié au développement cognitif de l'enfant. Comprendre et produire un message, entamer et entretenir une conversation exigent l'utilisation des ressources de la langue parlée. De plus, le langage constitue un moyen privilégié de socialisation et de connaissance du monde. Au regard de ce constat, l'éducatrice veillera à amener l'enfant à développer ses facultés langagières orales de diverses façons – chansons, récits, échanges – en profitant au maximum des multiples occasions qu'offrent les activités de routine et de transition.

13.1 MOYENS ET ATTITUDES POUR STIMULER LE DÉVELOPPEMENT DU LANGAGE VERBAL

L'enfant apprend à parler en écoutant les autres personnes de son entourage. Il importe de s'adresser à lui fréquemment, sans toutefois l'envahir avec nos paroles. Il vaut mieux établir avec lui une véritable communication, avec des questions, des réponses et des silences ; recourir, au besoin, au langage non verbal sans oublier d'ajouter à l'échange une touche de chaleur humaine.

Le niveau de langage employé par l'éducatrice devrait encourager à développer le vocabulaire des enfants et leur compréhension de concepts et de relations logiques (Japel et autres, 2010, [En ligne] [www.ccl-cca.ca]). Grâce au vocabulaire riche et varié de l'éducatrice, l'enfant est exposé à un grand nombre de mots. À un enfant d'âge préscolaire intéressé par les camions et qui connaît déjà le mot camion, l'éducatrice pourra nommer le type de camion avec lequel il joue : « C'est un camion benne. » L'étendue et la richesse du vocabulaire de l'enfant avant les premières années de scolarité est un facteur déterminant d'un bon apprentissage de la lecture (Japel et autres, 2010, [En ligne] [www.ccl-cca.ca]).

Les activités de routine et de transition doivent être organisées de telle manière que l'éducatrice ait du temps pour la conversation et le rapprochement avec chacun des enfants. Il convient également d'accorder une attention particulière à ceux qui sont plus retirés, plus effacés et moins portés à parler.

En réagissant aux réponses verbales et non verbales de l'enfant, le monologue se transforme en dialogue. Des expressions comme « Wow ! », « C'est vrai ? », « Ah ! Oui… », « Hum… », un mot, un hochement de la tête, un regard, un sourire indiquent à l'enfant que l'éducatrice s'intéresse à ce qu'il raconte, et cela l'incite par conséquent à poursuivre l'échange.

L'histoire est une activité de transition très populaire auprès des enfants. Racontée avec expression par l'éducatrice, elle permet de stimuler le langage.

Lorsqu'on observe une éducatrice en train de parler à de jeunes enfants, on peut remarquer qu'elle les entretient souvent sur des choses qui se situent au présent. Elle décrit ce qui est en train de se passer : «Tiens, un morceau de pomme pour toi, Leila. Goûte, tu vas voir comme c'est bon». «Je me demande bien ce que la cuisinière prépare en ce moment. Ça sent tellement bon!»

En cherchant une interaction avec les enfants, l'éducatrice peut aller au-delà du présent et parler de situations qui viennent de se produire ou qui se sont passées plus tôt dans la journée : une activité, une nouvelle histoire, une sortie au parc. Avec les plus jeunes ou les enfants démontrant des difficultés de langage, il est préférable de s'en tenir au passé immédiat (avant la collation, ce matin quand ta maman est venue te conduire) et d'intégrer le passé plus éloigné (hier, la semaine passée, à Noël) avec les enfants plus âgés. De même, il vaut mieux se limiter au futur immédiat (tout à l'heure, après être allé dehors nous ferons des biscuits) avec les tout-petits et ajouter le futur éloigné (dans trois dodos, la semaine prochaine, au printemps) avec les trois ans et plus. Il est bon de mentionner les événements futurs – une visite, une routine – en aidant l'enfant à anticiper et à deviner ce qui va arriver : « Qu'est-ce qu'on va faire tantôt avant d'aller dehors ? »

Pour inciter les enfants à parler, l'éducatrice pose des questions ouvertes qui suggèrent une réponse autre que oui ou non, ou qu'un simple mot : «Pourquoi doit-on se laver les mains avant le dîner ?»; «Qu'est-ce qu'on pourrait faire pour que ton habit de neige tout mouillé sèche ?»; «Que vas-tu rapporter à la maison ?» Les principaux mots clés servant à formuler des questions ouvertes sont : Qu'est-ce que ? Pourquoi ? Quand ? Où ? Comment ?

Pour susciter une interaction verbale, l'éducatrice peut interroger les enfants sur les objets qui les entourent : «Qu'est-ce que c'est ?» ou demander à ceux qui ont de la difficulté à parler de pointer les objets nommés : « Où est ton chapeau ? » « Où vas-tu ranger ton dessin ? » Après avoir posé une question à l'enfant, il est important de lui accorder suffisamment de temps afin qu'il puisse s'exprimer. Pour éviter de répondre à sa place, de le presser de répondre ou de lui apporter précipitamment des indices, on peut s'efforcer de compter de cinq à dix secondes dans sa tête ou en profiter pour respirer profondément. Ne l'oublions pas, l'enfant a besoin de plus de temps que nous pour formuler sa pensée et répondre aux questions qu'on lui pose.

Pour aider un enfant bavard à se limiter quand vient son tour de parler lors d'ne causerie, l'éducatrice peut utiliser un sablier ou un bâton de la parole. Ce moyen a l'avantage, surtout s'il est bien présenté et utilisé à l'occasion seulement, de répartir équitablement le temps de parole parmi les conteurs chevronnés.

Sans s'improviser orthophoniste, l'éducatrice doit demeurer attentive aux erreurs et aux difficultés évidentes et persistantes chez l'enfant, par exemple, les sons difficiles à prononcer, le bégaiement, le zézaiement, l'absence de paroles ou encore la difficulté à comprendre ou à entendre. Peut-être devra-t-elle suggérer aux parents de faire vérifier le niveau d'audition et d'attention de leur enfant par un spécialiste. Même s'il ne revient pas à l'éducatrice de poser un diagnostic professionnel, elle a cependant le devoir de rapporter aux parents ses observations sur les difficultés langagières de leur enfant ainsi que leurs effets sur son développement global.

Une pratique langagière des plus bénéfiques est certes l'utilisation de comptines et de chansons, comme on l'a vu au chapitre précédent. Une chanson est très utile pour annoncer le début ou la fin d'une routine, l'approche d'une transition ou pour suggérer le calme en plus de stimuler le langage. La voix chantée ou rythmée fascine les jeunes enfants tout en mobilisant leur attention. Par ailleurs, les comptines et les chansons favorisent l'acquisition de nouveaux mots de vocabulaire (lumignon, moulin, macaron, ouistiti), la découverte de phonèmes (écur**euil**, gre**nouille**, bon**homme**), l'éveil à de nouvelles constructions de phrases (La laine des moutons, c'est nous qui la lavons…) en plus d'exercer l'écoute, la concentration et la mémorisation sans oublier la valeur inestimable de la transmission culturelle.

Pour soutenir le développer langagier des enfants, l'éducatrice est invité à organiser des petits jeux à divers moments de la journée. La partie 13.2 regroupe des idées de jeux de langage.

13.2 JEUX LANGAGIERS

A. Objets à repérer (3 ans et plus)

Demander aux enfants de nommer des objets de l'environnement immédiat ou lointain ayant une couleur particulière (vert, noir, rose) ou une autre caractéristique : forme, dimension, utilité. Avec les enfants de 4 ans et plus, on peut recourir à la fantaisie en repérant des éléments très petits comme un orteil de puce, une tache de coccinelle, un grain de beauté.

B. Marionnette en action (2 ans et plus)

Utiliser une marionnette « parlante » pour inviter les enfants à accomplir une tâche : enfiler les chaussures, se rassembler, se mettre à table. Une vieille chaussette ou une marionnette à doigt peut très bien se transformer en personnage à animer. Il suffit d'y aller avec un ton de voix enjoué pour attirer l'attention des enfants.

C. La chasse aux lettres (4 ans et plus)

Aider les enfants à repérer de manière impromptue des lettres et des mots-clés qui se trouvent dans l'environnement quotidien : sur des vêtements, des affiches, des tubes de dentifrice, des tableaux de tâches. Comme variante, on peut suggérer de manier des lettres et des chiffres à l'aide de casse-tête ou de moquette aux formes de lettres.

D.   Imitation sonore (2 ans et plus)

À partir de son appareil vocal, imiter le bruit caractéristique d'animaux, d'objets, de personnages, d'éléments de la nature : le trot du cheval, le ronronnement du chat, le vent, le ressac de la mer, le moteur d'une auto, le murmure d'une voix qui endort un bébé, le silence de la nuit. Ces reproductions vocales activent les diverses parties de l'appareil phonatoire sollicitées par la parole : langue, dents, cordes vocales, lèvres, mâchoires.

E.   Une histoire en sons (3 ans et plus)

Proposer aux enfants de reproduire à l'aide de leur appareil vocal des bruits évocateurs suggérés dans une courte histoire racontée par l'éducatrice.

Ce matin-là, Trottinet, le petit cheval, était de bonne humeur. Il trottait gaiement dans le vert pâturage (claquements de langue). *Le soleil resplendissant et le parfum chatoyant des fleurs* (inspiration profonde) *l'invitaient à partir à l'aventure. C'est alors qu'il eut l'idée de se rendre à l'étang où vivaient ses amis, les canards de madame Bambeline. On entendait le petit cheval qui galopait à travers les champs* (claquements de langue). *Rendu à l'étang, Trottinet était bien essoufflé* (respiration bruyante). *Il prit le temps de reprendre son souffle* (diminution du bruit de la respiration). *Pendant ce temps, les canards se reposaient paisiblement* (doux cancanements). *Trottinet avait hâte de leur annoncer son arrivée en hennissant très fort* (hennissement retentissant). *Entre deux plaisanteries, le petit cheval aimait écouter le vent* (bruit du vent) *qui faisait danser sa belle crinière. Puis…* (Les enfants sont invités à trouver une suite et une fin à l'histoire.)

F.   Les parties jumelles du corps (3 ans et plus)

Suggérer aux enfants de nommer et de pointer des parties jumelles du corps : bras, narines, yeux, pieds, fesses, épaules, mâchoires, lèvres. Comme variante pour les enfants plus âgés, on peut enrichir le vocabulaire anatomique, par exemple, clavicules, chevilles, poignets.

G.   Devinette chuchotée (3 ans et plus)

Faire deviner un mot ou une courte phrase simple que l'on chuchote ou articule doucement du bout des lèvres.

H.   Le téléphone arabe (4 ans et plus)

Transmettre d'un enfant à l'autre un mot ou une courte phrase murmurée au creux de l'oreille. Demander aux enfants de garder le message intact jusqu'au dernier joueur.

I.   Le téléphone magique (2 ans et plus)

Se parler au téléphone avec un appareil imaginaire ou à l'aide d'un contenant en plastique ou d'un cylindre qui offre aussi l'avantage de transformer la voix. Porter une attention à l'hygiène.

J.   Les mille et une couleurs de la voix (3 ans et plus)

En complicité avec les enfants, choisir un mot et le modeler avec sa voix en le disant vite ou lentement, doucement ou fort, en chuchotant, avec la bouche fermée, en pinçant le nez ou en empruntant divers sentiments (colère, gêne, joie, tristesse, peur).

K.   Qui suis-je ? (2 ans et plus)

Proposer aux enfants de deviner ce qu'il y a d'illustré sur des images présélectionnées provenant de magazines (animaux, objets courants, aliments) que l'on a apposées solidement sur des cartons. Enrichir le vocabulaire selon les capacités des enfants. Comme variante, on peut faire deviner une image qui se trouve partiellement couverte par un cache-image ou trouver ce qui manque sur une illustration, par exemple, les oreilles sur un visage de clown, une patte sur une silhouette de chien, des roues à un tricycle.

L.   Dis-moi ce que je mime (3 ans et plus)

Inviter les enfants à trouver ce que représentent des actions mimées se rapportant à des gestes familiers : brosser ses cheveux, manger, se vêtir, pelleter de la neige. Augmenter le niveau de difficulté en fonction des capacités des enfants.

M.   Histoire enchaînée (3 ans et plus)

Créer une histoire simple démarrée par l'éducatrice : « Ce matin à mon réveil, j'ai vu par la fenêtre un(e)… » Intégrer au fil du récit des repères visuels tels des objets réels comme un chapeau, une petite auto, des figurines d'animaux, afin de rendre l'improvisation plus vivante. Aux enfants capables de lire, faire tirer au sort des mots qu'ils intégreront à l'histoire.

N.   Jeu de surprise (2 ans et plus)

Cacher dans un sac ou une boîte divers objets attrayants connus des enfants, puis en sortir un à la fois. Demander aux enfants de nommer l'objet. Permettre aux enfants de le manipuler ce qui oblige à choisir des objets sécuritaires et facilement maniables. Leur donner l'occasion d'expérimenter diverses propriétés : dur-mou, rugueux-lisse, froid-tiède, rond-carré.

O.   Retour sur des comptines et des chansons connues (2 ans et plus)

Revenir sur des comptines et des chansons connues des enfants à l'aide d'images évocatrices, par exemple, une image d'oiseau pour la chanson *Alouette*. Ces images peuvent être apposées au mur ou accrochées à un « cintre à linge circulaire » fixé au plafond. Choisir des images durant la journée et chanter avec les enfants les comptines ou les chansons correspondantes.

P.   Les rimes (4 ans et plus)

Inviter les enfants à trouver divers mots qui se terminent par le même son qu'un mot suggéré, par exemple, chanson, maison, melon, bonbon, menton, pantalon. Comme variante, on peut intégrer ce jeu à une petite histoire : *Ratatouille, la grenouille aime manger des nouilles surtout lorsqu'elle se mouille…*

Q.   Gymnastique pour la mémoire (5 ans et plus)

Demander aux enfants de nommer des éléments liés à un thème suggéré, par exemple le voyage, l'épicerie, le bain : « Je me prépare à aller en voyage. Je mets dans ma valise mon chapeau bleu, ma crème solaire… » ou « Je vais à l'épicerie pour acheter du jus, des radis… » Enchaîner les mots de manière récapitulative.

R.   Une séance de rires (4 ans et plus)

S'amuser à créer un rire collectif tant pour ses bienfaits phonatoires que psychologiques. Rire en hi hi hi hi… en ha ha ha ha… en ho ho ho ho…

S.   À l'envers (6 ans et plus)

Proposer aux enfants de trouver un mot contraire au mot annoncé : debout-assis ; petit-grand ; jour-nuit ; blanc-noir ; intérieur-extérieur ; joyeux-triste ; ouvert-fermé. Comme variante, ajouter des mimes.

T.   Des exercices de diction (6 ans et plus)

Jouer à dire des phrases difficiles à prononcer. Voici quelques suggestions :

1) Si sur six chaises sont assises six sœurs, sur six cents chaises sont assises six cents sœurs.
2) Un chasseur sachant chasser sait chasser sans son chien.
3) Trois truites cuites, trois truites crues.

4) Ton thé t'a-t-il ôté ta toux ?
5) Les chemises de l'archiduchesse sont-elles sèches ou archi- sèches ?
6) Denis a dit qu'il a dîné sur le dos d'un dindon dodu.
7) Panier, papier, piano (répéter plusieurs fois et de plus en plus vite).

U. Une nouvelle langue (7 ans et plus)

Faire semblant de parler dans une langue étrangère en récitant un court texte qui comprend des assonances particulières.

1) Pie niche haut
   Oie niche bas
   Où niche hibou ?
   Hibou niche ni haut ni bas,
   Hibou niche pas.
2) Sardine à l'huile, que fais-tu là ?
   Ouatchitchi, ouatchatcha
   Sardine à l'huile, que fais-tu là ?
   Ouatchitchi, ouatchatcha.

13.3 LE FRANÇAIS PARLÉ DES ADULTES

Pour apprendre à parler correctement, les enfants doivent se trouver en présence de bons modèles verbaux. Un débit de voix modéré, une prononciation claire, l'adaptation du langage au stade de développement des enfants, le recours à du vocabulaire pertinent constituent des moyens efficaces pour aider les enfants à comprendre ce que dit l'éducatrice ou toute autre personne. Sans toutefois tomber dans une langue sophistiquée, il importe d'utiliser un français juste et approprié quand on occupe une fonction éducative. Nous avons relevé les erreurs de français les plus courantes en services éducatifs. En devenant plus consciente de ses maladresses, l'éducatrice pourra alors apporter les améliorations nécessaires à son langage afin d'être un modèle verbal significatif pour les enfants.

Encadré 13.1 Quelques erreurs de français courantes

Ne pas dire…	Dire…
Les enfants **jousent**.	Les enfants **jouent**.
Les enfants **sontaient**.	Les enfants **étaient**.
Ça te fait **beaucoup** mal.	Ça te fait **très** mal.
Les amis, **viens** ici.	Les amis, **venez** ici.
Les amis, **tu vas**…	Les amis, **vous allez**…
On va **monter** en haut.	On va **aller** au deuxième étage.
Descendre **en bas**	**Descendre** au vestiaire ou au premier étage
Déhors ou **déwors**	Dehors
Serrer un jouet	**Ranger** un jouet
Leu problèmes…	**Leurs** problèmes…
Toutes les amis…	**Tous** les amis…
Nicole va vous donner du papier. (parler à la troisième personne)	**Je vais** vous donner du papier. (parler à la première personne)
Moé, toé	Moi, toi
Une CPE	**Un** CPE
Après s'**avoir** lavé les mains.	Après **s'être** lavé les mains.
Je **m'ai** rendu compte	Je **me suis** rendu compte
Je **m'ai** dit que…	Je **me suis** dit que…
J'**ai** resté près de l'enfant.	Je **suis** resté près de l'enfant.
Chu capable	**Je suis** capable ou **J'suis** capable
C'est **plus pire** que…	C'est **pire** que…
C'est **plus bon** que…	C'est **meilleur** que…

Assis-toi.	**Assieds**-toi ou **assois**-toi.
Assisez-vous.	**Assoyez**-vous.
Ils vont **s'assir** ici.	Ils vont **s'asseoir** ici.
Si j'**aurais**…	Si j'**avais**…
C'est le ballon **que t'as joué avec** tantôt.	C'est le ballon **avec lequel** t'as joué tantôt.
L'enfant **que** je m'occupe…	L'enfant **dont** je m'occupe…
M'as-tu **répond** ?	M'as-tu **répondu** ?
Garde, je **m'ai** levé.	**Regarde**, je **me suis** levé.
En **dessour**	En **dessous**
Je **leu« z »** ai expliqué.	Je **leur** ai expliqué.
Un **lavement** de mains	Un **lavage** de mains
Aller **à la** toilette.	Aller **aux** toilettes.
Faire partir la toilette.	**Tirer la chaîne**, ou mieux, **actionner la chasse d'eau.**
Lors de **l'habillement**	Lors de **l'habillage** des enfants
Une **couverte**	Une **couverture**
Une cantaloupe	**Un** cata**loup** (le mot est masculin, le « p » est muet)
Une **tête** d'oreiller	Une **taie** d'oreiller

À l'instar du langage parlé, le français écrit mérite qu'on lui accorde aussi toute notre attention. Toutes les personnes – membres de la direction, responsables de SGMS, stagiaires, éducatrices, etc. – appelées à rédiger des messages aux parents, des lettres ou des affiches doivent le faire en soignant leur français écrit. Il n'y a pas qu'à l'école que l'on doive se préoccuper de cet aspect.

Parce qu'elles doivent posséder plusieurs compétences différentes, bon nombre d'éducatrices en services éducatifs méritent largement le titre de « professionnelles de l'enfance », en raison de l'excellence dont elles font preuve en utilisant, entre autres, un français correct.

Bibliographie

AGENCE DE LA SANTÉ ET DES SERVICES SOCIAUX DES LAURENTIDES. *Bobos, microbes et cie!*, vol. 13, n° 5, déc. 2008.

ANDERS, Thomas F. *Organisation et développement du sommeil chez les jeunes enfants*, Encyclopédie sur le développement des jeunes enfants. [En ligne] [www.enfant-encyclopedie.com], 2010, 9 p.

ASSOCIATION DENTAIRE CANADIENNE. *Votre santé buccodentaire* [En ligne] [www.cda-adc.ca]

ASSTSAS. *Sans pépins*, revues d'information de l'Association pour la santé et la sécurité du travail, secteur des Affaires sociales, de 1998 à 2014.

AUDET, Anne-Marie. *Cessez de répéter, faites des demandes efficaces* [En ligne] [www.educatout.com] (Consulté en janvier 2013).

BACUS, Anne. *Votre enfant de 3 à 6 ans*, Marabout, 1993, 287 p.

BEAULIEU, Danie. *Techniques d'impact en classe*, Lac-Beauport, Académie Impact, 2004.

BERGER, Kathleen Stassen. *Psychologie du développement*, 2ᵉ édition, Modulo, 2011, 536 p.

BETSALER, Raquel et Denise GARON. *La garderie: une expérience de vie pour l'enfant. Volets 1, 2, 3*, Sainte-Foy, Les Publications du Québec, 1984.

BOISVERT, Jovette. « Dis merci ! », dans *Magazine Enfants Québec*, vol. 12, n° 5, février-mars 2000, Saint-Lambert, p. 37 à 40.

BOUCHARD, Nicole. *Ensemble dans la ronde!* Les Publications du Québec, 2010, 119 p.

BOUFFANGE, Martine. « Grandir en multiâge » dans le *Journal de l'Association québécoise du multiâge*, vol. 6, n° 2, p. 5-7, 2010.

BOURQUE, Solène. « Les pleurs du matin » dans *Maman pour la vie*, avril 2008 [En ligne] [www.mamanpourlavie.com]

BRAULT-SIMARD, Lucie. *50 façons d'animer les routines et les transitions*, Les Productions dans la vraie vie, 2002, 56 p.

CENTRE D'EXCELLENCE DANS LE DÉVELOPPEMENT DES ENFANTS (CEDJE). *Brochure sur l'obésité infantile*, 2012.

CHALLAMEL, Marie-Josèphe et Marie THIRION. *Le sommeil, le rêve et l'enfant*, 2e édition, Albin Michel, 1999, 332 p.

CLIFFORD, Richard M., Debby CRYER et Thelma HARMS. *Échelle d'évaluation. Environnement préscolaire*, PUQ, 1998, 74 p.

CLOUTIER, Richard, Pierre GOSSELIN et Pierre TAPP. *Psychologie de l'enfant*, 2e édition, Gaëtan Morin éditeur, 2005, 576 p.

CLOUTIER, SONIA. *L'étayage, agir comme guide pour soutenir l'autonomie pour un enfant à son plein potentiel.* PUQ, 2012, 202 p.

COMITÉ PROVINCIAL DES MALADIES INFECTIEUSES EN SERVICE DE GARDE. *Prévention et contrôle des infections dans les centres de la petite enfance*, Direction générale de la santé publique, Québec, ministère de la Santé et des Services sociaux, février 1998, 435 p.

COMITÉ PROVINCIAL DES MALADIES INFECTIEUSES EN SERVICE DE GARDE. *La prévention des infections chez les personnes travaillant en service de garde, y compris les stagiaires*, 1998, 29 p.

CÔTÉ, NATHALIE. *Nouvelle philosophie à la garderie.* Presse-Éducation [En ligne] [www.presse-education, 2011].

CPE PICASSO. *Politique sur la tenue vestimentaire* (brochure), février 2010.

CPE LA TROTTINETTE CAROTTÉE. *Accueillir un enfant - dossier pédagogique*, 2002, 4 p.

CROUZY, NADÈGE. « Les dents » dans *Le petit diablotin*, n° 4, décembre-janvier 2004 [En ligne] [www.lesdiablotins87.free.fr].

DELORMAS, Françoise. *La sieste pour tous?* La société française de recherche et de médecine du sommeil [En ligne] [http://sommeil.univ-lyon1.fr/articles/cfes/sante/sieste.php].

DIRECTION DE LA SANTÉ PUBLIQUE DE LA MONTÉRÉGIE. *Le Guide des aires de jeu,* 1998.

DIRECTION DE LA SANTÉ PUBLIQUE. *Le brossage des dents en services de garde – Mesures d'hygiène à prendre* [En ligne] [www.dspq.qc.ca/documents/Lambert pdf], juin 2009.

DUCLOS, Germain. *Quand les tout-petits apprennent à s'estimer*, Hôpital Sainte-Justine, Centre hospitalier universitaire de l'Université de Montréal, 1997, 120 p.

DUNSTER, Lee. *Un guide pour la responsable de garde en milieu familial*, Child Care Providers Association, 1994, 311 p.

ESSA, Eva. *À nous de jouer – Guide pratique pour la solution des problèmes de comportements des enfants d'âge préscolaire*, Québec, Les Publications du Québec, 2002, 448 p.

FÉDÉRATION DES PRODUCTEURS DE VOLAILLE DU QUÉBEC. *Bien manger pour mieux grandir*, 3 documents, 1999.

FERLAND, Francine. *Le développement de l'enfant au quotidien*, Hôpital Sainte-Justine, 2004, 234 p.

FERLAND, Francine. « L'attitude ludique » dans *Naître et grandir*, octobre 2010, p. 6-7.

FONTAINE, A.-M. *Observer en équipe dans les lieux d'accueil de la petite enfance*, Érès, 2009, 352 p.

GLOBAL HAND WASHING DAY. *Journée mondiale du lavage des mains 15 octobre – Guide de planification*, 2e édition, [En ligne] [www.global-handwashing], 2009, 48 p.

HENDRICK, Joanne. *L'enfant, une approche globale pour son développement*, adaptation de Gilles Cantin, PUQ, 1993, 704 p.

HÔPITAL SAINTE-JUSTINE. Service de l'ORL, *Danger mortel* (dépliant et affiche), Montréal, 2000.

JAPEL ET AUTRES. *Comment faciliter le développement du vocabulaire chez les jeunes enfants à risque ?* Conseil canadien sur l'apprentissage [En ligne] [www.cel-cca.ca], 2010, 34 p.

JULIEN, Gilles. *Votre enfant au jour le jour*, Les Publications du Québec, 1987, 111 p.

KEMP, Jove et Clare WALTERS. *Les dents*, Soline, 2004, 96 p.

KUNZE, Petra et Catharina SALAMANDER. *Les meilleurs rituels pour mon enfant*. Vigot, 2009, 123 p.

L'ASSEMBLÉE SPIRITUELLE NATIONALE DES BAHA'IS DU CANADA. *Mon foyer, mon havre de paix.* Publications Bahá'i Canada, 2007, 63 p.

LALONDE-GRATON, Micheline. *Fondements et pratiques de l'éducation à la petite enfance*, PUQ, 2003, 202 p.

LAMBERT-LAGACÉ, Louise. *La sage bouffe de 2 à 6 ans*, Les Éditions de l'Homme, 1994, 281 p.

LANGEVIN, BRIGITTE. *Comment aider mon enfant à mieux dormir?* Éditions de Mortagne, 2011, 208 p.

LANGEVIN, BRIGITTE. Sommeil des enfants. Bulletin Info-sommeil, no 54. [En ligne] [www.brigittelangevin.com], 2013.

LAROSE, Andrée. *La santé des enfants en services éducatifs*, 2e édition, Les Publications du Québec, 2009, 271 p.

LAUZON, Francine. *L'éducation psychomotrice, source d'autonomie et de dynamisme*, PUQ, 1990, 290 p.

LEGENDRE, Rénald. *Dictionnaire actuel de l'éducation*, 3e édition, Guérin, 2005, 1554 p.

LELIÈVRE, Pic et Paul MERLO. *Jeux de groupe*, Casterman, 2000, 128 p.

LESPÉRANCE, Josée. « Observer pour mieux planifier » dans *Avec l'enfant* [En ligne] [http://www.aveclenfant.com/index.php?option=com_content&view=article&id=169:observer-pour-mieux-planifier&catid=41:programme-educatif&Itemid=28], 2014.

LOPEZ, Jean-Marc. *Le multiâge dans les services de garde comme contexte favorable au développement de l'enfant.* Association québécoise pour le multiâge, 2005, 23 p.

MALENFANT, Nicole. *Jeux de relaxation: pour des enfants détendus et attentifs*, de Boeck, 2010, 111 p.

MALENFANT, Nicole. *Vivement la musique avec les 3 à 6 ans!* Chenelière éducation, 2013, 232 p.

MARTIN, Jocelyne, Céline POULIN et Isabelle FALARDEAU. *Le bébé en services éducatifs*, Sainte-Foy, Presses de l'Université du Québec, 2008, 497 p.

MILLER, Darla Ferris. *L'éducation des enfants: une démarche positive…*, Institut des technologies télématiques, 1993, 335 p.

MINISTÈRE DE L'ÉDUCATION DU QUÉBEC. *Programme de formation de l'école québécoise – Éducation préscolaire*, 2006, [En ligne] [http://www1.mels.gouv.qc.ca/sections/programmeFormation/primaire/pdf/prform2001/prform2001-040.pdf].

MINISTÈRE DE LA FAMILLE DU QUÉBEC. *Bye-bye les microbes*, Bulletins du Comité de prévention des infections dans les centres de la petite enfance, 1999-2014.

MINISTÈRE DE LA FAMILLE DU QUÉBEC. *Gazelle et Potiron - Cadre de référence pour créer des environnements favorables à la saine alimentation, au jeu actif et au développement moteur en services de garde éducatifs à l'enfance*, 2014 [En ligne] [http://www.mfa.gouv.qc.ca/fr/publication/Documents/guide_gazelle_potiron.pdf].

MINISTÈRE DE LA FAMILLE ET DES AÎNÉS. *La sécurité des enfants... en services éducatifs*, 3e édition, Les Publications du Québec, 2008, 344 p.

MINISTÈRE DE LA FAMILLE ET DES AÎNÉS. *Accueillir la petite enfance – Le programme éducatif des services de garde du Québec*, Les Publications du Québec, 2007, 100 p.

MINISTÈRE DE LA SANTÉ ET DES SERVICES SOCIAUX DU QUÉBEC. *Plan d'action de santé dentaire publique 2005-2012.* [En ligne] [www.publicationws.msss.gouv.qc.ca], 2006.

MINISTÈRE DE LA SANTÉ ET DES SERVICES SOCIAUX DU QUÉBEC. *État de la population québécoise - Quelques repères*, 2010, [En ligne] [www.publications.msss.gouv.qc.ca]

MINISTÈRE DE LA SANTÉ ET DES SERVICES SOCIAUX DU QUÉBEC. *Prévention et contrôle des infections dans les services de garde à l'enfance – Guide d'intervention.* [En ligne] [www.mssa4.msss.gouv.ac.ca/fr/documents/publication.nsf], 2008, 550 p.

MINISTÈRE DE LA SANTÉ ET DES SERVICES SOCIAUX DU QUÉBEC. *Les risques d'étouffement* [En ligne] [http://www.msss.gouv.qc.ca/sujets/santepub/nutrition/index.php?Les-risques-detouffement], 2014.

MONTESSORI, Maria. *Pédagogie scientifique*, Desclée de Brouwer, 1958.

MORISSETTE, Claudia. *Des vêtements inappropriés: un obstacle à l'activité physique en garderie*, 2009, [En ligne] [www.naitretgrandir.com].

MUSSON, Steve. *Les services de garde en milieu scolaire*, adaptation de Diane Berger et Jocelyne Martin, PUL, 1999, 347 p.

NAÎTRE ET GRANDIR. *Faciliter la transition en service de garde* [En ligne] [www.naître et grandir.com], avril 2011.

NAÎTRE ET GRANDIR. *Les allergies alimentaires* [En ligne] [www.naitreetgrandir.com], avril 2012.

O'GLEMAN, Geneviève. « Allez, encore une bouchée? » dans *Enfants Québec*, février-mars 2013, p. 50.

ORDRE DES DENTISTES DU QUÉBEC. *La carie de la petite enfance*, Le Journal de l'Ordre des dentistes du Québec [En ligne] www.odq.qc.ca, avril 2006.

ORGANISATION MONDIALE DE LA SANTÉ. *Stratégie mondiale pour l'alimentation, l'exercice physique et la santé* [En ligne] [www.who.int], 2004, 23 p.

PAPALIA Diane E. et Sally W. ODDS. *Psychologie du développement de l'enfant*, 7e édition, Chenelière éducation, 2010, 290 p.

PELLETIER, Danièle. *L'activité-projet*, 2e édition, Modulo, 2011, 254 p.

PETIT, Jocelyne. *Manger en service de garde : un art de vivre au quotidien*, 2e édition, Gaëtan Morin éditeur, 2008, 222 p.

PIMENTO, Barbara et Deborah KERNESTED. *Health Foundation in Early Children Setting*, 3e éd., Toronto, Thompson, 2004.

PROJET ODYSSÉE. *Petit guide pour prendre la route : Rituels, routines et transitions* [En ligne] [http://fichiers.iclic.ca/RCPE04-17_Petit_guide_pour_prendre_la_route_Rituels,_routines_et_transitions.pdf], 2008, 4 p.

PROSOM (Association nationale de promotion des connaissances sur le sommeil) [En ligne] [http://www.prosom.org].

RAYNAL, Françoise et Alain RIEUNIER. *Pédagogie : dictionnaire des concepts clés*, ESF éditeur, 2005.

RCPEM et AQAA. *Protocole et procédures des allergies et intolérances alimentaires en service de garde - Le Casse-Noisettes*, 2008, 48 p.

SILUA-SANIGORSKI, Andra et Karen CAMPBELL. « Prévention de l'obésité pendant les années préscolaires » dans *Encyclopédie sur le développement des jeunes enfants* [En ligne] [www.enfant-encyclopedie-com], 2012, 5 p.

SIMONEAU-LAROSE, Mireille. « Éloge de la comptine », dans *Enfants Québec*, août-septembre 1998, p. 25-28.

SOCIÉTÉ DE DÉVELOPPEMENT ENVIRONNEMENTAL DE ROSEMONT (SODER). *Le guide du CPE éco-responsable*, [En ligne] [http://www.asstsas.qc.ca/documents/Nouvelles/guideDuCPEdurable.pdf], 2010, 37 p.

TARANT, Sue, Alison JONES et Diane BERGER. *Avant et après l'école*, Chenelière/McGraw-Hill, 2001, 180 p.

THE VIRTUES PROJECT. [En ligne] [*www.virtuesproject.com*].

THIBAULT, Nathalie. *Des bavettes propres, propres, propres* dans Educ-conseils [En ligne] [www.educatout.com].

TOUCHETTE, Évelyne. *Facteurs associés aux problèmes de sommeil de la petite enfance.* Encyclopédie sur le développement des jeunes enfants, [En ligne] [www.enfant-encyclopedie.com], 2011, 9 p.

WEIKART, David P., Mary HOHMANN, Louise BOURGON et Michelle PROULX. *Partager le plaisir d'apprendre*, 2e édition, Gaëtan Morin éditeur, 2007, 489 p.

WEITZMAN, Elaine. *Apprendre à parler avec plaisir*, 2e édition, The Hanen Center, 2008, 397 p.

LISTE DES COMPTINES ET DES CHANSONS DU CD

Titre	Paroles	Musique
1. La bambina (chanson, p. 381)	Nicole Malenfant	Monique Rousseau
2. Les couleurs du bonheur (chanson, p. 380)	Nicole Malenfant	Monique Rousseau
3. Le blues du lavage des mains (chanson, p. 102)	Nicole Malenfant	Michel Bonin
4. Les glouglous de mon ventre (chanson, p. 200)	Nicole Malenfant	Monique Rousseau
5. C'est le temps de ranger (chanson, p. 297)	Nicole Malenfant	Monique Rousseau
6. Rap pour tout le corps (comptine, p. 379)	Nicole Malenfant	
7. Bon appétit à toi (chanson, p. 200)	Nicole Malenfant	Michel Bonin
8. Brosse bien tes dents (chanson, p. 113)	Nicole Malenfant	Michel Bonin
9. Les petits poissons (chanson, p. 379)	Michel Bonin	Michel Bonin
10. Dentelle de lune (pièce instrumentale pour le début de la sieste)		Michel Bonin
11. Un petit son doux (chanson, p. 235)	Nicole Malenfant	Monique Rousseau
12. Les microbes à mes trousses (comptine, p. 128)	Nicole Malenfant	
13. La chanson du rassemblement (chanson, p. 309)	Nicole Malenfant	Monique Rousseau
14. Tchou tchou le petit train (chanson, p. 322)	Nicole Malenfant	Monique Rousseau

LISTE DES PARTICIPANTS

Michel Bonin : Coréalisation, arrangements musicaux, enregistrement, mixage, voix (3-6-7-8), guitare acoustique et guitare synthétiseur, percussions.

Nicole Malenfant : Conception, coréalisation, voix (1-5-8-9-12-13) flûte traversière (10), flûte à bec alto (13).

Monique Rousseau : Voix (2-4), piano, assistance au mixage.

Daniel Scott : voix (11-14).

Carolyne Scott-de Passillé : voix (11).

MARQUIS

Québec, Canada

RECYCLÉ
Papier fait à partir
de matériaux recyclés
FSC® C103567

Imprimé sur du papier Enviro 100% postconsommation
traité sans chlore, accrédité ÉcoLogo et fait à partir de biogaz.